सुलभ मराठी व्याकरण

基礎マラーティー語

石田英明 著

東京 **大学書林** 発行

まえがき

　大学書林から『マラーティー語短編選集』が刊行されたのは1995年のことでした。文法書が出る前に講読解説書が出るのは順序が逆ではないかと当時よく指摘されました。その後、2001年には『実用マラーティー語会話』も刊行されましたが、文法書の宿題はそのままになっていました。この度、ようやく『基礎マラーティー語』を書き上げ、長年の宿題がやっと仕上がった思いです。

　本書の解説には『マラーティー語短編選集』に施された解説と内容や用語が一部食い違っている場合がありますが、いずれも本書を優先するとご理解ください。

　巻末には本書（本編）に出てきた語彙の語彙集が付されています。本書で使われた語彙数はもとより不十分なもので、重要な語彙が多数抜け落ちておりますが、敢えてそのままにしました。

　本書の作成には、いつもの通り、たくさんの方々のお世話になりました。思い起こせば、最初に手ほどきをいただいた内藤雅雄先生とN. マントリー先生、プネーでお世話になったDr. Kalyan Kale、Dr. Madhavi Kolhatkar、留学生のMr. Nissim Bedekar、Mr. Salil Vaidyaの諸氏には大変お世話になりました。この場を借りてお礼申し上げます。

　2003年5月　　　　　　　　　　　　　　　石田　英明

本書の利用に際して

　本書は本編に先立ち、導入編が設けられています。導入編では文字と発音の解説が行なわれ、基本的な事柄から、あまり見かけない結合文字や発音上の細かな規則の説明まで含まれています。無駄な事項はありませんが、初学者がいきなり細かな規則をすべて覚えるのは、多大な労力を必要とするでしょう。一通り目を通して基本的な部分が習得できたら、本編に進み、細かな規則はそのつど導入編に戻って確認するという方法をお勧めします。

本書の表記について

　マラーティー語は標準的な書き言葉の表記と話し言葉の発音を重視した表記の間に大きな差がある言語です。それは本書で言うところの「中性母音」の表記に現れます。本書は話し言葉の発音を重視する立場から、「中性母音」をできるだけ ॆ で書く表記法にしました。一方、標準的な書き言葉の表記では「中性母音」は ॆ で表記されますが、これは男性・複数形その他の形と同じになります。「中性母音」ॆ と ॆ は全く発音が異なります。外国人の初学者に、書き言葉では同じ形で表記されるものを、話し言葉では文法に従って発音を区別せよと要求することはとても無理

本書の表記について

があります。

　本書が「中性母音」をすべて⌣で書くのでなく、できるだけ書くとしたのは、発音の他に文法の理解が容易になることも重要であり、その上で標準的な表記法とのバランスにも配慮したからです。本書ではその目安として、単語の語尾が活用変化する語としない語に大別し、下記のような原則を立てました。

原則的に「中性母音」の記号⌣で表記するもの（語尾が活用変化する語）：

1. 中性名詞のうち「中性母音」の語尾をもつもの。
2. 中性形に対応する動詞の活用語尾と分詞。
3. 中性形に対応する形容詞類と属格後置詞。
4. 動詞の不定詞が中性名詞として使われる場合の語尾。

原則的に標準的な表記法⌣で表記するもの（活用変化しない語。固有名詞は例外）：

1. 後置詞、副詞などの不変化詞で、語尾に「中性母音」を持つもの。
2. 見出し語としての不定詞の語尾。
3. 固有名詞。

このような表記法は、見方を変えれば、発音の点からも表記の点からも中途半端な印象がありますが、著者に理解できる範囲で最も有効な表記法と判断しました。現実には新聞（報道記事の部分）、論文、公文書などのように「中性母音」をすべて⌣で表記

本書の表記について

するものから、「中性母音」をほとんど ─ で表記する話し言葉重視の文学作品まで、様々なヴァリエーションがあります。ですから、本書のような表記法が少数派であるとか、例外的であるとかいうことはありません。

なお、書き言葉の標準的な表記法を理解しておくことも重要であり、また、文によっては書き言葉でしか表記できないものもあります。そこで、本書においては標準的な表記法で書いた文には文頭に＊印を付して目印としました。これによって標準的な表記法にも慣れることができるでしょう。

☆本書には別売のCDがあります。どうぞご活用ください。
　吹込者：ニッスィーム・ベデカル

目　次

導入編　文字と発音 ………………………………………… 1

第 1 課　これは何ですか？ हे काय आहे？ …………………… 33
　　　　主格・単数形（普通名詞，指示代名詞，代名形容詞，形容詞）．性．コピュラ動詞（基礎活用・3 人称・単数・現在形）．場所を表す副詞．

第 2 課　そこに何冊本がありますか？ तिथे किती पुस्तकं आहेत？ … 42
　　　　主格・複数形（普通名詞，指示代名詞，代名形容詞，形容詞）．コピュラ動詞（基礎活用・3 人称・複数・現在形）．

第 3 課　ご機嫌いかがですか？ तुम्ही कसे आहात？ …………… 57
　　　　すべての人称代名詞（主格形）とコピュラ動詞の基礎活用・現在形．

第 4 課　本はカバンの中にあります。पुस्तक बॅगेत आहे. ……… 62
　　　　後置詞（場所）．後置格形（普通名詞，代名形容詞，形容詞）．

第 5 課　これは私の本です。हे माझं पुस्तक आहे. ……………… 73
　　　　属格後置詞．代名詞の属格形．再帰代名詞．属格後置詞を伴う後置詞の用法（属格派生形）．代名詞の基本的な後置格形．人称代名詞の属格派生形．所有表現．比較表現．固有名詞の後置格形．

第 6 課　こちらにいらっしゃい。इकडे या. …………………… 89
　　　　不定詞の形．命令形．直接目的語（対格）．対格後置詞．間接目的語（与格）．与格後置詞．代名詞の対格形と与格形．ऊ 分詞（意欲分詞）．呼格．呼びかけの言葉．

— v —

目　次

第7課　明日お伺いします。मी उद्या येईन. 101
　　　　未来表現 I, II. 動詞の未来形. 未来分詞. 処格接尾辞 ई.

第8課　どちらにお住まいですか？आपण कुठे राहता ? 111
　　　　現在形. असणे の一般活用・現在形. 未完了 त 分詞. 格
　　　　の用法. 副詞の形容詞化.

第9課　昨日私は家にいました。काल मी घरी होतो. 123
　　　　過去形（コピュラ動詞，自動詞）．完了分詞（ला 分詞）．

第10課　食事はしましたか？तुम्ही जेवण केलंत का ? 132
　　　　過去形（他動詞）．目的語構文．中間構文．具格形（能
　　　　格形）．変則動詞．他動詞句．

第11課　何をしているのですか？तुम्ही काय करत आहात ? 142
　　　　進行形．分詞＋コピュラ動詞による動詞表現．完了形．

第12課　何人兄弟ですか？तुम्हाला किती भावंडं आहेत ? 151
　　　　与格構文．हवा. पाहिजे. नको．

第13課　早起きは良い習慣です。
　　　　सकाळी लवकर उठणं चांगली सवय आहे. 163
　　　　不定詞．未完了分詞（त 分詞，ता 分詞，ताना 分詞）．
　　　　णारा 分詞．

第14課　彼女はまだ来ていないようだ。ती अजून आलेली दिसत नाही. 175
　　　　完了分詞（ला 分詞，लेला 分詞）．

第15課　二人は一緒に仕事を始めた。दोघे मिळून काम करू लागले. 182
　　　　ऊ 分詞．ऊन 分詞．複合動詞．

第16課　核兵器廃絶のため各国は努力すべきである。
　　　　अण्वस्त्रमुक्तीसाठी प्रत्येक देशाने प्रयत्न करावेत. 192
　　　　आवा 分詞．

目　次

第17課　明日映画を見に行きましょう。
　　　　उद्या सिनेमा पाहायला जाऊ या. 198
　　　आयला 分詞.

第18課　マラーティー語を学びたいです。
　　　　माझी मराठी शिकायची इच्छा आहे. 205
　　　आयचा 分詞.

第19課　彼は毎日私の家に来たものだ。तो दररोज माझ्या घरी येई. .. 213
　　　習慣過去形. 習慣現在形. पर्यंत の用法. 数詞. 日時の表現.

第20課　政府によりこの決定がなされた。
　　　　सरकारकडून हा निर्णय घेण्यात आला. 230
　　　受身表現. 自動詞・他動詞. 使役表現. 自発的可能動詞.
　　　願望形.

第21課　努力する者は成功する。जो मेहनत करतो त्याला यश मिळतं.　241
　　　関係詞.

第22課　お茶にしますか、それともコーヒー？
　　　　तुम्ही चहा घेणार की कॉफी ? 250
　　　接続詞. 複文表現（名詞節）. की の用法.

第23課　明日お天気ならピクニックに行きましょう。
　　　　उद्या हवा चांगली असली तर सहलीला जाऊ. 258
　　　条件文. 讓歩表現. 仮想表現. 仮定表現.

第24課　行っても行かなくても同じです。गेला न गेला सारखाच. 273
　　　否定辞. असणे, नसणे の諸用法.

付録　数詞 288

練習問題解答 290

語彙集 313

導 入 編

文字と発音

　マラーティー語で使用される文字はデーウナーグリー（デーヴァナーガリー）देवनागरी 文字といいます。基本文字は、母音字が11、子音字が34あります。（[ ] の表記は本書で採用している翻字表記であり、発音記号ではありません。しかし、発音に配慮されていますから、発音記号のように読むことができます。）

Ｉ．母音字

1) अ [ə]　短母音。　ઉ → ૩ → अ → अ

　はっきりした［ア］ではなく、中間母音 [ə] です。口をあまり開けず、あいまいな音になります。

2) आ [aː]　長母音。　अ → अा → आ

　はっきり［アー］と発音します。अ [ə] の長母音ではありません。

3) इ [i]　短母音。　ᘿ → ई → इ

　はっきり［イ］と発音します。

4) ई [iː]　長母音。　ई → ई́ → ई

　はっきり［イー］と発音します。

5) उ [u]　短母音。　૩ → उ

―1―

はっきり [ウ] と発音します。

6) ऊ [uː]　長母音。　उ → ऊ → ऊ

はっきり [ウー] と発音します。

7) ऋ [r̩] [ル、ru]。　〜 → ⁊ → ⱦ → ⱦ → ऋ

これは母音ではありませんが、母音扱いで伝統的にこの位置に入れられます。

8) ए [eː]　長母音。　ⵑ → ए → ए

はっきり [エー] と発音します。

9) ऐ [əi]　二重母音。　ए → ऐ → ऐ

中間母音との組み合せで [アイ] と発音します。

10) ओ [oː]　長母音。　आ → ओ → ओ

はっきり [オー] と発音します。

11) औ [əu]　二重母音。　आ → औ → औ

中間母音との組み合せで [アウ] と発音します。

以上が基本的な母音とその文字です。これらの他に、外来語（英語）の母音を表す記号と「中性母音」を表す記号があります。

a) ॲ [æ / æː] 主に英語からの借用語に現れます。（辞書では अ の項に含まれます。）

b) ऑ [ɔ / ɔː] 主に英語からの借用語に現れます。（辞書では आ の項に含まれます。）

c) ॏ [əː / ə] 主に中性名詞や中性形に関わる「中性母音」

の記号で、中間母音 अ [ə] の発音になります。これが短母音であるか長母音であるかは微妙ですが、本書は一般の अ [ə] との区別を明瞭にするため、長母音に統一しています。常に子音との組み合わせで使われ、「中性母音」の単独の文字はありません。また、鼻音の記号と同じなので注意が必要です。(辞書では ए の項に含まれます。なお、「中性母音」というのは本書だけの用語です。)

II. 子音字

マラーティー語の子音は発音部位や音韻の特徴によって規則正しく配列されています。なお、基本の子音字はすべて潜在母音 [ə] を伴って発音されます。また [ʻ] は有気音を表しています。(日本語には有気音がないので、この発音は難しいと思われがちですが、実際には無意識で発音されていることが多く、無気音の方がむしろ難しいのが実情です。)

1. 軟口蓋音、[kə・カ] 音のグループ

12) क [kə]　無声・無気音。　○ → ⊲ → ⊕ → क

　　日本語の [カ] の要領です。無気音ですから、息を漏らさないように注意深く発音します。

13) ख [kʻə]　無声・有気音。　↶ → ↷ → ⊲ → ख

　　[カ] と発音する時、同時に息を吐き、少し強く [カッ]

という感じで発音します。[カハ] や [クハ] ではありません。

14) ग [gə]　有声・無気音。　ノ→ﾉﾞ→ग
日本語の [ガ] の要領です。

15) घ [g'ə]　有声・有気音。　ヒ→ﾋﾞ→घ
[ガ] の有気音。

16) ङ [ŋə]　軟口蓋音の鼻子音。　ɔ→ɔ→ङ
いわゆる鼻濁音の [ンガ] のような感じ。

2. 硬口蓋破擦音、[cə・チャ] 音のグループ

17) च [cə]　無声・無気音。　ｒ→c→प→च
日本語の [チャ] の要領です。

18) छ [c'ə]　無声・有気音。　ɔ→छ→छ→छ
[チャ] の有気音。

19) ज [jə]　有声・無気音。　ﾉ→ﾉ→ज→ज
日本語の [ジャ] の要領です。

20) झ [j'ə]　有声・有気音。　ら→ら→झ→झ
[ジャ] の有気音。

21) ञ [nə]　硬口蓋破擦音の鼻子音。　ɔ→ɔ→ञ→ञ
[ンャ] のような感じ。

3. 硬口蓋そり舌音、[ʈə・タ] 音のグループ

舌の先を巻き上げ、硬口蓋に触れて [タ] と発音します。

22) ट [ʈə]　無声・無気音。　ɔ→ट

　　　　　　　　導　入　編

　　この項の発音による [タ] の要領です。

　23) ठ [tʰə]　無声・有気音。　ʦ → ठ
　　　上記 [タ] の有気音。

　24) ड [ḍə]　有声・無気音。　ɕ → ड
　　　この項の発音による [ダ] の要領です。

　25) ढ [ḍʰə]　有声・有気音。　ɕ → ढ
　　　上記 [ダ] の有気音。

　26) ण [ṇə]　硬口蓋そり舌音の鼻子音。　ʋ → ʋɩ → ण
　　　この項の発音による [ナ] の要領です。

4. 歯音、[tə・タ] 音のグループ

　舌の先を上の前歯茎に触れて [タ] と発音します。日本語の [タ] に似ています。

　27) त [tə]　無声・無気音。　ʦ → ʧ → त
　　　この項の発音による [タ] の要領です。

　28) थ [tʰə]　無声・有気音。　ƨ → ƨɩ → थ
　　　上記 [タ] の有気音。

　29) द [də]　有声・無気音。　ɕ → द
　　　この項の発音による [ダ] の要領です。

　30) ध [dʰə]　有声・有気音。　ƨ → ƨɩ → ध
　　　上記 [ダ] の有気音。

　31) न [nə]　歯音の鼻子音。　ʦ → ʧ → न
　　　この項の発音による [ナ] の要領です。

—5—

5. 唇音、[pə・パ] 音のグループ

32) प [pə]　無声・無気音。　ᒙ→ᒛ→प
　　日本語の [パ] の要領です。

33) फ [pʰə]　無声・有気音。　ᒙ→ᒛ→ᒝ→फ
　　[パ] の有気音。

34) ब [bə]　有声・無気音。　ᑕ→ᑖ→ᑗ→ब
　　日本語の [バ] の要領です。

35) भ [bʰə]　有声・有気音。　ᒉ→ᒋ→भ
　　[バ] の有気音。

36) म [mə]　唇音の鼻子音。　ᒀ→ᒂ→म
　　日本語の [マ] の要領です。

6. 半母音

37) य [yə]　ᒙ→ᒛ→य
　　日本語の [ヤ] の要領です。

38) र [rə]　ᒉ→र
　　この音は舌をパタパタと震わせるように発音します。いわゆる、べらんめえ調に [ラララ] という時の感じです。英語の r とは全く違います。

39) ळ [ḷə]　ᑕ→ᑗ→ᑟ→ळ または、ᑕ→ᑗ→ᑛ→ल
　　英語の [l] の発音と同じです。

40) व [wə]　ᑕ→ᑗ→व
　　日本語の [ワ] の要領です。(時に [və] となることも

—6—

導　入　編

あります。)

7．摩擦音

41) श [śə]　ग़ → श़ → श١ → श

　　日本語の［シャ］の要領です。

42) ष [ṣə]　ㄴ → ㅂ → ㅂ → ष

　　41)の［シャ］と同じ発音です。主にサンスクリット語からの借用語に現れます。サンスクリット語では硬口蓋そり舌音の摩擦音として発音されますが、マラーティー語では普通その発音は行われません。

43) स [sə]　ㄷ → ㄸ → ㄸ → स

　　日本語の［サ］の要領です。

44) ह [hə]　ㄷ → ह → ह

　　日本語の［ハ］の要領です。〔特別な複子音の時、［*h*］と表記されます。(Ⅳ-2-4)(Ⅵ-2-5) 参照〕

8．そり舌側音

45) ळ [ḷə]　ᅩ → ∞ → ∞ → ळ

　　この音は硬口蓋そり舌音（22-26）のように舌先を巻き上げ、舌先を硬口蓋に軽く触れ、舌を元の位置に戻しながら［ラ］と発音します。

9．歯茎破擦音

　硬口蓋破擦音を表す文字のうち、次の3文字は、歯茎破擦音としても発音されます。

17') च [tsə]

[ツァ]の要領です。

19') ज [zə]

日本語の[ザ]の要領です。

20') झ [zʰə]

[ザ]の有気音。

　つまり、これらの3文字はそれぞれ2種類の発音を持っているわけです。しかし、発音の差を示す記号はなく、単に文字からは判別できません。発音の違いにより意味が異なる場合もあるので、しっかり区別する必要がありますが、どの単語に、また、どのような条件で発音の差が現れるのかについて、すべてに適用できる基準がないため、それぞれの単語や条件を覚えるしか方法がありません。(Ⅵ-1参照)

10. ヴィサルガ (विसर्ग)

　ः はヴィサルガという文字で、子音[h]を表し、本来は母音を伴いません。多くはサンスクリット語からの借用語に現れます。(実際の発音についてはⅤ-2、Ⅵ-5を参照)

Ⅲ. 子音と母音の結合

　子音と母音を結合させる場合、母音は特別な表記になります。

母音 (ə) aː i iː u uː r̥ eː əi o oː əu (æ ɔ ɔː)
文字 ( ) ा ि ी ु ू ृ े ै ो ौ (ॅ ॉ ॉ)

—8—

導 入 編

これを क を例に実際に組み合わせると、次のようになります。

(क), का, कि, की, कु, कू, कृ, के, कै, को, कौ, (कं, कॉं, कं)

文字列の（ ）内の最後の例は「中性母音」の表記です。これに使われる記号 ̈ は後述する鼻音の記号と同じなので、表記法としては弱点ですが、使われ方に規則性（原則的に「中性母音」は語尾、鼻音は語中）があるので、慣れれば特に混乱することはありません。

基本文字は単独では潜在母音 [ə] を伴いますが、他の母音と結合すると [ə] が消滅することに注意してください。

次の文字は例外的な表記になります。

रु [ru]　रू [ruː]　शृ [śr̩]　ह़ृ [hr̩]

IV. 半字と結合文字

1. 半字

子音の基本文字には潜在母音 [ə] が含まれています。実際の単語には二つ以上の子音が続くもの（複子音）がたくさんあり、その場合、母音を含まない子音だけの文字を書く必要が生じます。そういうときに半字を使います。半字というのは、普通、元の字を半分に削るので、そういいます。（なお、潜在母音を取り除くためには、ハル記号 ् もあります。例えば、स् と書くと、[s] だけになります。しかし、ハル記号は例外的な場合にしか使われません。）

—9—

2. 半字の作り方

半字の作り方は、デーウナーグリー文字の特徴から、大きく3種類に分類できます。

1) たて棒が右端にある文字 (ख, ग, घ など23文字) は、左側だけを書き、たて棒を書きません。

    ख → ख़[kʲ]   ग → ᒉ[g]   घ → ᒉ[gʲ]
    ळ → ऴ[l]   ऴ → ऴ़[ḷ]

    注) ळ と ऴ は特別にこのグループにはいります。また、श には異字体があります。

    श्च = श्च [śca]   श्व = श्व [śwə] など

2) たて棒が中央にある文字 (क, फ の二つだけ) は、左側とたて棒を書き、さらに右側をほんの少しだけ書きます。

    क् → क[k]   फ् → फ[pʲ]

    以上の1)と2)の文字では、特別な結合文字になる場合を除き、半字の次にくる文字は形に影響を受けません。

3) たて棒が短い、または無い文字 (छ, ट, ड, ह など9文字) は、次にくる文字との関係で、自らも少し変形し、次にくる文字もある程度変形させます。

    ट् + ट → ट्ट [ṭṭə]   ड् + य → ड्य [dyə]
    द् + म → द्म [dmə]   द् + य → द्य [dyə]
    ह् + न → ह्न [hnə]

近年、ワープロの普及に伴い、これらの結合文字が打ち出せな

導 入 編

い場合があり、また、英語の音韻など本来のマラーティー語にない音韻の表記が増えたため、ハル記号を多用する傾向があります。

4）र の変形文字

　र が他の子音と結合するとき、文字は大きく変形します。

4 − a）र が他の子音に先行するときの半字には、◌र् と ◌ の 2 種類あります。

ⅰ）◌र् という半字はサンスクリット語、ウルドゥー語、英語などからの借用語に多く見られます。

　　पर्वत [pərvət·]（山）　　अर्थ [art'ə]（意味）

　　अर्ज [arzə]（嘆願）　　खुर्ची [k'urci:]（椅子）

　注）発音されない潜在母音 [ə] は [·] で示されます。V − 1 参照）

ⅱ）◌ という半字は普通、रा, रि, री, रे を語尾に持つ語の語形変化のときに現れるもので、元の形（主格・単数形）にこれを持つ語は稀です。

　　सुरा [sura:]（ナイフ）→
　　　सुर्याने [surya:ne]（ナイフで）
　　शेतकरी [śe:t·kəri:]（農夫）→
　　　शेतकऱ्याला [śe:t·kərya:la:]（農夫に）
　　कुऱ्हाड [kurha:ḍ·]（斧）　　तऱ्हा [tərha:]（種類）
　　ऱ्हास [rha:s·]（没落）

4 – b) र が他の子音に続くときの変形文字には、 ́と ̬の2種類あります。このケースのरが他の文字の場合と著しく異なる点は、自らが変形して、先行する子音が半字でなく元の完全な文字で書かれることです。

i) ́は最も多く使われる文字で、先行する子音字のたて棒に付けられます。たて棒がない文字は、文字の一部をたて棒に見立てて使います。

च्र [crə]　　प्र [prə]　　　श्र = श्र [śrə]
छ्र [c'rə]　　द्र [drə]

ii) ̬は例外的な文字で、次の場合だけに現れます。

ट्र [ṭrə]　　ड्र [ḍrə]

5) 特別な結合文字

元の文字からかなり或いはまったく変形してしまう特別な結合文字がいくつかあります（既に説明したものもあります）。

क् + त → क्त [ktə]　　क् + र → क्र [krə]
क् + ष → क्ष [kṣə]
ज् + ञ → ज्ञ

注) 発音は [dnə] です。[jnə] ではありません。

ट् + य → ट्य [ṭyə]　　ड् + ड → ड्ड [ḍḍə]
त् + त → त्त [ttə]　　त् + र → त्र [trə]
द् + ग → द्ग [dgə]　　द् + द → द्द [ddə]

— 12 —

導 入 編

द् + ध → द्ध [dd'ə]   द् + भ → द्भ [db'ə]
द् + म → द्म [dmə]   द् + य → द्य [dyə]
द् + व → द्व [dwə]   श् + च → श्च [ścə]
श् + र → श्र [śrə]   ह् + न → ह्न [hnə]
ह् + म → ह्म [hmə]   ह् + य → ह्य [hyə]
ह् + र → ह्र [hrə]   ह् + ल → ह्ल [hlə]
ह् + व → ह्व [hwə]

3. 鼻音の表記

簡単に表現すると、ある子音の直前に［ン］という発音があるとき、それは鼻音になっています。鼻音の表記には ‾ （ビンドゥ **बिंदु**) という記号を使います。

1）鼻子音

文字の項で見たように、क から म までの子音には、それぞれのグループに鼻子音 ङ, ञ, ण, न, म があります。これらの鼻子音が同じグループの子音の直前にあるときは、自然に［ン］と発音され、‾ で表記されます。（鼻子音字の半字を使うことは間違いではありませんが、使わないのが現在の習慣です。）

चांगला [tsa:ŋg·la:]（良い）

लांब [la:mb·]（長い）　गंमत [gəmmət·]（楽しさ）

2) 特別な鼻音

サンスクリット語からの借用語において、特定の子音（य, र, व, श, स, हの6子音と ज्ञ）が直前に अं, आं, इं などの母音と鼻子音を持つとき、その鼻子音は特別な鼻音になり、ーで表記されます。（発音についてはⅥ-3参照）

अंश [əw̃ś·]（部分）　संरक्षण [səw̃rəkṣəṇ·]（保護）

संवाद [səw̃wa:d·]（会話）

सांस्कृतिक [sa:w̃skr̥tik·]（文化的な）

हंस [həw̃s·]（白鳥）　संज्ञा [səw̃dna:]（名称）

3) ー 記号を使わない場合

1）の鼻子音が他のグループの子音やその他の子音の直前にあるときは、その鼻子音本来の発音が行われ、表記もその鼻子音字の半字が使われるので、ーでは表記できません。

जन्म [jənmə]（誕生）　वाङ्मय [wa:ŋməy·]（文学）

उन्हाळा [unha:ḷa:]（夏）　तुम्ही [tumhi:]（あなた）

कन्या [kənnya:]（乙女）

なお、サンスクリット語からの借用語と一部の擬音語的な性格を持つ例外的な語において、同じ鼻子音が続くとき、半字が使われます。

अण्णा [əṇṇa:]（目上の男性）अन्न [ənnə]（食べ物）

निम्मा [nimma:]（半分の）　नन्ना [nənna:]（いいえ）

4) 名詞、代名詞の後置格・複数形は通常（代名詞に例外あ

導 入 編

り）語尾が鼻音化し、それに直接後置詞が付きます。この場合も鼻音は必ず ͞ で表記されます。

　　सगळ्यांना [səg·lyaːnnaː]（全てに）

　　त्यांना [tyaːnnaː]（彼らに）

例外の例）आम्हाला [aːmhaːlaː]（我々に）

5）ある名詞と別の名詞に後置詞のついたものが同じ表記になる場合には、半字を使って区別することもあります。

　　वेदान्त = वेदांत [veːdaːnt·]（ヴェーダーンタ）

　　वेदांत [veːdaːnt·]（諸ヴェーダにおいて）

6）例外的な鼻母音

極めて例外的な一部の副詞（または間投詞）で、語尾の母音が鼻音化するものがあります。この表記にも ͞ を使います。

　　हं [hə̃]（〜ですね）　　अंहं [ə̃hə̃]（いいえ）

7）既述の通り、͞ は「中性母音」の記号と同じですが、鼻音は6）のようなごく少数の例外を除いて語尾には現れないので、間違うことは殆どありません。

V．母音の発音

　デーウナーグリー文字は表音文字なので、発音は基本的に表記通りにできますが、いくつかの例外事項があります。

基礎マラーティー語

1. 潜在母音 [ə] の発音

子音の基本文字に含まれる潜在母音 [ə] は、単語の中での位置やその他の条件によって、発音されたり、されなかったりします。その原則は基本的に単語の元の形（名詞の主格・単数形、動詞の不定詞形など）を対象にしています。格変化や活用などで語形が変化したとき、潜在母音の発音が原則と合わなくなる場合もあります。また、地域差、個人差も少なからず見受けられます。（発音されない潜在母音 [ə] は [·] で示されます。）

1）原則1。語頭の音節にあるときは、発音されます。

　　　ग [gə]（女性への呼びかけ）

　　　नको [nəkoː]（要りません）　　चहा [cəhaː]（紅茶）

　　　हत्ती [həttiː]（象）

2）原則2。語尾にあって、単子音に先行されるときは、発音されません。

　　　घर [gʰər·]（家）　　　कोण [koːṇ·]（誰）

　　　आपण [aːpəṇ·]（あなた）

2-a）原則2の例外1。語尾が ह の場合、潜在母音は発音される傾向にあります。

　　　सह [səhə]（共に）　　गृह [gr̥hə]（家）

　　　डोह [ḍoːhə]（淵）

2-b）原則2の例外2。次の語（間投詞）は例外的に語尾の潜在母音が発音されます。

導 入 編

अग [əgə]（女性への呼びかけ）

अबब [əbəbə]（驚きの語）

3）原則3。複子音の直前または直後にあるときは、発音されます。（￣で表記される鼻音を持つ複子音が語尾にある場合、地域差、個人差があります。）

नम्रता [nəmrəta:]（恭しさ）

वर्गणी [wərgəṇi:]（寄付金）　लग्न [ləgnə]（結婚）

बर्फ [bərfə]（氷）　　　　श्रेष्ठ [śre:ṣṭ'ə]（最良の）

जास्त [ja:stə]（より多く）

संगणक [səŋgəṇək·]（電算機）

चिंच [ciɲtsə]（タマリンド）　उंच [uɲtsə]（高い）

डालिंब [ḍa:l̩imbə]（ざくろ）

श्रीमंत [śri:məntə]（金持ちの）

दुःख [dukk'ə]（悲しみ）

3-a）原則3の例外1。￣で表記される鼻音を持つ複子音の直後で発音されない場合があります。

ⅰ）動詞の語幹の語尾。

अंकणे [əŋk·ṇe:]（印す）

जुंपणे [zump·ṇe:]（頸木をかける）

मांडणे [ma:ṇḍ·ṇe:]（そろえて出す）

ⅱ）複子音の直前に長母音がある場合。

लांब [la:mb·]（遠い）　मांस [ma:w̃s·]（肉）

— 17 —

基礎マラーティー語

श्रीकांत [śri:ka:nt·] (人名)

कांबळे [ka:mb·ḷe:] (人名)

पेंडसे [pe:ṇḍ·se:] (人名)

सांगली [sa:ŋg·li:] (地名)

iii) 複子音が ͞ で表記される鼻音と श, स で構成される場合や外来語の場合。

अंश [əw̃ś·] (部分)　　कंस [kəw̃s·] (人名)

बँक [bæŋk·] (銀行)

3-b) 原則3の例外2。外来語やマラーティー語で独自に発達した語に潜在母音が発音されない場合があります。

दरम्यान [dər·mya:n·] (間に)

दडप्या [dəḍ·pya:] (農作物を倒す9月頃の雨)

3-c) 原則3の例外3。語形変化によって生じる例外。

पिशवी (袋) → पिशव्या [piś·vya:] (複数形)

पिवळा (黄色い) → पिवळ्या [piw·ḷya:] (後置格形など)

घेतला (取った) →

घेतल्यावर [gʰe:t·lya:wər·] (取った時に)

4) 原則4。発音される母音（多くは長母音）を伴う単子音の直前にあるときは、発音されません。（原則3の場合を除く）

इतका [it·ka:] (これだけの)

कावळा [ka:w·ḷa:] (からす)

— 18 —

導　入　編

　　शिकणे [śik·ṇe:]（学ぶ）

　　तपकीर [təp·ki:r·]（嗅ぎたばこ）

　　सुरकुती [sur·kuti:]（しわ）

　　शिकवणी [śikəw·ṇi:]（学習指導）

4 - a) 原則4の例外1。長母音を伴う[y]の直前では発音されます。

　　कृपया [kṛpəya:]（お願いですから）

　　लीलया [li:ləya:]（容易に）

　　रुपया [rupəya:]（ルピー）　किमया [kiməya:]（化学）

　　तोतया [to:təya:]（偽装）

4 - b) 原則4の例外2。抽象名詞の接尾辞 ता の直前で発音される場合があります。

　　समता [səməta:]（平等）

　　विषमता [viṣəməta:]（不平等）

　　जनता [jənəta:]（大衆）

4 - c) 原則4の例外3。合成語や接頭辞、接尾辞を持つ語は合成以前の発音が優先されます。

　　परगणा [pər·gəṇa:]（郡）

　　शहाणपणा (शहाण + पणा) [śəha:ṇ·pəṇa:]
　　（賢さ、原則8 - a参照）

4 - d) 原則4の例外4。語形変化によって生じる例外。

　　विषय [viṣəy·]（テーマ）→

— 19 —

विषयीचा [viṣəyiːtsaː]（テーマにおいての）

दहशत [dəhəśət·]（恐怖）→

दहशतीने [dəhəśətiːne:]（恐怖で）

सवलत [səw·lət·]（便宜）→

सवलती [səw·lətiː]（後置格形）

4-e) 原則4の例外5。特別な例外。

अननस [ənənəs·]（パイナップル）

अबब [əbəbə]（驚きの語）

5) 原則5。単独の母音の直前では発音されます。

पपई [pəpə-iː]（パパイヤ）　　チटई [tsəṭə-iː]（筵）

6) 原則6。発音されない潜在母音を伴う単子音（原則2や4の場合のような）の直前にあるときは、発音されます。

जवळ [zəwəḷ·]（近くに）

शिकवणे [śikəw·ṇe:]（教える）

निवडणूक [niwəḍ·ṇuːk·]（選挙）

7) 原則7。（語形変化と潜在母音の発音の関係）語尾の子音に長母音の接尾辞や活用語尾がつく場合、その子音の直前にある潜在母音は原則4の影響を受け、ほぼ発音されなくなります。ただ、潜在母音がまったくなくなっているかどうかは微妙で、単語の元の形を意識してゆっくり話す場合にはかなり明瞭に発音されることもあります。普通の速度で話す場合には、潜在母音の発音はほとんど聞き取れなく

導　入　編

なります。

7 - a) 名詞の場合

 i) 語形変化により長母音の語尾がつく場合、普通の速度で話せば、原則4の影響で、直前の潜在母音の発音はほとんど聞き取れなくなります。

　　कागद [kaːgəd·]（紙）→
　　　कागदावर [kaːg·daːwər·]（紙の上に）
　　वाटप [waːṭəp·]（分配）→
　　　वाटपामुळे [waːṭ·paːmuḷeː]（分配のゆえに）
　　ओळख [oːḷəkʰ·]（知己）→
　　　ओळखीचा [oːḷ·kʰiːtsaː]（知り合いの）

 ii) [y] の直前の潜在母音は保持されます。

　　विषय [viṣəy·]（テーマ）→
　　　विषयाचा [viṣəyaːtsaː]（テーマの）
　　आशय [aːśəy·]（意図）→
　　　आशयाचा [aːśəyaːtsaː]（意図の）

iii) ह の潜在母音は通常保持されます。

　　शहर [śəhər·]（都市）→
　　　शहरातील [śəhəraːtiːl·]（都市の）

iv) 発音されない潜在母音を持つ子音字の直後の子音字の潜在母音は保持されます。（4文字2音節の語に例が多い。）

― 21 ―

हरकत [hər·kət·] (支障) →

हरकतीचा [hər·kəti:tsa:] (支障の)

मतलब [mət·ləb·] (利己心) →

मतलबाशिवाय [mət·ləba:śiwa:y·] (無欲で)

v) 語形変化が語尾だけでなく、語中の発音にも影響を与える場合で、かつ、原則4が当てはまる場合、潜在母音は発音されません。

पाटील [pa:ṭi:l·] (人名) →

पाटलांचा [paṭ·la:ntsa:] (パーティールさんの)

जोखीम [zo:k'i:m·] (危険) →

जोखमीचा [zo:k'·mi:tsa:] (危険な)

तारीख [ta:ri:k'·] (日付) →

तारखेला [ta:r·k'e:la:] (〜日に)

7-b) 動詞の場合

i) 動詞の語形変化において、語幹の語尾に長母音が付加された場合、原則4の影響で語幹の語尾の直前の潜在母音は発音されません。

उठवणे [uṭ'əw·ṇe:] (起こす) →

उठवा [uṭ'·wa:] (起こしなさい)

करमणे [kərəm·ṇe:] (楽しむ) →

करमेना [kər·me:na:] (楽しくない)

ii) 複数の音節を持つ語幹で、発音されない潜在母音を持つ

導 入 編

子音字の直後の子音字の潜在母音は保持されます。（4文字2音節の語幹に例が多い。）

कुरतडणे [kur·təḍ·ṇe:]（齧る）→
　कुरतडायला [kur·təḍa:y·la:]（分詞形の一つ）
विरघळणे [wir·gʼəḷ·ṇe:]（溶ける）→
　विरघळू [wir·gʼəḷu:]（分詞形の一つ）

8）原則8。その他

8-a）本来別々の単語が合成されてできた語や接頭辞、接尾辞がついてできた語は、基本的に合成前の元の発音が優先されます。

　　कथाकथन（कथा + कथन）[kətʼa:kətʼən·]（説経語り）
　　अपयश（अप [əpə] + यश）[əpəyəś·]（失敗）
　　उपनगर（उप [upə] + नगर）[upənəgər·]（郊外）
　注）दूरध्वनी（दूर + ध्वनी）[du:rəd'wəni:]（電話）
　　दूरदर्शन（दूर + दर्शन）[du:r·dərśən·]（テレビ）

8-b）擬声語、擬態語及びそれらから派生した語では、同じ（または類似の）発音の単位が繰り返されるものがたくさんあります。単位が2文字1音節の場合、語尾が変化しても、潜在母音の発音は保持されます。（いわゆる4文字2音節の語の場合と同じ。）

　　लगबग [ləg·bəg·]（急ぐ様）→
　　लगबगीने [ləg·bəgi:ne:]（急いで）

—23—

खणखण [kʼəṇ·kʼəṇ·] (鐘などの大きい音) →
खणखणीत [kʼəṇ·kʼəṇiːt·] (力強い)

8-c) 強調の च が付くと、原則2で発音されない潜在母音が復活し、発音されます。また、その他の部位は元の発音を保持します。

घर [gʼər·] (家) → घरच [gʼərəts·]
जवळ [zəwəḷ·] (近くで) → जवळच [zəwəḷəts·]

2. ह の潜在母音の発音

1) ह の潜在母音は、普通、発音されます。

सहकार [səhəkaːr·] (共同)　व्यूह [vyuːhə] (戦陣)
सिंह [siw̃hə] (ライオン)

2) 語中において、直前に [eː] または [oː] があり、直後に長母音の音節があると、それぞれ [ehe] または [oho] と発音される傾向があります。

चेहरा [ceharaː] (顔)　नेहमी [nehemiː] (いつも)
सोहळा [sohoḷaː] (儀式)

3) [ə] に続くヴィサルガは [ə] を伴って発音されます。なお、語尾では [aː] のように発音されることもあります。

स्वतः [swətəhə / swətaː] (自ら)
प्रायः [praːyəhə / praːyaː] (殆ど)

3. 音節と母音の長短とアクセント

マラーティー語の単語には特にアクセントはなく、語によって

導 入 編

は語中の最も長い音節を比較的強めに発音するものがあるという程度です。音節の長さは長い方から並べると、①長母音・閉音節、②長母音・開音節、③短母音・閉音節、④短母音・開音節、の順になります（開音節は語尾が母音、閉音節は語尾が子音のもの）。なお、3音節以上の語で、長母音の音節が複数ある場合、語頭の長母音が比較的短く発音されることがあります。

एकोणीस [e-ko-ṇiːs·]（19）

एखादा [e-kʰaː-daː]（或る）

आंबेडकर [am-beːḍ-kər·]（人名）

4．母音の長短と表記

　主にサンスクリット語からの借用語で、語尾が短母音 [i][u] の語はマラーティー語では長母音 [iː][uː] と発音されます。見出し語として短母音を採用している辞書もありますが、本書ではすべて長母音で表記してあります。なお、合成語として語中にきた場合は本来の短母音で表記されます。

क्रांति [kraːnti] → क्रांती [kraːntiː]（革命）

गुरु [guru] → गुरू [guruː]（師匠）

वसति [wəsəti] → वसती [wəs·tiː]（居住）

वसतिगृह [wəsətigr̩hə]（寮）

一部の語で例外的に語尾が短母音で表記されるものがあります。

आणि [aːṇi]（そして）　नि [ni]（そして）

VI. 子音の発音

1. च, ज, झ の発音

च, ज, झ の発音が硬口蓋破擦音（[チャ] のグループ）になるか歯茎破擦音（[ツァ] のグループ）になるかは、一部の場合を除き、法則らしいものはありません。従って、基本的にそれぞれの単語の発音を覚える必要があります。

[c]　चहा [cəha:]（紅茶）　　　चार [ca:r·]（4）
　　　बच्चा [bəcca:]（子供）

[ts]　चव [tsəw·]（味）　　　चाळ [tsa:ḷ·]（アパート）
　　　कच्चा [kəttsa:]（未熟の）

[j]　जलसा [jəl·sa:]（宴会）　　जास्त [ja:stə]（より多く）
　　　मजा [məja:]（楽しみ）

[z]　जण [zəṇ·]（人）　　　जात [za:t·]（カースト）
　　　निजणे [niz·ṇe:]（寝る）

[j']　झकास [j'əka:s·]（素晴らしい）
　　　झमेला [j'əme:la:]（ごたごた）　झिंगा [j'iŋga:]（えび）

[z']　झपाटा [z'əpa:ṭa:]（襲撃）
　　　झाडणे [z'a:ḍ·ṇe:]（掃除する）
　　　झोपणे [z'o:p·ṇe:]（寝る）

なお、छ [c'ə] には歯茎破裂音 [ts'ə] はありませんが、綴りに त्स を持つ語に [ts'] の発音が現れます。またその場合、[ts'] の部分は促音化し、[tts'] となります。

— 26 —

導　入　編

[ts'] उत्सव [utts'əw·]（祭り）

मत्स्य [mətts'yə]（魚）　　वत्स [wətts'ə]（子）

1 − a ）硬口蓋破擦音（[チャ] のグループ）が現れるのは次の場合です。

ⅰ ）サンスクリット語からの借用語

चंद्र [cəndrə]（月）　　विचार [vica:r·]（考え）

जन्म [jənmə]（誕生）

ⅱ ）直後の母音が [i] [i:] [e:] または子音 [y] の場合

चिमणी [cim·ṇi:]（すずめ）

कच्चा → कच्ची [kəcci:]（未熟の）

जेवण [je:wəṇ·]（食事）

झेपणे [j'e:p·ṇe:]（やりこなす）

तुमच्या [tum·ca:]（あなたの）

माझ्या [ma:j'a:]（私の）

主な例外）चे [tse:]（〜の、属格後置詞）

語形変化による例外）

निजणे [niz·ṇe:]（寝る）→ निजेल [nize:l]（寝るだろう）

2．その他の子音の発音

च, ज, झ の他にも、場合によって異なる発音が現れる子音があります。それらにも表記上の区別はありませんが、発音の習慣、語中の位置、他の音韻との関係などによって異なる発音になります。ただし、発音が異なることによって意味が変ることはありま

— 27 —

せん。比較的重要なものだけ挙げておきます。

1) ड [ḓə] 本来の ड [ḍə] のように舌を上顎に触れて発音しますが、強く［ダ］と発音しないで、［ラ］に近い音を出します。ड と ळ の中間的な音になります。この音は語中と語尾に現れます。（本書ではこの箇所以外では [ḍə] で表記しています。）

    कडकडाट [kəḓ·kəḓa:ṭ·]（大きい音）

    वाडा [wa:ḓa:]（屋敷）　　गड [gəḓ·]（山城）

2) ढ [ḓʰə]　前項の有気音。他は前項と同じです。

    पेढा [pe:ḓʰa:]（菓子の一つ）　रूढी [ru:ḓʰi:]（しきたり）

    ओढ [o:ḓʰ·]（引くこと）

3) फ [fə]　［ファ］の要領です。英語の [f] のように上歯に下唇を微かに触れて発音しますが、上下の唇だけで［ファ］と発音する場合もあります。英語やウルドゥー語などからの借用語に現れますが、その影響を受けてサンスクリットやマラーティー語起源の語でも発音される場合があります。[f] の現れ方にはかなり個人差があります。

    फिल्म [film·]（映画）　साफ [sa:f·]（清潔な）

    फौज [fauz·]（軍隊）　फळ [fəḷ·]（果物）

4) व [v]　英語の [v] のように上歯に下唇を軽く触れて発音します。子音 [y][r][h] に先行するときに現れる傾向があります。他の場合は [w] で発音されますが、母音 [i]

— 28 —

導 入 編

[iː][eː]や子音[v]に先行するときに[w]と[v]の差が微妙になる場合もあります。

व्याकरण [vyaːk·rən·]（文法）　व्रत [vrət·]（斎戒）
व्हावा [vɦaːwaː]（分詞形の一つ）
विसरणे [wi / wisər·ṇeː]（忘れる）
वीज [wiː / viːz·]（電気）　वेळ [weː / veːḷ·]（時）
सव्वीस [səwwiː / vviːs·]（26）

5）特別な有気音について

न्ह, म्ह, र्ह などが複子音なのか有気音なのかは意見が分かれるところです。本書はこれらを綴り上は複子音とし、発音では有気音と見なしています。そこで翻字表記の混乱を避けるため [ɦ] を採用して、本来の有気音の翻字表記である [ʼ] と区別しています。

न्ह [nɦə]　म्ह [mɦə]　र्ह [rɦə]

3．特別な鼻音の発音

鼻音の表記の項で述べたように、主にサンスクリット語からの借用語において、अं, आं, इं などの母音と鼻子音に र, व, श, स, ह, ञ が続くときの鼻子音の発音には注意が必要です。この場合、鼻子音は [w̃]（鼻音化した [w]）になります。सं で始まる語を例にとると、सं の部分の発音は［サォン］のようになります。

संरक्षण [səw̃rəkṣəṇ·]（保護）
संवाद [səw̃waːd·]（会話）　संशय [səw̃śəy·]（疑念）

संसार [səw̃sa:r·]（世帯）　　संहार [səw̃ha:r·]（撲滅）
संज्ञा [səw̃dnɑ:]（名称）

अं, आं, इं などの母音と鼻子音に य が続く場合、鼻子音は [ỹ]（鼻音化した [y]）になります。सं の場合の発音は、[サィン] のようになります。

संयम [səỹyəm·]（抑制）

4. य の直前にある子音の発音

サンスクリット語からの借用語で、語頭以外の位置にある子音の直後に य があるとき、その子音は二重子音のように発音される傾向があります。

कल्याण [kəllya:ɳ·]（福祉）
लावण्य [la:wəɳɳyə]（優美さ）

マラーティー語で発達した語や語形変化の場合、上記のことは生じません。

उद्या [udya:]（明日）
लावण्या [la:w·ɳya:]（歌謡曲、複数形）

5. 語中のヴィサルガ

ヴィサルガが語中にある場合、ヴィサルガが発音されず、後続の子音を重子音化する場合があります。

प्रातःकाळ [pra:təkka:l]（早朝）
दुःख [dukkʰə]（悲しみ）

導　入　編

6．促音化

　同じ子音によって複子音が構成されるとき、前者の子音は促音化して［ッ］になり、鼻子音の場合は［ン］になります。

　　　　कच्चा［kəttsa: カッツァー］（未熟の）
　　　　अख्खा［əkk'a: アッカー］（全ての）
　　　　निम्मा［nimma: ニンマー］（半分の）

7．外来語の［V］と［Z］の音写

　マラーティー語では、英語を主とする外来語の［v］と［z］をそれぞれ व़［vh］、झ़［z'］と発音し、そのように音写します。

　　　　व़ीकल［vhi:kəl·］(vehicle)
　　　　मूव़ी［mu:vhi:］(movie)　　देव़री［vheri:］(very)
　　　　रिझ़र्व़［riz'ərvh·］(reserve)
　　　　झ़ेन［z'e:n·］（禅）　　　　सुझ़ुकी［suz'uki:］（鈴木）

Ⅷ．辞書の語順

　辞書の語順は基本字の順に並びますが、問題は鼻音記号⌣、ヴィサルガ：、外来語用の⌣などの並ぶ位置で、マラーティー語ではまだ統一的な原則は確立されていません。本書はこれらの位置については、言わばこれらを無視するかのように扱います。つまり、これらの記号の直前の母音と直後の子音により位置が決まります。例えば、*स्वतः, स्वतंत्र, स्वत्व* のように並びます。もしこれらの記号を無視したら別の語と同じになってしまう場合は、記

— 31 —

号のある語の方を後ろに置きます。また「中性母音」ˉはएの次に来ます。

宗教遺跡バーゼー。こうした石窟寺院遺跡はマハーラーシュトラ州に多い

第1課　धडा पहिला
これは何ですか？
हे काय आहे ?

【学習事項】

　主格・単数形（普通名詞，指示代名詞，代名形容詞，形容詞）．性．コピュラ動詞（基礎活用・3人称・単数・現在形）．場所を表す副詞．

【基本文1－1】

1．हे काय आहे ?　　これは何ですか？
2．हा कागद आहे．　これは紙です。
3．ही पेन्सिल आहे．　これは鉛筆です。

【文法1－1】

1．**語順**

　マラーティー語の語順は日本語の語順とよく似ています。【基本文1－1】の例文はいずれも日本語と全く同じです。

2．**指示代名詞の主格・単数形**

　例文は「これ」（指示代名詞、主格・単数形）を主語にした文です。主格形とは後置格形（第4課）に対する用語で、後置詞を

伴わないときの形です。

「これ」を意味する単語が三つあるのは、それぞれ補語の性・数に対応しているからです。काय という疑問代名詞は中性に扱われています。

「これは何ですか？」と問うとき、中性形の हे を使います。質問の対象物の性が分からないからです。これに対する答えは、具体的な物の名称を答えますから、その物の性に合わせた指示代名詞にしなければなりません。

下の表は近称詞（これ）と遠称詞（あれ）の主格・単数形をそれぞれの性に対応させたものです。

	近称詞	遠称詞
男性形	हा	तो
中性形	हे	ते
女性形	ही	ती

ते काय आहे？　あれは何ですか？
ती वही आहे.　あれはノートです。

3. 性

マラーティー語には文法上の性が三つあり、名詞は普通、男性、中性、女性、のどれかに分類されています。どの性に分類されるかは、人間の男女や動物のオス・メスなどの場合を除いて、まったく恣意的です。例文の語でも、कागद は男性で、पेन्सिल は女

第1課 これは何ですか？

性ですが、その理由は説明がつきません。また、例外的に複数の性を持つ語や、人間や動物が中性名詞になる場合もあります。文法性を覚えるには丸暗記するしか方法がありません。

4．コピュラ動詞（基礎活用・3人称・単数・現在形）

「～である、～（が）ある、～（が）いる」などの意味を表す動詞をコピュラ動詞と言います。その不定詞形（第6課）は असणे です。コピュラ動詞の現在形と過去形には基礎活用と一般活用（第8課）があります。いずれの活用でも本動詞にも助動詞にもなります。基礎活用の3人称・単数・現在形が आहे です。なお、日常会話ではコピュラ動詞（基礎活用・現在形）が省略されることがあります。

"हे काय आहे？" 「これは何ですか？」

"पुस्तक." 「本です。」

5．イントネーション

疑問詞のある疑問文は、疑問詞をやや強めに発音しますが、文末を上げ調子にすることはありません。

6．句読点

マラーティー語の句読点は英語の句読点と同じです。

【基本文1－2】

1. हा आंबा आहे का？ これはマンゴーですか？
2. हो, हा आंबा आहे. はい、これはマンゴーです。

3. नाही, हा आंबा नाही. हे डाळिंब आहे.

　いいえ、これはマンゴーではありません。これはざくろです。

【文法1－2】

1．疑問詞のない疑問文

　疑問詞のない疑問文は、基本例文1のように、平叙文の末尾に का（疑問を表す虚辞）を付け、上げ調子で発音します。また、का を使わず、平叙文のまま、文末を上げ調子にするだけでも、疑問文になります。

　　ही नासपती आहे？　これは梨ですか？

2．「はい」と「いいえ」（関連、【文法1－4】の2）

　「はい」は हो、「いいえ」は नाही といいます。基本例文3のように、नाही の次に否定文を言って、さらに正しい情報の文を付け加える場合、主語の代名詞は補語の性に従って言い換える必要があります。

3．否定のコピュラ動詞

　例文3で、述語動詞の「～ではない」の意味を表す語は नाही です。これは否定のコピュラ動詞 नसणे の基礎活用・3人称・単数・現在形で、आहे の反対語になります。「いいえ」の नाही と同じなので、まぎらわしいですが、区別する必要があります。

第1課　これは何ですか？

【基本文１－３】

1. हे कोणतं फळ आहे ?　これは何という果物ですか。

   हा आंबा आहे. हे गोड फळ आहे.

   これはマンゴーです。これは甘い果物です。

2. हा आंबा कसा आहे ?　このマンゴーはどうですか？

   हा आंबा खूप चांगला आहे.　このマンゴーはとても良い。

3. ते सफरचंद कसं आहे ?

   あの林檎はいかがですか？

   ते सफरचंद फारसं चांगलं नाही.

   あの林檎はあまり良くありません。

4. ही पपई कशी आहे ?　このパパイヤはどうですか？

   ही पपई अजून कच्ची आहे.　このパパイヤはまだ未熟です。

【文法１－３】

１．代名形容詞

　指示代名詞「これ」「あれ」はそれぞれ代名形容詞として「この～」「あの～」という意味にもなります。

２．形容詞（主格・単数形）の変化

　形容詞は補語や名詞の修飾語などとして使われますが、関わる名詞の性・数・格によって、形を変えます。ただし、実際に形が変わるのは、語尾に長母音［aː］を持つものだけです。

2−1. 変化する形容詞

語尾に長母音 [aː] を持つ形容詞 (主格・単数形) は次の表のように変化します。

主格・単数形	男 性	中 性	女 性
形容詞の語尾	aː	əː	iː

例) 男性形：काळा → काळा दगड (黒い石)

中性形：पांढरा → पांढरं कापड (白い布)

女性形：हिरवा → हिरवी साडी (緑色のサリー)

注) 語尾の सा は女性形では शी になります (कसा → कशी)。また、कच्चा [ts] の発音は、中性形 कच्चं [ts]、女性形 कच्ची [c] となります。同様に ताजा [z] は中性形 ताजं [z]、女性形 ताजी [j] となります。

2−2. 変化しない形容詞

語尾が [aː] 以外の形容詞は変化しません。

例) 男性形：रुंद → रुंद रस्ता (広い道)

中性形：महाग → महाग घड्याळ (高価な時計)

女性形：उंच → उंच इमारत (高い建物)

3. कोणता について

ものの種類を尋ねるには、कोणता という疑問詞を使います。語尾の ता は形容詞と同じ変化をします。

第1課　これは何ですか？

4．फारसा について

फारसा は否定辞とともに用いて、「あまり～でない」という意味になります。この語は副詞ですが、語尾の सा は形容詞と同じ変化をします。

　　ती इमारत फारशी उंच नाही.　その建物はあまり高くない。

【基本文1－4】

1. मुलगा कुठे आहे？　少年はどこにいますか？
　　तो आतमध्ये आहे.　彼は中にいます。
2. गाय इथे नाही का？　牝牛はここにいませんか？
　　हो, गाय इथे आहे.　いいえ、牝牛はここにいます。
　　नाही, गाय इथे नाही. ती बाहेर आहे.
　　はい、牝牛はここにいません。外にいます。
3. तिथे काय आहे？　そこに何がありますか？
　　तिथे काही नाही.　そこには何もありません。

【文法1－4】

1．場所を表す副詞

1語で場所を表す副詞を使った例文です。文中の副詞の位置は日本語と同じです。

　　मुलगी तिथे नाही.　少女はそこにいません。

基礎マラーティー語

2. 否定疑問に対する「はい」と「いいえ」

否定疑問に対するマラーティー語の हो と नाही の使い方は、普通、英語のように、否定の情報が正しければ、नाही と応答しますから、日本語とは逆になります。

【練習問題1】

次の文をマラーティー語にしなさい。また、下線部 (A) (B) の語を下欄の語に置き換えて全文を言い換えなさい。

1. a) これは何ですか？　　　b) これは本 (A) です。
   c) これは本ですか？　　　d) はい、これは本です。
   e) いいえ、これは本ではありません。
   f) この本はいかがですか？　g) この本はいい (B) です。
   h) この本はあまり良くありません。

   A) 1) 果物　2) 花　3) 時計　4) 机　5) 椅子　6) 窓
      7) 戸　8) 部屋　9) カーテン　10) カーペット
      11) 壁

   B) 1) 大きい　2) 小さい　3) 美しい　4) 高価な
      5) 安い

2. a) あれは何ですか？　b) あれは鉛筆 (A1) です。
   c) あれは鉛筆ではありませんか？
   d) いいえ、あれは鉛筆です。
   e) はい、あれは鉛筆ではありません。あれはペン (A2)

第1課　これは何ですか？

です。

f) あの鉛筆はいかがですか？

g) あの鉛筆はとてもいい(B)です。

　　A1) 1) 辞書　2) 鞄　3) 消しゴム　4) 紙

　　A2) 1) ノート　2) 財布　3) はさみ　4) ハンカチ

　　B) 1のB) を使う。

3. a) 動物園(A)はどこですか？

b) 動物園はあそこ(B)です。

　　A) 1) 郵便局　2) 病院　3) 事務所　4) 工場　5) 大学
　　　 6) 教室

　　B) 1) ここ　2) こちらの方　3) あちらの方

第2課　घडा दुसरा
そこに何冊本がありますか？
तिथे किती पुस्तकं आहेत ?

【学習事項】

主格・複数形（普通名詞，指示代名詞，代名形容詞，形容詞），コピュラ動詞（基礎活用・3人称・複数・現在形）．

【基本文2－1】

1. इथे कोण कोणते प्राणी आहेत ?

    ここにはどんな動物がいますか？

    इथे गाई, म्हशी, आणि घोडे आहेत．

    ここには乳牛、水牛（メス）、そして馬がいます。

2. हे बैल आहेत．ह्या गाई आहेत．ती वासरं आहेत．

    これらはオス牛です。これらはメス牛です。あれらは子牛です。

3. इथे दोन घोडे आहेत, तिथे तीन घोड्या आहेत．

    ここに2頭のオス馬がいます。あそこに3頭のメス馬がいます。

4. तिथे किती जण आहेत ?　そこに何人いますか？

    इथे पाच जण आहेत．　ここには五人います。

    पुरुष किती आणि स्त्रिया किती आहेत ?

    男は何人で女は何人ですか？

— 42 —

第2課　そこに何冊本がありますか？

पुरुष चार आहेत आणि स्त्री फक्त एक आहे.

男は四人ですが、女はたった一人です。

【文法2－1】

1. 指示代名詞と代名形容詞の主格・複数形

指示代名詞と代名形容詞の主格・複数形は次の表のとおりです。

	近称詞	遠称詞
男性形	हे	ते
中性形	ही	ती
女性形	ह्या	त्या

2. コピュラ動詞（基礎活用・3人称・複数・現在形）

コピュラ動詞 असणे の基礎活用・3人称・複数・現在形は आहेत です。また、否定のコピュラ動詞 नसणे の基礎活用・3人称・複数・現在形は नाहीत です。

ह्या म्हशी नाहीत. हे रेडे आहेत.

これらはメスの水牛ではありません。これらはオスの水牛です。

3. 普通名詞の主格・複数形

名詞の複数形は、普通、単数形の語尾を変化させて作ります。変化のしかたは性と語尾の形によっていろいろ異なります。語尾だけでなく語尾の直前の母音や子音が影響を受ける場合もあります。また、物質名詞や抽象名詞など複数形を持たないものもあり

ます。
3－1．男性名詞の主格・複数形

　男性名詞の主格・複数形の語尾は [eː] とその他（単数と同じ）の大きく2種類に分かれます。なお、男性名詞の主格・単数形の語尾は以下の5種類になります。（語尾が子音の語とは、普通発音されない潜在母音 [ə] を持つ子音が語尾にある語です。）

番　号	単数語尾	複数語尾
M 1	子　音	単数と同じ
M 2	aː	eː
M 3	iː	単数と同じ
M 4	uː	
M 5	oː	

　番号M2（単数語尾が [aː]）の主格・複数形の語尾は [eː] となります。

　例）　आंबा（マンゴー）→ आंबे　　घडा（レッスン）→ घडे
　　　　राजा（王）→ राजे

　注）　बाबा（お父さん）→ बाबा
　　　　काका（おじさん）→ काका
　　　　मुलगा（子供、息子）→ मुलं / मुलगे

親族を表す語で二つの同じ音節からなる語（दादा, मामा など）は普通変化しません。また、मुलगा は「男子、息子」とはっき

― 44 ―

第2課　そこに何冊本がありますか？

り性を区別して言う時は मुलगे という複数形を使いますが、単に「複数の子供」という意味では मुलं（中性名詞 मूल の複数形）を使います。

　番号M2以外の語の複数形は単数形と同じです。

　　番号M1の例)　कागद（紙）　दगड（石）
　　注)　माणूस（人）→ माणसं（単数では男性、複数では中性）
　　番号M3の例)　हत्ती（象）　पक्षी（鳥）
　　番号M4の例)　विंचू（さそり）　चेंडू（ボール）
　　　　　　　　〔अश्रू（涙）は常に複数形〕
　　番号M5の例)　फोटो（写真）

３－２．中性名詞の主格・複数形

中性名詞の主格・複数形の語尾は基本的に [əː] と [iː] の２種類です。中性名詞の主格・単数形の語尾は次の４種類に分類できます。

番　号	単数語尾	複数語尾
N1	子　音	əː
N2	iː	iː
N3	uː	əː/(ə)wəː
N4	əː	iː

　番号N1の例)　पुस्तक（本）→ पुस्तकं
　　　　　　　डाळिंब（ざくろ）→ डाळिंबं

फळ (果物) → फळं

सफरचंद (りんご) → सफरचंद

注) देऊळ (寺院) → देवळं

पीठ (粉) → पिठं

फूल (花) → फुलं

なお、डाळिंब は普通、語尾の潜在母音が発音されますが、表記上、子音で終わる語に分類されます。

番号N2の例) मोती (真珠) → मोती

(なお、古い書き言葉の複数形は मोत्ये)

注) N2に属する語のうち物質名詞や抽象名詞は複数形になりません。

पाणी (水)　दही (ヨーグルト)　लोणी (バター)

番号N3の例) लिंबू (レモン) → लिंबं

आसू (涙) → आसवं

表に [(ə)wə:] としてあるのは、表記上 [(ə)] の部分は書かれますが、普通発音されないという意味です。つまり、表記は आसवं ですが、発音は [aːs·wəː] となります。(この後も同様です。)

番号N4の例) डोकं (頭) → डोकी

केळं (バナナ) → केळी

नाणं (硬貨) → नाणी

注) 金属を表す語は複数になりません。

सोनं (金)　रुपं (銀)

— 46 —

第2課　そこに何冊本がありますか？

３－３．女性名詞の主格・複数形

　女性名詞の主格・複数形の語尾は基本的に［aː］（［yaː］［(ə)waː］を含む）とその他（多くは「単数と同じ」）の２種類ですが、両者の区別には特に基準がないため、女性名詞の複数形はそれぞれの語を丸暗記するしか方法がありません。女性名詞の主格・単数形の語尾は以下の５種類です。

番　号	単数語尾	複数語尾
F 1-1	子　音	aː
F 1-2		iː
F 2	aː	単数と同じ
F 3-1	iː	yaː
F 3-2		単数と同じ
F 4-1	uː	(ə)waː
F 4-2		単数と同じ
F 5-1	oː	aː
F 5-2		単数と同じ

　番号Ｆ１（単数語尾が子音）の主格・複数形の語尾は［aː］(F 1-1)または［iː］(F 1-2)で、「単数と同じ」のものはありません。Ｆ1-1とＦ1-2の区別には特に基準はありませんが、女性やメスの動物を表す語がＦ1-2に比較的多く見られます。

　番号Ｆ1-1の例）बाग（庭）→ बागा

बँक (銀行) → बँका

注) चूक (間違い) → चुका

番号 F 1-2 の例) इमारत (建物) → इमारती

पेन्सिल (鉛筆) → पेन्सिली

注) बहीण (姉妹) → बहिणी

म्हैस (牝水牛) → म्हशी

गाय (乳牛) → गाई

番号 F 2 の例) शाळा (学校) → शाळा

भाषा (言語) → भाषा

番号 F 3（単数語尾が [iː]）の主格・複数形の語尾は [yaː]（F 3-1）または「単数と同じ」（F 3-2）で、ここでも両者の区別には特に基準はありませんが、F 3-2 にはサンスクリット語からの借用語が多く見られます。

番号 F 3-1 の例) वही (ノート) → वह्या

साडी (サリー) → साड्या

注) स्त्री (女) → स्त्रिया

बाई (婦人) → बाया / बायका

(बाया にはやや見下した語感があります)

番号 F 3-2 の例) मूर्ती (像)　व्यक्ती (個人)

注) मुलगी (少女) → मुली

पोरगी (小娘) → पोरी

番号 F 4（単数語尾が [uː]）の主格・複数形の語尾は [(ə)waː]

第2課　そこに何冊本がありますか？

(F4-1) または「単数と同じ」(F4-2) で、両者の区別には特に基準はありません。

　　番号 F4-1 の例) सासू（姑）→ सासवा

　　注) ऊ（虱）→ उवा

　　番号 F4-2 の例) वधू（嫁）　बाजू（側面）

　番号 F5（単数語尾が [oː]）の主格・複数形の語尾は [aː] (F5-1) または「単数と同じ」(F5-2) で、両者の区別には特に基準はありません。F5 に属する語は極めて少数です。

　　番号 F5-1 の例) बायको（妻）→ बायका
　　番号 F5-2 の例) स्टेनो（速記者）→ स्टेनो

　　　　　　（この語は M5 にも該当します。）

３－４. 新しい外来語の複数形

　マラーティー語で使われる外来語のうち、近代以降に入ったもの（主に英語）の複数形には次の３種類があります。

　a) 普通、マラーティー語の語尾を使うもの。

　　　　बँक（銀行）→ बँका
　　　　सायकल（自転車）→ सायकली

　b) 原語（主に英語）の複数形を使うもの。（発音はマラーティー語化している。）

　　　　बस（バス）→ बसेस

　c) 両方使えるもの。

　　　　फाईल（ファイル）→ फाईल्स / फाइली

— 49 —

पर्स （ハンドバッグ）→ पर्सेस / पर्सा

बॅग （バッグ）→ बॅग्ज / बॅगा

4．人、動物に関する語の性と中性名詞

　単語の性はどれか一つに決まっているのが普通ですが、マラーティー語には人や動物を表す語に複数の性を持つ語があります。例えば、जण（人々）という語は三つの性を持っていて、複数形もそれぞれ異なります。一般に人が中性名詞になるのは、男女の区別をする必要がないときや子供について言う時で、動物が中性名詞になるのは、総称として表現する時、オス・メスの区別がつかない（またはつける必要がない）時、子どもについて言う時、質が劣る時などです。また、動物ではオス・メスを特に区別せず、どちらか一方の性で表現する場合もあります。逆にオス・メスをはっきり言いたい時にはオスには नर、メスには मादी を付けて区別します。（नर डास オスの蚊、मादी डास メスの蚊。なお डास は男性名詞なので、मादी डास も男性名詞になります。）

4－1．人を表す語

　a）3性‥‥जण　この語は数詞と共に常に複数形で使います。

　　　男性形：दोन जण（二人の男性）

　　　中性形：तीन जणं（三人の人）

　　　女性形：चार जणी（四人の女性）

　　なお、男性形には男女の区別をしない用法もあります。

　　　पाच जण〔五人の男性、または五人の人（男女を問わ

第2課　そこに何冊本がありますか？

ない〕

b）2性（男、中）‥‥ माणूस

　　（人、男。単数では男性または中性、複数では中性）

　　単数：एक माणूस（一人の人）

　　複数：दोन माणसं（二人の人）

　2性（男、中）‥‥ बाळ

　　（赤ん坊。単数では男性または中性、複数では中性）

c）2性（男、女）‥‥ लेक（子供）　पोर（子供）

　　単数：एक लेक〔一人の子（息子または娘）〕

　　複数：दोन लेक〔二人の息子（または息子と娘）〕

　　　　 दोन लेकी（二人の娘）

d）1性（中）‥‥ पोरगं（子供）　मूल（子供）

　　（女）‥‥ व्यक्ती（個人）

4－2．男性名詞が種を代表する語の例

　　घोडा（馬）　पक्षी（鳥）　कुत्रा（犬）

　　मासा（魚）　पोपट（おうむ）　साप（蛇）

4－3．女性名詞が種を代表する語の例

　　मैना（九官鳥）　ऊ（虱）　पिसू（のみ）

4－4．動物を表す中性名詞の例

　　ढोर（牛）　घोडं（馬）　कुत्रं（犬）

　　पाखरू（鳥）　वासरू（子牛）

—51—

5. 数・量を尋ねる疑問文

数・量を尋ねるには किती という疑問詞を使います。基本例文4のように、数えられるものの数を尋ねるときは、名詞も対応する動詞も複数形になります。数えられないものの量を尋ねるときは単数形になります。

तिथे किती पाणी आहे ?

そこにどれぐらい水がありますか？

6. 単数と複数

種類を尋ねる कोणता が複数になると कोण कोणता となります（基本例文1）。これは動物やものについて使う語で、人の場合（誰々）は कोण कोण となります。また複数のものについて尋ねる場合（何々）は काय काय となります。कोण कोणता は複数扱いですが、कोण कोण と काय काय は通常単数扱いです。なお、答えは単数、複数どちらも可能です。

इथे कोण कोण आहे ?　ここに誰と誰がいますか？

　　　（通常単数の文になりますが、複数にして動詞を आहेत
　　　にする場合もあります。）

इथे काय काय आहे ?

ここに何と何がありますか？（単数扱い）

इथे कोण कोणत्या वस्तू आहेत ?

ここに何と何がありますか？（複数扱い）

इथे कागद, पुस्तकं, आणि वह्या आहेत.

第2課　そこに何冊本がありますか？

　ここには紙、本、そしてノートがあります。

　なお、人またはものを列挙して言う場合、最後に単数のものがくると、動詞も単数で対応させます（基本例文4）。なお、人とものを混ぜて列挙することは普通ありません。

इथे तीन पुस्तकं आणि एक वही आहे.

　ここに3冊の本と1冊のノートがあります。

【基本文2-2】

1. हे आंबे कसे आहेत?　これらのマンゴーはどうですか？
　हे आंबे चांगले आहेत.　これらのマンゴーは良い。
2. ती सफरचंद कशी आहेत?　あれらの林檎はいかがですか？
　ती सफरचंद फारशी चांगली नाहीत.
　あれらの林檎はあまり良くありません。
3. ह्या पपया कशा आहेत?　これらのパパイヤはどうですか？
　ह्या पपया फार चांगल्या आहेत.
　これらのパパイヤはとても良い。
4. इथे रस्ते रुंद आहेत आणि इमारतीही उंच आहेत.
　ここは道が広いし、建物も高い。

【文法2-2】

1. 形容詞の主格・複数形

　語尾が変化する形容詞（→【文法1-3】）の主格・複数形の

—53—

語尾は下の表のとおりです。

主格・複数	男 性	中 性	女 性
形容詞の語尾	eː	iː	yaː

例） 男性形：मोठे मासे（大きな魚）

中性形：शिळी फळं（新鮮でない果物）

女性形：ताज्या भाज्या（新鮮な野菜）

注） कसा の主格・複数形の変化は、男性形 कसे、中性形 कशी、女性形 कशा となります。また、कच्चा の変化形の発音は、男性形 कच्चे [ts]、中性形 कच्ची [c]、女性形 कच्च्या [c] となります。同様に ताजा の変化形の発音は、男性形 ताजे [z]、中性形 ताजी [j]、女性形 ताज्या [j] となります。

一部の形容詞には特定の接尾辞を付けて微妙なニュアンスを言い分けるものがあります。

काळा（黒い）→ काळाकुड्（真っ黒な）

गोरा（色白の）→ गोरापान〔（肌の）真っ白な〕

हिरवा（緑の）→ हिरवागार〔（草木が）青々とした〕

上のような語が語形変化をする場合は、もとの形容詞の語尾の部分が変化します。

पिवळीधमक साडी〔真っ黄色のサリー（女性・単数）〕→

पिवळ्याधमक साड्या〔真っ黄色のサリー（女性・複数）〕

第２課　そこに何冊本がありますか？

हिरवंगार शेत〔青々とした畑（中性・単数）〕→
हिरवीगार शेतं〔青々とした畑（中性・複数）〕

語尾が変化しない形容詞は複数形になっても変わりません。

男性形：लहान कपडे（小さい服）

中性形：कडू पानं（苦い葉っぱ）

女性形：राखी साड्या（灰色のサリー）

【練習問題２】

1．次の語を複数形（主格）にしなさい。

　　1) धडा　　2) पुस्तक　　3) वही　　4) आंबा
　　5) डाळिंब　6) नासपती　7) इमारत　8) घड्याळ
　　9) पपई　　10) फळ　　11) सफरचंद　12) गाय
　　13) मुलगा　14) मुलगी　15) फूल　　16) खुर्ची
　　17) खिडकी　18) दार　　19) भिंत　　20) कात्री
　　21) विद्यापीठ

2．次の語を単数形（主格）にしなさい。

　　1) देवळं　　2) चेंडू　　3) चुका　　4) राजे
　　5) पाखरं　　6) बहिणी　7) पानं　　8) बँका
　　9) डोकी　　10) म्हशी　11) पोरी　　12) सासवा
　　13) उवा　　14) बायका　15) शाळा　16) मासे
　　17) केळी　18) मुलं　　19) गाई　　20) बागा
　　21) कचेऱ्या

基礎マラーティー語

3. 次の文をマラーティー語にしなさい。また、下線部 (A) 〜 (C) の語を下欄の語に置き換え、全文を言いなさい。

a) これは何という<u>果物</u> (A) ですか？

b) これは<u>バナナ</u> (B) です。

c) この<u>バナナ</u>は<u>甘い</u> (C) ですか？

はい、とても<u>甘い</u> (C) です。

A) 果物　　B) 1) パイナップル　2) ざくろ　3) ぶどう

4) みかん　　C) 甘い

A) 野菜　　B) 1) 茄子　2) にんじん　3) じゃがいも

4) キャベツ　　C) 新鮮な

4. 次の文をマラーティー語にしなさい。また、下線部 (A) 〜 (D) の語と＝線の副詞を下欄の語に置き換え、全文を言いなさい。

a) <u>そこに</u>何人<u>少年</u> (A) がいますか？

b) <u>そこに三人</u> (B) <u>少年</u>がいます。

c) <u>そこには少女</u> (C) もいますか？

d) はい、<u>少女</u>もいます。<u>そこには四人</u> (D) の<u>少女</u>がいます。

A) 男　　B) 五人　　C) 女　　D) 六人

A) 1) 牝牛 (f)　2) 象 (m)　3) おうむ (m)　　B) 7頭

C) 1) 牝水牛 (f)　2) らくだ (m)　3) 鳩 (n)

D) 8頭

副詞) 1) 外に　2) 中に　3) 上に　4) 下に　5) 近くに

6) 正面に　7) 前方に　8) 後ろに　9) 隣に

第3課　धडा तिसरा
ご機嫌いかがですか？
तुम्ही कसे आहात ?

【学習事項】

すべての人称代名詞（主格形）とコピュラ動詞の基礎活用・現在形.

【基本文3】

1. आपण नाकानो आहात का ?　あなたは中野さんですか？
   हो, मी नाकानो. आपण ?
   はい、私は中野です。あなたはどなたですか？
   मी श्रीकांत गोखले.
   私はシュリーカーント・ゴークレーです。
   अच्छा, नमस्कार.　そうですか、はじめまして。
2. ते पाटीलसाहेब आहेत.　あの方はパーティールさんです。
   ते एक प्रसिद्ध साहित्यिक आहेत.　あの方は有名な文学者です。
3. तुम्ही कशा आहात ?　ご機嫌いかがですか？
   मी बरी आहे. तुम्ही कसे आहात ?
   元気です。あなたはいかがですか？
   मीपण ठीक आहे.　私も元気です。

—57—

【文法3】

1. すべての人称代名詞（主格形）とコピュラ動詞の基礎活用・現在形

1人称、2人称を含むすべての人称代名詞（主格形）とそれらに対応するコピュラ動詞の基礎活用・現在形は下の表のとおりです。1人称と2人称には性の区別はありません。

		単　数				複　数			
		代名詞		コピュラ動詞		代名詞		コピュラ動詞	
		男 中 女		肯定形	否定形	男 中 女		肯定形	否定形
1人称		मी		आहे	नाही	आम्ही, आपण		आहोत	नाही
2人称		तू		आहेस	नाहीस	तुम्ही, आपण		आहात	नाही
3人称		हा हे ही तो ते ती		आहे	नाही	हे ही ह्या ते ती न्या		आहेत	नाहीत
疑問	人	कोण				कोण कोण			
	もの	काय				काय काय			
不定	人	कोणीतरी (कोणी)							
	もの	काहीतरी (काही)							

1人称複数形の **आम्ही** は話し相手を含まないので、「あなた以外の私達」という意味になり、**आपण** は相手を含むので、「あな

— 58 —

第 3 課　ご機嫌いかがですか？

たを含む私達」という意味になります。なお、आम्ही を単数の意味で使うことがありますが、それは例外的です（王様や編集者など）。いずれの用法でも文法的には複数形です。

　2人称単数形の तू は目下の相手か、極めて親しい間柄で使います。

　2人称複数形の तुम्ही は तू の複数形として「おまえ達」という意味を持ちますが、普通は「君（達）」または「あなた（達）」という意味で、2人称の最も一般的な語です。単数と複数のどちらにも使えますが、単数の意味で使っても文法的に複数扱いすることは1人称の複数形の場合と同じです。

　2人称複数形の आपण は「あなた（達）」という意味の丁寧な言葉です。いささか形式的で親しさに欠ける印象を与えることもあります。文法的には常に複数形です。

　人称代名詞の3人称は基本的には तो, ते, ती, त्या のみとされますが、本書では हा, हे, ही, ह्या も一緒に扱います。3人称には指示代名詞の項で見たように、性の区別があります。複数形には敬語の用法があり、「この方（々）」「あの方（々）」のように、単数と複数のどちらの意味でも使えますが、文法的には常に複数形です。

　हे काळे सर आहेत.　この方はカーレー先生です。

2．口語体の否定表現

　否定のコピュラ動詞・基礎活用・現在形は口語で普通に使われ

ますが、これとは別に口語の用法で否定の副詞 **नाही** と肯定のコピュラ動詞・基礎活用・現在形を組み合わせて否定文にする言い方があります。それは目の前の事実を確認するような言い方です。普通、下の表のような短縮形で表現されます。

		組み合わせ	短縮形
1人称	単 数	नाही आहे	नाहीय
	複 数	नाही आहोत	नाहीयोत
2人称	単 数	नाही आहेस	नाहीयस
	複 数	नाही आहात	नाहीयात
3人称	単 数	नाही आहे	नाहीय
	複 数	नाही आहेत	नाहीयत

" आम्ही विद्यार्थी नाहीयोत. " 「僕達は学生じゃありません。」
" ती इथे नाहीय. " 「彼女はここにはいません。」

3. 敬称語

「さん、様」を表す一般的な語として、男性には **साहेब**（姓、名、称号）や **राव**（名）、女性には **बाई**（姓、名、称号）や **साहेब**（称号）があります（括弧は使える対象）。書くときは姓、名、称号に接続して書くのが普通です。なお、これらの語を使わなくても、特に失礼ということはありません。敬語を使う対象には代名詞、形容詞、動詞などを複数形にします。

कुलकर्णीसाहेब, ह्या शांताबाई आहेत.

第3課　ご機嫌いかがですか？

クルカルニーさん、こちらはシャーンターさんです。

अशोकराव, डॉक्टरीणबाई कुठे आहेत ?

アショークさん、女医先生はどちらですか？

【練習問題３】

次の文をマラーティー語にしなさい。また下線部（A）（B）の語を下欄の語に置き換えなさい。

1．a）この方はどなたですか？

　b）この方はMrサーテー（A）です。サーテーさんは先生（B）です。

　　A）1）Mrsアープテー　2）モーハンrao　3）Drチトレー

　　B）1）教授　2）医者　3）弁護士　4）作家

　　　5）図書館員

2．a）あなたはインド人（A）ですか？　はい、私はインド人です。

　b）彼も/彼女もインド人ですか？

　　いいえ、彼/彼女は日本人（B）です。

　　A・B共通）1）ネパール人　2）中国人

　　3）イギリス人　4）ドイツ人　5）ベンガル人

　　6）カルナータカ人　7）タミル人　8）グジャラート人

第4課　घडा चौथा
本はカバンの中にあります。
पुस्तक बॅगेत आहे.

【学習事項】

後置詞（場所），後置格形（普通名詞，代名形容詞，形容詞）．

【基本文4-1】

1. पुस्तक कुठे आहे ?　本はどこにありますか？
   पुस्तक बॅगेत आहे.　本はカバンの中にあります。
2. बॅग टेबलावर आहे का ?
   カバンはテーブルの上にありますか？
   नाही, ती खुर्चीखाली आहे.
   いいえ、カバンは椅子の下にあります。

【文法4-1】

1. 後置詞

　後置詞とは前置詞の逆で、ある語の後ろに置かれて、その語に特定の意味と文法的役割を与えるものです。マラーティー語の後置詞には伝統的な文法でいうところの格接尾辞、もっぱら後置詞としてのみ機能する語、他の語から転用されて後置詞の働きをす

第4課　本はカバンの中にあります。

る語や句など、大別して三つの種類があります。ある語が後置詞をとると、その語は後置格に変わります。また、その語と後置詞は1語のように続けて書かれます。（なお、本書では格接尾辞などを特に区別せず後置詞と言う場合があります。後置詞については第5課、第8課等も併せて参照のこと。）

2．普通名詞の後置格

　ある語が後置詞をとると、その語は主格のままではありえず、後置格に変わります。単数と複数のそれぞれに後置格形がありますから、普通一つの語は、1）主格・単数、2）主格・複数、3）後置格・単数、4）後置格・複数、という四つの形を持っていることになります。なお、一部の語の単数において、主格形と後置格形が同じというものがありますが、その場合でも、後置詞をとれば後置格になっていることに変わりはありません。また、若干の例外〔処格接尾辞ਤ（第8課参照）に付く場合と一部の外来語〕を除き、一般の名詞の後置格・複数形は語尾が必ず鼻音化します。（この後に例示した語形変化は、主格・単数、主格・複数 → 後置格・単数、後置格・複数 の要領で書いてあります。）

2－1．男性名詞の後置格形

　男性名詞の後置格・単数形の語尾は［aː］（［yaː］［(ə)waː］を含む）になるものと、主格・単数形のままのものとの2種類あります。後置格・複数形は後置格・単数形の語尾が鼻音化したものです。表は第2課と同様、主格・単数形の語尾の音韻により分類し

基礎マラーティー語

たものです。

番号	主・単	主・複	後・単	後・複
M1	子音		a:	ã:
M2	a:	e:	ya:	yã:
M3-1	i:		ya:	yã:
M3-2			i:	ĩ:
M4-1	u:		(ə)wa:	(ə)wã:
M4-2			u:	ũ:
M5	o:		o:	õ:

番号M1の例)　कागद, कागद → कागदा, कागदां（紙）

注)　माणूस, माणसं → माणसा, माणसां（人）

　　वडील（父）→ वडिलां

　　लोक（人々）→ लोकां（複数形のみ）

番号M2の例)　आंबा, आंबे → आंब्या, आंब्यां（マンゴー）

注)　रुपया, रुपये（रुपए）→ रुपया, रुपयां（ルピー）

　　राजा, राजे → राजा, राजां（王）

　　ससा, ससे → ससा, ससां（うさぎ）

　　बाबा（お父さん）→ बाबां（複数形のみ）

親族を表す語で二つの同じ音節からなる語〔दादा（お兄さん）काका（おじさん）मामा（母方の叔父）など〕はबाबाと同様です。

番号M3（主格の語尾が[i:]）の後置格・単数形の語尾は[ya:]

第 4 課　本はカバンの中にあります。

になるもの (M 3-1) と [iː] のままのもの (M 3-2) の 2 種類あります。両者の区別には特に基準はありません。

　番号 M 3-1 の例）पक्षी, पक्षी → पक्ष्या, पक्ष्यां（鳥）

　番号 M 3-2 の例）हत्ती, हत्ती → हत्ती, हत्तीं（象）

　番号 M 4（主格の語尾が [uː]）の後置格・単数形の語尾は [(ə)waː] になるもの (M 4-1) と [uː] のままのもの (M 4-2) の 2 種類あります。両者の区別には特に基準はありません。

　番号 M 4-1 の例）विंचू, विंचू → विंचवा, विंचवां（さそり）

　注）　भाऊ, भाऊ → भावा, भावां（兄弟）

　　　　गहू, गहू → गव्हा, गव्हां（小麦）

　番号 M 4-2 の例）साधू, साधू → साधू, साधूं（行者）

　番号 M 5 の例）　फोटो, फोटो → फोटो, फोटों（写真）

2－2．中性名詞の後置格形

　中性名詞の後置格・単数形の語尾は [aː]（[yaː] [(ə)waː] を含む）になります。後置格・複数形は後置格・単数形の語尾が鼻音化したものです。

基礎マラーティー語

番号	主・単	主・複	後・単	後・複
N 1	子音	ə:	a:	ã:
N 2-1	i:	i:	ya:	yã:
N 3-1	u:	ə:	a:	ã:
N 3-2			(ə)wa:	(ə)wã:
N 4	ə:	i:	ya:	yã:

番号 N 1 の例) पुस्तक, पुस्तकं → पुस्तका, पुस्तकां (本)

番号 N 2-1 の例) मोती, मोती → मोत्या, मोत्यां (真珠)

पाणी (水) → पाण्या

(物質名詞、抽象名詞は単数のみ)

番号 N 3 (主格・単数の語尾が [u:]) の後置格・単数形の語尾は [a:] (N 3-1) と [(ə)wa:] (N 3-2) の2種類あります。(N 3-1) には動植物の名称が多く見受けられます。

番号 N 3-1 の例) लिंबू, लिंबं → लिंबा, लिंबां (レモン)

番号 N 3-2 の例) कुंकू (クンクー) → कुंकवा

(この語は単数のみ)

番号 N 4 の例) डोकं, डोकी → डोक्या, डोक्यां (頭)

注) सोनं (金) → सोन्या (金属は単数のみ)

2-3. 女性名詞の後置格形

女性名詞の後置格・単数形の語尾は [e:]、[i:]、その他(主格・単数形と同じ)のどれかになります。後置格・複数形の語尾

第4課　本はカバンの中にあります。

は主格・複数形の語尾が鼻音化したものです。

番　号	主・単	主・複	後・単	後・複
F 1-1	子　音	aː	eː	ãː
F 1-2		iː	iː	ĩː
F 2	aː	aː	eː	ãː
F 3-1	iː	yaː	iː	yãː
F 3-2		iː		ĩː
F 4-1	uː	(ə)waː	uː	(ə)wãː
F 4-2		uː		ũː
F 5-1	oː	aː	oː	ãː
F 5-2		oː		õː

　番号F1（主格・単数の語尾が子音）の後置格・単数形の語尾は［eː］(F 1-1) と［iː］(F 1-2) の2種類あります。両者の区別は基本的に主格の複数形の区別に準じます。

　番号F 1-1の例）　बॅग, बॅगा → बॅगे, बॅगां（バッグ）

　注）　चूक, चुका → चुकी, चुकां（間違い）
　　　〔निवडणूक（選挙）、मिरवणूक（デモ行進）なども同じ変化形〕

　番号F 1-2の例）　इमारत, इमारती → इमारती, इमारतीं（建物）

　注）　बंदुक, बंदुका / बंदुकी →
　　　　बंदुकी, बंदुकां / बंदुकीं（鉄砲）

— 67 —

番号F2の例)　शाळा, शाळा → शाळे, शाळां (学校)

(変化形はF1-1と同じ)

番号F3、F4、F5では、後置格・単数形は主格・単数形と同じです。後置格・複数形は主格・複数形に準じて2種類あり、ともに主格・複数形の語尾を鼻音化したものです。

番号F3-1の例)　वही, वह्या → वही, वह्यां (ノート)
番号F3-2の例)　मूर्ती, मूर्ती → मूर्ती, मूर्ती (像)
注)　मुलगी, मुली → मुली, मुलीं (少女)
番号F4-1の例)　सासू, सासवा → सासू, सासवां (姑)
番号F4-2の例)　वधू, वधू → वधू, वधूं (嫁)
番号F5-1の例)　बायको, बायका →
　　　　　　　बायको, बायकां (妻、婦人)
番号F5-2の例)　स्टेनो, स्टेनो → स्टेनो, स्टेनों (速記者)

(M5にも該当します。)

2-4. 新しい外来語の後置格形

主格・複数形の変化の場合と同じように、新しい外来語(主に英語)の単語は後置格形においても3種類に分かれます。

(i) 普通、マラーティー語の語尾を使うもの
　　बँक, बँका → बँके, बँकां (銀行)

(ii) 主格形と変わらないもの
　　बस, बसेस → बसमध्ये, बसेसमध्ये (バス)
　　पर्स, पर्सेस → पर्समध्ये, पर्सेसमध्ये (ハンドバッグ)

第 4 課　本はカバンの中にあります。

(後置詞 मध्ये を付けた場合。なお、外来語で後置格形が主格形と同じものには、普通、処格接尾辞 त は付きません。)

(iii)　どちらでも可能なもの

फाईल, फाईल्स / फाइली → फाईलमध्ये / फाइलीत, फाईल्समध्ये / फाइलींत （ファイル）

3．場所を表す処格接尾辞と後置詞

　場所を表す後置詞のうち主なものには त (中に)、वर (上に)、खाली (下に)、जवळ (近くに)、समोर (正面に)、मागे (後ろに) などがあります。これらのうち त は処格接尾辞で、後置詞としてしか機能しませんが、他の語は副詞として単独でも使われます。(注、属格後置詞を伴う用法については第 5 課を参照。)

बागेत पुष्कळ झाडं आहेत.　庭にたくさんの木がある。

छपरावर एक मोठा पक्षी आहे.

屋根の上に 1 羽の大きな鳥がいる。

मांजर पलंगाखाली नाही.　猫はベッドの下にいない。

देवळाजवळ एक जुनी विहीर आहे.

お寺のそばに一つ古井戸がある。

तो घरासमोर उभा आहे.　彼は家の前に立っている。

शाळेमागे दवाखाना आहे.　学校の裏手に医院がある。

【基本文４－２】

1. या पिशवीत काही नाही.　この袋の中には何もありません。
2. त्या खोलीत कोणी आहे का ?　その部屋に誰かいますか？
3. जुनी पुस्तकं नव्या पुस्तकांखाली आहेत.
   古い本は新しい本の下にある。
4. ते दुकान त्या उंच इमारतीजवळ आहे.
   その店はあの高い建物のそばにあります。

【文法４－２】

１．代名形容詞の後置格形

　代名形容詞の後置格形は下の表のとおりです。単数と複数は同じ形で、その点は次の形容詞と同じです。

		主・単	主・複	後・単複
近称詞	男性形	हा	हे	ह्या / या
	中性形	हे	ही	
	女性形	ही	ह्या	
遠称詞	男性形	तो	ते	त्या
	中性形	ते	ती	
	女性形	ती	त्या	

ह्या घोड्यांमध्ये मादी कोणती ?

これらの馬の中でメスはどれですか？

第4課　本はカバンの中にあります。

2．形容詞の後置格形

　形容詞の後置格形で語尾が変化するのは、語尾に［aː］を持つ語だけで、全ての性・数に対し、語尾が［yaː］に変わります。（その形は女性・主格・複数形と同じ。）その他の形容詞は変化しません。

	主・単	主・複	後・単複
男性形	aː	eː	yaː
中性形	əː	iː	
女性形	iː	yaː	

मोठ्या माशांत एक लहान मासापण आहे.

大きな魚の中に小さな魚も1匹います。

【練習問題4】

1．次の語（主・単）の変化形を言いなさい。主・複、後・単、後・複の順に。

　　1）घडा　　2）डाळिंब　　3）साडी　　4）गाय
　　5）मुलगा　6）खोली　　7）केळं　　8）घोडा
　　9）देऊळ　10）पोरगी　　11）प्राणी　　12）बाजू
　　13）भाषा　14）म्हैस

2．マラーティー語にしなさい。

　　1）この大きな川の中に　　2）あれらの古い新聞の中に

3) あの小さな島の中に　　4) この高い山の上に

5) あの新しいベッドの上に　6) この重い荷物の下に

7) どの車の前に　　　　8) あの黒いトラックの後ろに

9) その長い橋のそばに

3. 次の文をマラーティー語にしなさい。

1) このクラスには何人学生がいますか？

2) あの大きな部屋にはいくつ机がありますか？

3) その古い倉庫のそばに2本の高い木がある。

4) 新しい医院の前にバス停がある。

5) この白い建物の裏手に小さな路地があります。

第5課　धडा पाचवा
これは私の本です。
हे माझं पुस्तक आहे.

【学習事項】

属格後置詞．代名詞の属格形．再帰代名詞．属格後置詞を伴う後置詞の用法（属格派生形）．代名詞の基本的な後置格形．人称代名詞の属格派生形．所有表現．比較表現．固有名詞の後置格形．

【基本文5－1】

1. हे कोणाचं पुस्तक आहे ?　これは誰の本ですか？
 हे तिचं पुस्तक आहे.　これは彼女の本です。

2. आपलं नाव काय ?　あなたの名前は何ですか？
 माझं नाव स्मिता.　私の名前はスミターです。

3. तुमचे वडील कुठे आहेत ?　あなたのお父さんはどこですか？
 ते त्यांच्या खोलीत आहेत.　父は自分の部屋にいます。

4. तुमच्या घरासमोर कोण उभ्या आहेत ?
 君の家の前に誰が立っているのですか？
 त्या माझ्या बहिणीच्या शाळेच्या मॅडम आहेत.
 あの方は僕の姉の学校の先生です。

基礎マラーティー語

【文法5－1】

1．属格の後置詞

　一般に「AのB」という表現の「の」は属格の後置詞 चा で表します。この後置詞は被修飾語（B）の性・数・格によって形を変えます。形は形容詞の変化形と同じです。書くときは直前の名詞（A、後置格形）につけて1語のように書きます。

	主・単	主・複	後・単複
男性形	चा	चे	च्या
中性形	चं	ची	
女性形	ची	च्या	

　例）　मुलाची आई　少年の母

　　　मुलीच्या भावाची पुस्तकं　少女の兄の本

2．代名詞の属格形

　人称代名詞をはじめとする各代名詞の属格形は次の表のとおりです。語尾の形は被修飾語が男性・単数・主格形の場合を示しています。語尾変化は चा の変化と同じです。

第5課　これは私の本です。

		単　数	複　数
1人称		माझा	आमचा, आपला
2人称		तुझा	तुमचा, आपला
3人称	男性形	ह्याचा / याचा,	ह्यांचा / यांचा,
	中性形	त्याचा	त्यांचा
	女性形	हिचा, तिचा	
疑問		कोण	कोणाचा	कोणाकोणाचा
		काय	कशाचा	कशाकशाचा
不定		कोणीतरी	कोणाचातरी	なし
		काहीतरी	कशाचातरी	
再帰		स्वतः	स्वतःचा	स्वतःचा

不定代名詞の चा は語の中程にありますが、当然その部分が変化します。

例）　कोणाचीतरी छत्री　誰かの傘

3. चा の主な用法

1）所属

हे त्या मुलाचं खेळणं आहे．　これはあの子のおもちゃです。

हा भारताचा राष्ट्रीय ध्वज आहे．　これはインドの国旗です。

2）材料

तिथे दगडाची मूर्ती आहे．　あそこに石像がある。

3）単位、基準

हे शंभर रुपयांचं औषध आहे．　これは100ルピーの薬です。

माझं घर पाच मैलांवर आहे.

私の家は5マイル離れたところにあります。

4）不動産の所有

त्याच्या चुलत्यांची तीन घरं आहेत.

彼のおじさんは家を3軒持っている。

त्याची भरपूर जमीन आहे.

彼はいっぱい土地を持っている。

4. 主格形に付く चा

　一部の名詞は主格形に चा が付いて形容詞になる場合があります。その場合は元の名詞が指すものの内容や性質が問題となっています。一方、その名詞の後置格に चा が付く場合はその語が指すものを言わば物質として捉えています。例えば घरचा というと「家庭としての家」を指しているのに対し、घराचा というと「建物としての家」を指しています。

घरचा पदार्थ（家庭料理）　घराची दुरुस्ती（家の修理）

गावची रीत（田舎のしきたり）　गावाची शीव（村の境界）

पोटचा मुलगा（実の息子）

पोटाचं औषध〔腹の薬（胃薬など）〕

5. 再帰代名詞 स्वतः と人称代名詞属格形

　再帰代名詞 स्वतः は「自ら、その人自身」を意味する語です。後置格形は स्वतः のままです。属格形は स्वतःचा となります。

ती स्वतः डॉक्टर आहे.　彼女自身が医者です。

第5課　これは私の本です。

हे त्याचं स्वतःचं घर आहे.　これは彼自身の家です。

　属格の場合、主語や話題の主に対応する代名詞の属格形を使うことも可能です。

ती तिच्या खोलीत नाहीय.　彼女は自分の部屋にいません。

【基本文5－2】

1. तिथे माझी मैत्रीण उभी आहे. तिच्यामागे माझं सामान आहे.
   あそこに私の友人が立っています。彼女の後ろに私の荷物があります。
2. त्यांच्यासमोर अजून काही समस्या आहेत.
   彼らの前にはまだ幾つか問題がある。
3. माझी छत्री कुणाकडे आहे ?
   私の傘は誰が持っているのですか？
   तुमच्या आईकडे आहे.　君のお母さんが持っています。
4. आपल्याजवळ मराठीची एखादी चांगली कादंबरी आहे का ?
   マラーティー語の何か面白い小説をお持ちですか？
   होय, माझ्याजवळ मराठी साहित्याची पुष्कळ पुस्तकं आहेत.
   はい、私はマラーティー文学の本をたくさん持っています。

【文法5－2】

1．属格後置詞を伴う後置詞の用法

　一般の名詞に後置詞が接続する場合、後置詞が1）単語に直接

— 77 —

接続する形、2) 属格後置詞の後置格形 **च्या** を介して接続する形（属格派生形）、の2種類があります。両者には意味の差はありませんが、属格派生形は口語で多く用いられます。

少年のそばに **मुलाजवळ / मुलाच्याजवळ**

２．代名詞の基本的な後置格形

代名詞の基本的な後置格形は下の表のとおりで、3人称ではかなり明瞭ですが、1人称と2人称ははっきりしません。1人称と2人称は与格（第6課参照）と具格（第8課参照）と「その他」に形が分かれ、「その他」は次項で説明する「属格派生形」が使われます。（表中の括弧内の形は便宜的なものです。詳しくは第8課参照）

		単 数	複 数
1人称		(म, मज)	(आम्हा)
2人称		(तु, तुज)	(तुम्हा)
3人称	男性形 中性形	ह्या / या, त्या	ह्यां / यां, त्यां
	女性形	हि, ति (ही, ती)	
疑問		कोण	कोणा	कोणाकोणा
		काय	कशा	कशाकशा
不定		कोणीतरी	कोणा ~ तरी	なし
		काहीतरी	कशा ~ तरी	
再帰		स्वतः	स्वतः	स्वतः

第5課　これは私の本です。

3．人称代名詞の属格派生形

　人を指す人称代名詞が後置詞をとる場合（1・2人称の与格、具格を除く）、その形は属格派生形になります。3人称の代名詞がものを指す場合はいくつかの言い方ができます。

		単　数	複　数
1人称		माझ्या	आमच्या, आपल्या
2人称		तुझ्या	तुमच्या, आपल्या
3人称	男性形	すべて ह्याच्या / याच्या, त्याच्या	すべて ह्यांच्या / यांच्या, त्यांच्या
	中性形	（人以外 ह्या / या, त्या も可）	（人以外 ह्यां / यां, त्यां も可）
	女性形	すべて हिच्या, तिच्या	

例）　私のそばに　　माझ्याजवळ

　　　あなたのそばに　तुमच्याजवळ

　　　彼のそばに　　त्याच्याजवळ

　　　彼女のそばに　तिच्याजवळ

　それのそばに…二つの言い方があります。

①代名形容詞の後置格形（第4課）を使って त्या～ जवळ（その～のそばに）のように言う言い方で、多くはこの形を使います。

घरासमोर गाडी उभी आहे. त्या गाडीजवळ त्याचं सामान आहे.

家の前に車が停まっています。その車のそばに彼の

荷物があります。

②代名詞に後置詞を直接続けます。話し言葉で使われる言い方です。

男性名詞または中性名詞の場合　त्याजवळ

女性名詞の場合　तिच्याजवळ

場所を表す後置詞（格接尾辞）त を使って「それの中に」という場合、男性・中性形は त्यात 、女性形は तिच्यात (/ तीत) となります。

4. 所有表現

マラーティー語には「所有する、持っている」という意味を1語で表す適当な動詞がなく、「～のそばにある (～ जवळ असणे)」「～の方にある (～ कडे असणे)」という表現で代用します。

आमच्याकडे टी.व्ही. नाही.　我が家にはテレビはありません。

माझ्या आजोबांजवळ उर्दू पुस्तकंसुद्धा आहेत.

私の祖父はウルドゥー語の本も持っています。

なお、この表現は普通、移動可能な物品の所有について述べるときに使われるもので、不動産（→【文法5-1】の3）、体の一部や分かち難い部品、親族（→【文法12-1】）などには別の表現があります。

【基本文5-3】

1. हे त्यापेक्षा चांगलं आहे.　これはあれより良い。

第5課 これは私の本です。

2. यात आणि त्यात कोणतं चांगलं आहे ?

これとあれではどちらが良いですか？

3. त्या मुलांमध्ये तो सगळ्यात उंच आहे.

あれらの少年の中で彼が一番背が高い。

4. मराठी हिंदीइतकी सोपी नाही.

マラーティー語はヒンディー語ほど易しくはない。

5. पाटलांजवळ गोखल्यांपेक्षा जास्त पुस्तकं आहेत.

パーティールさんはゴークレーさんよりたくさん本を持っている。

【文法5－3】

1．比較表現

　比較表現では、英語のように形容詞が変化することはなく（一部の借用語を除く）、比較の対象に「～より」や「～ほどに」などの意味の後置詞を使って表現します。最上級に該当する表現には「すべての中で」という意味の語を使います。

　「～より」という意味では **पेक्षा** という後置詞が標準的です。他に **हून** という後置詞もあります。

　　फलटण पुण्याहून जुनं शहर आहे.

　　パルタンはプネーより古い町です。

　同等表現の「～ほどに」「～と同じぐらい」という意味では **इतका** の他に **एवढा** という語もあります。

—81—

रामएवढाच मोहनही हुशार आहे.

ラームと同じぐらいにモーハンも賢い。

मोहन रामएवढा हुशार नाही.

モーハンはラームほどは賢くない。

「～のうちで」という表現にはत, मध्येなどの後置詞を使います。また、जास्तは比較を強調するために使われます。

या फळांमध्ये डाळिंब सगळ्यात जास्त महाग आहे.

これらの果物の中ではザクロが最も高価です。

2．固有名詞の後置格形

マラーティー語では固有名詞に格変化が生じることがあります。

2－1．人名の後置格形

人名を単数形で言う（特に敬意を込めない）場合、普通、後置格形は名前の本来の形がそのまま使われます。姓と名のどちらでも可能です。

श्यामची आई（シャームの母）

पाटलाकडे〔パーティールの方に（पाटीलकडेも可）〕

मंत्रीचं पुस्तक（マントリーの本）

(मंत्र्याचं पुस्तकは良くない)

लागूचं घड्याळ（ラーグーの時計）

अत्रेचं घर〔アットレーの家（अत्र्याचं घरは良くない)〕

人名を複数形で言う（敬意を込める）場合、普通名詞の複数形と同じく、語末は鼻音を伴う長母音の形になります。なお、語尾

第5課　これは私の本です。

が [eː] の場合、普通、語尾は [yaː] に変わります。また、敬意を込める言い方で名のみ単独で用いることはありません。名のみ用いる場合には敬称をつける必要があります。

श्यामरावांच्या आई（シャームさんのお母さん）

（または **श्याम जोशींच्या आई**　シャーム・ゾーシーさんのお母さん）

पाटलांकडे（パーティールさんの方に）

मंत्रींचं पुस्तक（マントリーさんの本）

（**मंत्र्यांचं** にすると普通「大臣たちの」の意味になる）

लागूंचं घड्याळ（ラーグーさんの時計）

अत्र्यांजवळ（アットレーさんのそばに）

（**अत्रेंजवळ** は良くない）

以上のような複雑な変化を避け、人名を本来の形のまま残し、次に代名詞で言い換えて、その代名詞を変化させるという表現もあります。

श्याम जोशी यांच्या आई

（シャーム・ゾーシーさんのお母さん）

पाटील यांच्याकडे（パーティールさんの方に）

なお、敬称語を付ける場合は、普通、敬称語自体を変化させて言います。

पाटील साहेबांकडे（パーティールさんの方に）

（**पाटील साहेब यांच्याकडे** も可）

— 83 —

2-2. 地名と後置格形

1) 都市

都市名は基本的に中性名詞で、一部に女性名詞があります。一般の後置詞に対し形が変わるのは語尾が [aː] または [eː] の地名です。ただし、処格接尾辞 त がつく場合、語尾が子音の地名も変化します。

一般の後置詞がつく場合の語尾変化

元の語尾	子音	aː	iː	uː, oː	eː
中性形	同じ	yaː	同じ	同じ	yaː
女性形		eː	同じ		

त がつく場合の語尾変化

元の語尾	子音	aː	iː	uː, oː	eː
中性形	aː, (eː)	yaː	同じ	同じ	yaː
女性形		eː	同じ		

例) नागपूर〔ナーグプール (中)〕→

नागपुरात, नागपूरमध्ये, नागपूरचा

औरंगाबाद〔アウランガーバード (中)〕→

औरंगाबादेत, औरंगाबादमध्ये, औरंगाबादचा

मिरज〔ミラズ (中)〕→

मिरजेत, मिरजमध्ये, मिरजचा (मिरजेचा)

第5課　これは私の本です。

　　सातारा〔サーターラー（中）〕→
　　　सातार्यात, सातार्यामध्ये, सातार्याचा（सातारचा）
　　पुण〔プネー（中）〕→ पुण्यात, पुण्यामध्ये, पुण्याचा
　　अयोध्या〔アヨーディヤー（女）〕→
　　　अयोध्येत, अयोध्येमध्ये, अयोध्येचा
　　मुंबई〔ムンバイ（女）〕→ मुंबईत, मुंबईमध्ये, मुंबईचा
　　नवी दिल्ली〔ニューデリー（女）〕→
　　　नवी दिल्लीत, नवी दिल्लीमध्ये, नवी दिल्लीचा

人名の場合のように、本来の地名の形を残し、次に別の語で言い換える表現もあります。

　　सातारा इथे　サーターラーで

2）国

　　国名は三つの性に分かれます。

　　　男性：भारत（インド）　जपान（日本）
　　　　　　बंगलादेश（バングラデシュ）
　　　　　　पाकिस्तान（パキスタン）　चीन（中国）
　　　　　　रशिया（ロシア）
　　　中性：नेपाळ（ネパール）　इंग्लंड（イギリス）
　　　　　　थायलंड（タイ）
　　　女性：अमेरिका（アメリカ）
　　　　　　श्रीलंका（スリランカ）　इटली（イタリア）

後置格形は次のようになります。

— 85 —

भारत → भारतात, भारतामध्ये, भारताचा
जपान → जपानमध्ये (जपानात は稀), जपानचा
बंगलादेश →
   बंगलादेशात, बंगलादेशामध्ये, बंगलादेशाचा
पाकिस्तान →
   पाकिस्तानात, पाकिस्तानमध्ये, पाकिस्तानचा
चीन → चीनमध्ये, चीनचा
रशिया → रशियात, रशियामध्ये, रशियाचा
नेपाळ → नेपाळमध्ये, नेपाळचा
इंग्लंड → इंग्लंडमध्ये, इंग्लंडचा
अमेरिका → अमेरिकेत, अमेरिकेमध्ये, अमेरिकेचा
इटली → इटलीत, इटलीमध्ये, इटलीचा
श्रीलंका → श्रीलंकेत, श्रीलंकेमध्ये, श्रीलंकेचा

3) 山脈、川

山脈は男性が多く、川は女性になります。

विंध्या〔ヴィンディヤ山脈（男）〕→ विंध्यात, विंध्याचा
हिमालय〔ヒマラヤ山脈（男）〕→
   हिमालयात, हिमालयाचा
सह्याद्री〔サッヒャードリー山脈（男）〕→
   सह्याद्रीत, सह्याद्रीचा
घाट〔ガート山脈（男）〕→ घाटात, घाटाचा
गंगा〔ガンジス川（女）〕→ गंगेत, गंगेमध्ये, गंगेचा

第5課 これは私の本です。

नर्मदा〔ナルマダー川（女）〕→ नर्मदेत, नर्मदेचा
कृष्णा〔クリシュナー川（女）〕→ कृष्णेत, कृष्णेचा
मुळामुठा〔ムラームター川（女）〕→
मुळामुठेत, मुळामुठेचा

【練習問題５】

次の文をマラーティー語にしなさい。

1. あなたの新しい車はいかがですか？　かなりいいです。
2. この戸棚の中に誰の本 (pl) があるのですか？
   これらは私の父の本です。
3. 私の家の近くに良い果物屋があります。
4. 彼の部屋に誰かいますか？
   いいえ、あの部屋には誰もいません。
5. あなたは何人家族ですか？　我が家は六人家族です。
   どういう人がいらっしゃいますか？（誰々ですか？）
   祖父母と両親と私と妹です。
6. この部屋の鍵は誰が持っていますか？
   私の弟が持っています。
7. 私の母は綿のサリーをたくさん持っていますが、絹のは少ししかありません。
8. 彼女の叔父さんは２台も車を持っている。
9. 彼女は私より背が高い。

10. バナナはマンゴーより安い。
11. この庭園はあの庭園より広いし、木もたくさんある。
12. マハーラーシュトラで一番大きい都市はどこですか？
    それはムンバイです。
13. パルタンはマハーラーシュトラで一番古い町ですか？
14. インドで最も重要な産業は何ですか？
15. マントリーさんにはたくさんの日本人の友人がいる。

第6課　धडा सहावा
こちらにいらっしゃい。
इकडे या.

【学習事項】

不定詞の形. 命令形. 直接目的語（対格）. 対格後置詞. 間接目的語（与格）. 与格後置詞. 代名詞の対格形と与格形. ऊ分詞（意欲分詞）. 呼格. 呼びかけの言葉.

【基本文6－1】

1. या, या. इकडे या. या खुर्चीवर बसा.

    いらっしゃい。どうぞこちらへ。この椅子にお掛けください。

2. चहा घ्या. ही मिठाईपण घ्या.

    お茶をどうぞ。このお菓子も召し上がってください。

3. हे वाक्य वाचा आणि वहीत लिहा.

    この文を読みなさい、そして、ノートに書きなさい。

4. त्याला बोलवा आणि हे पत्र दाखवा.

    彼を呼びなさい、そして、この手紙を見せなさい。

【文法6-1】

1. 不定詞の形

マラーティー語の動詞の基本的な形は不定詞形で、辞書の見出し語になります。その形は「語幹+णे（語尾）」で、例えば、コピュラ動詞 असणे なら、अस という語幹と णे という語尾から成り立っているということになります。普通、動詞のいろいろな形や分詞は、語尾の部分をそれぞれの形に変えて作ります。（不定詞の用法は第13課参照）

2. 命令形

命令形は तू に対応する単数形と तुम्ही, आपण に対応する複数形の２種類に分かれます。形は基本的に単数形は「語幹」のまま、複数形は「語幹+आ」となります。

(तू) ऐक.　（おまえ、君）聞け、聞きなさい。

(तुम्ही, आपण) ऐका.

（君、あなた）聞きなさい、聞いてください。

コピュラ動詞の場合は राहणे（いる）に代ります。

तुम्ही इथे राहा.　君はここにいなさい。

3. 命令形の例外的な形

命令形の作り方は上に説明したとおりですが、一部（主に語幹の末尾に母音があるもの）に例外的な形が生じます。下の例は、不定詞－命令単数形－命令複数形の順です。

第6課　こちらにいらっしゃい。

1）語幹の末尾が [a:]

　　　खाणे（食べる）– खा – खा
　　　जाणे（行く）– जा – जा

2）語幹の末尾が [e:]

　　　घेणे（取る）– घे – घ्या
　　　देणे（与える）– दे – द्या
　　　नेणे（持って行く）– ने – न्या
　　　येणे（来る）– ये – या

3）語幹の末尾が [o:]

　　　होणे（生じる）– हो – व्हा

4）語幹の末尾が [i] または [u]

　　　पिणे（飲む）– पी – प्या
　　　भिणे（恐れる）– भी – भ्या
　　　लिहिणे（書く）– लिही – लिहा
　　　धुणे（洗う）– धू – धुवा

5）語幹の末尾が子音

　　　उठणे（起きる）– ऊठ – उठा
　　　चालणे（歩く）– चाल – चाला
　　　चालणे（行く）– चल – चला
　　　बसणे（座る）– बस / बैस – बसा
　　　बोलावणे（呼ぶ）– बोलाव – बोलवा
　　　पाहणे（見る）– पाहा (पहा) – पाहा (पहा)

— 91 —

राहणे（いる）- राहा（रहा）- राहा（रहा）

4. 直接目的語（対格）と対格後置詞

「～を」を表す直接目的語は、文法的には対格と言われます。対格後置詞は単数形 ला、複数形 ना です。ただし、直接目的語が後置詞をとるのは人や生き物の場合で、ものの場合は主格形で表されます。また、人や生き物の場合でも主格形になることがあります。

मुलाला मारू नका．子供を叩きなさるな。

हे पत्र पत्रपेटीत टाका．この手紙を投函して下さい。

तो माणूस बघ．あの人を見なさい。

5. 間接目的語（与格）と与格後置詞

「～に」を表す間接目的語は、文法的には与格と言われ、与格後置詞によって表現されます。与格後置詞は単数形 ला、複数形 ना で、つまり、対格後置詞とまったく同じです。

त्या माणसाला विचारा．あの人に尋ねなさい。

पाहुण्यांना चहा द्या．お客様方にお茶をお出ししなさい。

6. 代名詞対格・与格形

対格と与格はそれぞれ機能が異なりますが、形は同じです。ここでは代名詞の対格形と与格形を一括して示します。代名詞の場合に注意が必要なのは、人称代名詞の3人称、指示代名詞（及び関係代名詞、第21課参照）以外、複数でも ला が使われることです。また、3人称には、人と人以外の区別はありません。

第6課　こちらにいらっしゃい。

		単　数	複　数
1人称		मला	आम्हाला, आपल्याला
2人称		तुला	तुम्हाला, आपल्याला
3人称	男性形	ह्याला / याला,	ह्यांना / यांना,
	中性形	त्याला	
	女性形	हिला, तिला	त्यांना
疑問	कोण	कोणाला	कोणाकोणाला
	काय	कशाला	कशाकशाला
不定	कोणीतरी	कोणालातरी	なし
	काहीतरी	कशालातरी	
再帰	स्वतः	स्वतःला	स्वतःला

【基本文6－2】

1. मी आत येऊ का ?　中に入ってもいいですか？
　 हो, या ना.　はい、どうぞ、お入りなさい。

2. उद्या आपण सहलीला जाऊ यात का ?
　 明日、ピクニックに行きましょうか？
　 हो, अवश्य जाऊ या.　いいですね。ぜひ、行きましょう。

3. नकानो, मराठीत बोला. लाजू नका.
　 中野さん、マラーティー語で話してください。恥ずかしがらないで。

4. लेका, असं करू नकोस, बरं का ?

君ね、こういうことはしてはいけないんだよ。

5. मंडळी, या खोलीत धूम्रपान करू नका.

皆さん、この部屋ではタバコは吸わないでください。

【文法6-2】

1. ऊ分詞（意欲分詞）の用法（1）

ऊ分詞（意欲分詞）は「語幹+ऊ」という形をしています。

करणे（する）→ करू　　जाणे（行く）→ जाऊ

पिणे（飲む）→ पिऊ　　धुणे（洗う）→ धुवू

この分詞には多くの用法があります（第15課参照）。ここでは、その一部について学びます。

1）許可を求める表現

1人称（मी と आम्ही）を主語とし、「ऊ分詞+का？」という形の疑問文にすると、相手に許可を求める表現になります。का は省略されることもあります。また、この質問に対する応答として、「はい」は हो、「いいえ、だめ」は नको となります。

मी जरा हे बघू का ?　ちょっとこれを見てもいいですか？
हो, बघा की.　ええ、どうぞ。
आम्ही इथे बसू का ?　私達ここに座ってもいいですか？
नको, इथे बसू नका.

第6課　こちらにいらっしゃい。

いいえ、ここには座らないでください。

2）助言や提案を求める表現

1人称 (**मी** と **आम्ही**) を主語とし、「疑問詞 + ऊ 分詞？」という形の疑問文にすると、相手に助言や提案を求める表現になります。

मी कुठे बसू ? 　私はどこに座ったらいいのですか？

आम्ही काय खाऊ ? 　私達は何を食べたらいいのですか？

3）勧誘の表現

1人称複数の **आपण** を主語とし、「ऊ 分詞 + या / यात」とすると、勧誘の表現になります。また、「ऊ 分詞 + या / यात का ?」とすると、勧誘の問いかけ（〜しましょうか？）になります。

आपण काय खाऊ यात ? 　何を食べましょうか？

आपण एकत्र जेवण करू यात.

一緒に食事をしましょう。

आपण जरा इथे विश्रांती घेऊ या का ?

ちょっとここで休みましょうか？

4）反語的表現

上記1）、2）、3）の表現は反語的に用いられることもあります。

मी काय करू ? 　どうしましょう？

（どうしようもありません。）

— 95 —

मी हे काम करू？　私がこの仕事をするんですか？

（できませんよ、しませんよ。）

आपण अशा ठिकाणी बसू यात？

私達こんな所に座るんですか？（いやですよ。）

上の मी काय करू？ では काय を少し強めに発音します。また、मी हे काम करू？ では文末を上げるように発音しますが、特に反語にしたい部分を強く発音する言い方もあります（मी 私が？）（हे काम この仕事を？）。なお、करू を強く発音すると（してもいいですか？ぜひしたいのですが）という意味になる場合もあります。

5) 否定命令

否定の命令形は、単数が「ऊ 分詞＋नकोस / नको」、複数が「ऊ 分詞＋नका」となります。

तू काही सांगू नकोस.　おまえは何も言うな。

तुम्ही बाहेर जाऊ नका.　外へ出ないでください。

2．命令形に付随する表現

命令の語気を強めたり、和らげたりする表現があります。

1) ना は命令形とともに用いると、親しみがこもり、語気を和らげます。「～しなさいよ、～しなさいな」という語感です。

या ना लवकर.　いらっしゃいよ、早く。

2) की は強調の表現です。

第6課　こちらにいらっしゃい。

बसा की. 座りなさいよ（座りなさいったら）。

3）बरं का は「いいですか」という語感で、念を押したり、説得するような言い方になります。

लक्षात ठेवा बरं का！ 覚えておきなさい、いいですか！

4）命令形のあとに पाहू や बघू をつけて、命令の語気を和らげます。

चहा आण पाहू. お茶が欲しいんだが。

3．呼格形

人などに呼び掛ける場合、名前や相手を言い表す語の形が変化することがあります。その形を呼格形といいます。呼格形は基本的には単数は「一般の後置格形」、複数は「後置格形＋ नो」となります。

1）普通名詞の呼格形

呼格形は様々な場面での呼び掛けに（会議や講演の聴衆、祈る神、ののしりの相手などにも）使われます。

देवा（神よ）　देवांनो（神々よ）

मुला（少年よ、息子よ）

मुलांनो（少年たちよ、息子たちよ）

अहो बाई（単数の女性への呼び掛け）

बायकांनो（複数の女性への呼び掛け）

商人らへの呼び掛けには ～ वाले（m）/ ～ वाली（f）を使うこともあります。

基礎マラーティー語

अहो धोबीवाले! おおい、洗濯屋 (m) さん!

अहो फळवाल्या बाई! 果物屋 (f) さん!

呼び掛け方が分からない場合には **अहो!**（あのう、もし）、**अहो जरा ऐका!**（ちょっとすみません）、**अहो काका / काकू!**（おじさん / おばさん!）などと呼び掛けます。

2) 固有名詞の呼格形

固有名詞の呼び掛けに呼格形を使うのは、極めて親しい間柄または目下の相手で、普通の場合は、名前を崩さずに呼び掛けます。男の名前では語尾を **या** にすることもあります。

राम!（रामा / राम्या!） ラーマよ!

सीता!（सीते!） スィーターよ!

3) 主格形で呼び掛ける場合

前項でも指摘したように、人名は崩さず、元の形で呼び掛けるのが普通です。固有名詞の他に、敬称語（【文法3－1】の3)や親族名で相手を呼ぶ場合にも、普通、呼格形は使いません。（次項参照)

4. 呼び掛けの言葉

相手の注意を惹くために呼び掛けるいくつかの語があります。**अहो** は丁寧な呼び掛け語で男女のどちらにも使います。**अग** は女性に対してのみ使います。**अरे** は男性に対するぞんざいな呼び掛け語です。以上の語は文頭に使われる場合の形で、文頭以外に来る時（特に動詞の後）は、それぞれ **अ** を取り去り、**हो, ग, रे** と

第6課　こちらにいらっしゃい。

なります。またʏは目下の男女のどちらにも使います。呼び掛けに対してはओと応えます。

　आलोच डॉक्टर !　すぐに参ります、先生（医者）！

（動詞の用法は第9課参照）

　अग आई / आई ग !

（母親への呼び掛け。また一種の間投詞として、落胆、困惑、「やれやれ」などの感情を表します。）

　注）　अग बाई（おや、まあ）は女性が驚いたときの言い方です。

　" अरे मोहन !"" ओ !"「おおい、モーハン！」「はい！」

【練習問題6】
それぞれ तुम्ही に対する肯定と否定の命令形で言いなさい。

1．ここに座る　　2．急いで行く　　3．ゆっくり歩く

4．外に出る　　　5．中に入る　　　6．あそこまで走る

7．夕方帰って来る　　　8．マラーティー語を学ぶ

9．それを引っ張る　　10．窓を開ける

11．私と一緒に食事する　　12．彼の話をよく聞く

13．小さい声で話す　　14．大きい声で読む

15．はっきり言う

16．母にマラーティー語で手紙を書く

17．明日の朝早く来る　　18．もっと安くする

19. 彼に冷たい水をあげる
20. その黄色のクルターを見せる
21. ちょっと彼を手伝う
22. 私に何度も尋ねる
23. 私の代りにあなたが行く
24. この部屋を掃除する
25. これらの服を洗う

朝のお祈りを兼ねた子供たちの体操 'スールヤ・ナマスカール'

第7課　धडा सातवा
明日お伺いします。
मी उद्या येईन.

【学習事項】

未来表現Ⅰ、Ⅱ．動詞の未来形．未来分詞．処格接尾辞 ई．

【基本文7－1】

1. तुम्ही माझ्याकडे कधी याल ?

    私の家にいついらっしゃいますか？

    मी परवा दुपारी येईन．　明後日お昼頃お伺いします。

2. आज पाऊस पडेल का ?　今日、雨が降るでしょうか？

    नाही, आज पाऊस पडणार नाही．

    いいえ、今日は雨は降らないでしょう。

3. मी संध्याकाळी तुम्हाला फोन करेन．　夕方、君に電話するよ。

    संध्याकाळी नको．कदाचित मी घरी नसेन．उद्या सकाळी करा．

    夕方はだめだよ。多分、家にいないから。明日の朝、してよ。

【文法7－1】

1．2種類の未来表現

　未来表現は未来に関する予定、推測、意志などを表します。マ

— 101 —

基礎マラーティー語

ラーティー語の未来表現には2種類あります。

1) 動詞の未来形を使うもの。(未来表現 I)
2) 未来分詞を使うもの。(未来表現 II)

2. 未来分詞

未来分詞は不定詞の語幹に語尾 णार をつけて作ります。

येणे (来る) → येणार

करणे (する) → करणार

पिणे (飲む) → पिणार

3. 未来表現 I (動詞の未来形)

動詞の未来形を使う表現です。未来に関する一般的な予定、推測、意志などを表します。

3-1. 動詞の未来形

動詞の未来形は、不定詞の語幹に未来形の活用語尾を付けて作ります。性の区別はありません。

	単 数	複 数
1人称	ईन / एन	ऊ
2人称	शील	आल
3人称	ईल / एल	तील

1人称単数と3人称単数に二つずつ語尾があるのは、次のように用法が分かれます。

第7課　明日お伺いします。

1) **ईन, ईल** を使う動詞…語幹の語尾が母音または **ह** の動詞。

   a) 自動詞

   येणे (来る)、जाणे (行く)、राहणे (いる) など。

   येणे < येईन – येशील – येईल
   　　 – येऊ – याल – येतील

   राहणे < राहीन – राहशील – राहील
   　　　 – राहू – राहाल – राहतील

   b) 他動詞

   पाहणे (見る)、खाणे (食べる)、पिणे (飲む)、
   लिहिणे (書く)、धुणे (洗う) など。

   पाहणे < पाहीन – पाहशील – पाहील
   　　　 – पाहू – पाहाल – पाहतील

   खाणे < खाईन – खाशील – खाईल
   　　　 – खाऊ – खाल – खातील

   注) धुणे は二つの変化が可能です。

   धुणे < धुवीन / धुवेन … धुवील / धुवेल

2) **एन, एल** を使う動詞

   a) 1) 以外の自動詞。

   चालणे (行く)、निघणे (出る)、पडणे (落ちる) など。

   चालणे < चालेन – चालशील – चालेल
   　　　 – चालू – चालाल – चालतील

   b) 「変則動詞」。ただし जेवणे (食事する) を除く。

— 103 —

बोलणे (言う)、भेटणे (会う)、म्हणणे (言う) など。

(「変則動詞」については第10課を参照。)

बोलणे < बोलेन – बोलशील – बोलेल
　　　　– बोलू – बोलाल – बोलतील

3) どちらでもよい動詞

上記1)、2) 以外のすべての動詞。ただし、2) の変化が多く使われます。

करणे < करेन / करीन – करशील – करेल / करील
　　　　– करू – कराल – करतील

ऐकणे < ऐकेन / ऐकीन – ऐकशील – ऐकेल / ऐकील
　　　　– ऐकू – ऐकाल – ऐकतील

जेवणे < जेवेन / जेवीन – जेवशील – जेवेल / जेवील
　　　　– जेवू – जेवाल – जेवतील

3−2. 未来形の例外的な形

1) 語幹の末尾が長母音の動詞の2人称複数形

　[aː] जाणे (行く) → जाल　खाणे (食べる) → खाल
　[eː] घेणे (取る) → घ्याल　देणे (与える) → द्याल
　　　येणे (来る) → याल
　[oː] होणे (生じる) → व्हाल

2) 語幹の末尾が [i] または [u] の動詞

पिणे < पिईन – पिशील – पिईल
　　　　– पिउ – प्याल – पितील

第7課　明日お伺いします。

लिहिणे < लिहीन – लिहिशील – लिहील
　　　 – लिहू – लिहाल – लिहितील
धुणे < धुवीन / धुवेन – धुशील – धुवील / धुवेल
　　　 – धुवू – धुवाल – धुनील

3-3. コピュラ動詞の未来形

コピュラ動詞 असणे の未来形は、現在や未来に関する推測や推定の意味で使われます。असणे の未来形には基礎活用と一般活用の区別はありません。

असणे < असेन – असशील – असेल
　　　 – असू – असाल – असतील

तो कदाचित बहिणीच्या खोलीत असेल.

彼はたぶん妹の部屋にいるでしょう。

3-4. 未来表現Ⅰの否定形

未来表現Ⅰの否定形は、「未来分詞＋否定辞 नाही」という形になります。नाही は2人称単数と3人称複数で少し形が変わります。下の表は जाणे を使った否定形の例です。

	単　数	複　数
1人称	जाणार नाही	जाणार नाही
2人称	जाणार नाहीस	जाणार नाही
3人称	जाणार नाही	जाणार नाहीत

なお、नाही を未来分詞の前に置いて、主語の強い意志を表現

— 105 —

することもあります。この場合、強調の**च**がよく使われます。

मी नाहीच बसणार. 　私は絶対座りませんよ。

(**मी बसणारच नाही.** も意味はほぼ同じ。)

3−5. 処格接尾辞 ई

処格接尾辞 **ई** は一部の限られた名詞（単数・主格形）に付いて、その名詞を副詞化します。もともと「〜において」という意味があり、主に場所、時、関係事項などを表す語に付きます。

場所：**घरी**（家に）　**शेजारी**（隣に）
　　　या ठिकाणी（この場所に）

時：**सकाळी**（朝に）　**दुपारी**（昼に）
　　संध्याकाळी（夕方に）　**रात्री**（夜に）
　　त्या दिवशी（その日に）
　　या वर्षी〔この年に（今年）〕
　　लहानपणी（子供の頃に）

関係事項：**या विषयी**（この件で）
　　　　　या संबंधी（これに関して）
　　　　　या प्रकरणी（この事件で）

【基本文7−2】

1. **आज मी त्यांच्याकडे जाणार आहे.**
   今日私はあの方のところへ行く予定です。

2. **आता ती काय करणार ?**

第 7 課　明日お伺いします。

さあ、彼女はどうするのでしょう？

【文法7－2】

1．未来表現 II

1）未来分詞のみを述語動詞にする形

　未来分詞のみを述語動詞にする未来表現があります。これは比較的近い未来のことに関し、実現の可能性が高いときや話者の意志が強いときに使われる表現です。未来分詞の形はすべての人称・性・数で同じです。疑問文では反語的なニュアンスを持つこともあります。（基本例文2）

　तो आज येणारच．　彼は今日きっと来るでしょう。

2）「未来分詞＋コピュラ動詞（基礎活用・現在形）」

　コピュラ動詞（基礎活用・現在形）を助動詞のように使う形もあります。この場合は予定が確定的であることを示します。性の区別はありません。下の表は जाणे を使った例です。

	単　数	複　数
1人称	जाणार आहे	जाणार आहोत
2人称	जाणार आहेस	जाणार आहात
3人称	जाणार आहे	जाणार आहेत

— 107 —

तीपण आमच्याबरोबर जाणार आहे.

彼女も私達と一緒に行く予定です。

2. 未来表現Ⅱの否定形

未来表現Ⅱのうち「1）未来分詞のみを述語動詞にする形」の否定形は、「未来分詞＋否定辞 **नाही**」となります。これは未来表現Ⅰの否定形と同じです。

また「2）未来分詞＋コピュラ動詞（基礎活用・現在形）」の否定形は未来分詞とコピュラ動詞の間に 否定辞 **नाही** を入れます。（　）は **नाही** とコピュラ動詞の融合形。

	単　数	複　数
1人称	जाणार नाही आहे (नाहीय)	जाणार नाही आहोत (नाहीयोत)
2人称	जाणार नाही आहेस (नाहीयस)	जाणार नाही आहात (नाहीयात)
3人称	जाणार नाही आहे (नाहीय)	जाणार नाही आहेत (नाहीयत)

この表現は近い未来のことに関し、実現の可能性をかなり強く否定する表現です。2人称の場合は実質的に否定の命令と同じになることがあります。

तुम्ही हे काम करणार नाही आहात.

あなたはこの仕事をしてはいけません。

なお、この否定形でもコピュラ動詞が省かれることがよく起ります。その場合、形は未来表現Ⅰの否定形と同じになります。

第7課　明日お伺いします。

【練習問題7】

未来表現Ⅰを使ってマラーティー語にしなさい。また1．は主語をおまえは、彼（彼女）は、我々は、など様々に変え、かつ否定形でも言いなさい。

1．1）私は明日来るでしょう。

　　2）私は明後日行くでしょう。

　　3）私は今日の夕方ゴークレーさん(गोखले)に会うでしょう。

　　4）私は来週彼に手紙を書くでしょう。

　　5）私は来週水曜日にプネーに着くでしょう。

　　6）私は来月10日に彼女と結婚するでしょう。

　　7）私は明日またこのことについてあなたに尋ねるでしょう。

2．この列車はムンバイにいつ着くのでしょうか？
　　明日の朝です。

3．明日我々は学校へ行って、校長先生に会おう。

4．彼の新しい家はいつできるのでしょう？
　　来年完成するでしょう。

5．このロケットは地球にいつ戻るのですか？
　　来週月曜日です。

6．あなたの返事はいついただけますか？
　　2週間以内に必ず返事します。

7．次回のワールドカップ・サッカーは2006年にドイツで行なわれるでしょう。

8. 私は8月にインドに行く予定です。
9. この雨は明日の朝には止むだろうか？
   大丈夫。今晩中に止むよ。
10. この後、日本経済はよくなるでしょうか？
    多分無理でしょう。

ガネーシャ祭りでライトアップした寺院

第8課　धडा आठवा
どちらにお住まいですか？
आपण कुठे राहता ?

【学習事項】

現在形. असणे の一般活用・現在形. 未完了 त 分詞. 格の用法.
副詞の形容詞化.

【基本文8−1】

1．मी रोज सकाळी लवकर उठतो.　私は毎日朝早く起きます。
2．आपण काय करता ?　あなたのお仕事は何ですか？
3．माझी मोठी बहीण कॉलेजात शिकते.
　　私の姉は大学で学んでいます。
4．एका आठवड्यात सात दिवस असतात.　1週間は7日です。

【文法8−1】

1．一般動詞の現在形

一般動詞の現在形は動詞の語幹に次の語尾を付けて作ります。単数のみに性の区別があります。否定形には未完了 त 分詞を用います。

基礎マラーティー語

		単 数	複 数
1人称	男性形	तो	तो
	女性形	ते	
2人称	男性形	तोस	ता
	女性形	तेस	
3人称	男性形	तो	तात
	中性形	तं	
	女性形	ते	

2．現在形の用法

現在形の主な用法は、1）現在の習慣的な行為、状態についての表現、2）直後に起こる変化や行為の表現、の二つです。

3．現在形の用法（1）

現在の習慣的な行為、状態を表現する用法です。

मी रात्री लवकर झोपतो. 私 (m) は夜早く寝ます。

ती दुपारी बँकेत काम करते व संध्याकाळी शाळेत शिकवते.

彼女は昼は銀行で働き、夕方は学校で教えています。

4．現在形の否定形と未完了त分詞

現在形の否定形には「未完了त分詞」を使います。未完了त分詞は「動詞の語幹＋त」という形なのでそう呼ばれます。（未完了分詞については第13課で詳しく学びます。）

一部の動詞〔करणे（する）घालणे（つける）वाचणे（読む）

—112—

第 8 課　どちらにお住まいですか？

など〕に **इत** 語尾がつく場合があります（करीत, घालीत, वाचीत）。この形は少し古めかしい形とされていますが、主に書き言葉では今もよく使われます。（現在は **त** 語尾が標準とされています。）

　現在形の否定形は「未完了 **त** 分詞 + 否定辞 **नाही**」という形になります。**बसणे** を使って表にすると次のようになります。

	単　数	複　数
１人称	बसत नाही	बसत नाही
２人称	बसत नाहीस	बसत नाही
３人称	बसत नाही	बसत नाहीत

　現在形の否定形には人称と数の区別だけがあり、性による区別はありません。

　तो / ती अलीकडे माझ्याकडे येत नाही.

　　彼 / 彼女は最近私のところには来ません。

5．असणे の一般活用・現在形

　コピュラ動詞 असणे には今まで学んできた基礎活用・現在形の他に、一般動詞の現在形と同じ活用をする現在形もあります。本書ではそれを特に असणे の一般活用・現在形と呼んで区別します。असणे の一般活用・現在形は習慣性や普遍性の強い事柄、種族の特徴、事物の普遍的な構成要素などを表現するのに使います。

　कच्चा आंबा आंबट असतो.

　　未熟のマンゴーは酸っぱいものだ。

基礎マラーティー語

なお、この世で唯一の存在について言う時には、基礎活用・現在形が使われます。

पृथ्वी गोल आहे. 地球は丸い。

【基本文8−2】

1. **मी तिला हे चित्र दाखवतो.** 私は彼女にこの絵を見せます。
2. **येतो मग.** じゃ、失礼します。
3. **जरा माझ्याबरोबर येता का ?**
   ちょっと私といっしょに来てくれますか？

【文法8−2】

1. 現在形の用法（2）

現在形のもう一つの用法は、発話の直後に起こる変化や行為を表すものです。

आता मी निघतो. もう帰ります。

この用法で、2人称に対し疑問詞のない疑問文にすると、依頼の意味になる場合があります。

जरा हे पकडता ? ちょっとこれ持ってくれますか？

【基本文8−3】

1. **तो आजाराने हैराण आहे.** 彼は病気で困っている。
2. **बस आमच्या घराजवळून जाते.**

第8課　どちらにお住まいですか？

バスは我が家のそばを通ります。

3. पुणे मुंबईच्या पूर्वेला सत्तर मैलांवर आहे.
プネーはムンバイの東方70マイルにある。

4. त्याच्याहून ती हुशार आहे.　彼より彼女の方が賢い。

【文法8－3】
1．格

　本書で格という場合、実は2種類の用法があります。一つは単語の形だけに着目するもので、主格形と後置格形に分ける用法です。その違いは後ろに後置詞が付かない（主格形）か、付く（後置格形）か、にあります。

　もう一つの用法は格の働きに関するものです。格とは本来、文中におけるその語の役割、他の語との関係などを示す形を言うもので、マラーティー語文法では伝統的に本来の意味で格という語を使います。本書でもそれに倣って与格、処格などの語を用いています。

　伝統的なマラーティー語文法ではサンスクリット語文法に倣って格を分類しますが、一部サンスクリット文法と異なっています。

基礎マラーティー語

サンスクリット語	マラーティー語
第一格（主格）	主　格
第二格（対格）	（主格または第四格と同じ）
第三格（具格）	第三格（具格・ने格）
第四格（与格）	第四格（与格・ला格）
第五格（奪格）	第五格（奪格・हून格）
第六格（属格）	第六格（属格・चा格）
第七格（処格）	第七格（処格・त格）
呼　格	呼　格

　上の表のように、マラーティー語ではサンスクリット語の第三格から第七格までと呼格について共通の名称を使いますが、第一格については特に使用せず、第二格は全く言いません。本書では第一格（後置詞の付かない形）を主格と呼びます。また、第二格（対格）に該当するものには主格か第四格が代用されます。なお、マラーティー語欄の（ने格）などの語は特に本書で便宜的に用いる用語です。

２．格接尾辞と格の用法

　マラーティー語の後置詞には大別して３種類あります（第４課参照）。ここでは格接尾辞と格の用法を学びます。格接尾辞は前項の表のように第三格から第七格までと呼格に現れます。表にすると次のようになります。

第8課　どちらにお住まいですか？

	単　数	複　数
第三格（具格・ने格）	ने, शी	नी, शी
第四格（与格・ला格）	ला, स	ना, स, ला
第五格（奪格・हून格）	हून	हून
第六格（属格・चा格）	चा	चा
第七格（処格・त格）	त, ई	त, ई
呼　格	なし	नो

1）第三格（具格・ने格）の用法

　具格（ने格）で注意すべきは代名詞1人称と2人称の形が主格と同じということです。ただし、用法によっては属格派生形もあり、माझ्याने, आपल्याने などとなります。なお、ने は日常会話においてしばしば नी と発音されます。

　a）第三格（具格）は基本的に「道具、手段」を表します。

　　　आमची मोलकरीण हाताने कपडे धुते.

　　　うちの女中は手で服を洗います。

　　　आपण डोळ्यांनी बघतो व कानांनी ऐकतो.

　　　私達は目で見て、耳で聞きます。

　　　या वाटेने जा.　この道を行きなさい。

　b）「～とともに、～に対し」

　　　तो आईशी अजिबात बोलत नाही.

　　　彼は母親と全く口をきかない。

基礎マラーティー語

तो माझ्याशी वाईट वागतो.

彼は私に対して態度が悪い。

c) शी は場所を表すことがあります。

दाराशी उभे राहा.　戸口に立っていなさい。

आई बाळाला पोटाशी धरते.

母親は赤ん坊を懐に抱きます。

d) その他の用法

एका तासाने या.　1時間後に来なさい。

सगळे जण स्वभावाने चांगले आहेत.

みんな性格は良い。

माझ्याने ते काम होणार नाही.

私にはその仕事はできないでしょう。(属格派生形の用法は限られています。第13、20課等参照)

e) 他動詞の過去形や完了形の行為者を表す。(この用法については第10課参照)

2) 第四格（与格・ला 格）の用法

ला 格には属格派生形はありません。

a) 第四格の基本的用法は間接目的語「〜に」を表すものです。

मी हे त्याला देतो.　私はこれを彼にあげます。

शेतकरी बैलाला चारा देतो.　農民は牛に餌を与えます。

b) 直接目的語（第二格、対格）「〜を」は普通、主格で表されますが、人や動物などが直接目的語になると、ला

— 118 —

第8課　どちらにお住まいですか？

を使って表されます。

  ती नेहमी मला बोलावते．　彼女はいつも私を呼びます。

  गाडीवान चाबकाने बैलाला मारतो．

 御者は鞭で牛を叩く。

c）ला は場所や時間などを表すこともあります。

  मी उद्या मुंबईला जाईन．

 私は明日ムンバイに行くでしょう。

  तो दोन तारखेला येईल．　彼は2日に来るでしょう。

d）その他の用法

  तो रखवालदार म्हणून कामाला आहे．

 彼は番人として働いている。

  पाच रुपयांना दोन मिळतील．　5ルピーで二つ買えます。

e）与格（ला 格）構文については第12課参照。

3）第五格（奪格・हून 格）の用法

a）「起点」（～から）

  गावाहून तिची आई येईल．

 村から彼女の母が来るだろう。

b）比較の対象（～よりも）

  या घराहून ते घर मोठं आहे．（घराहून = घरापेक्षा）

 この家よりあの家の方が大きい。

  तो सर्वांहून जोरात पळतो．　彼は一番速く走る。

c）「- ऊन」の用法

हुन から変形した ऊन が他の語や後置詞（多くが場所を意味する語）に付いて、奪格やその他の意味で使われます。

नोकर विहिरीतून पाणी काढतो.

召使いが井戸から水を汲む。

तो तुमच्याकडून दहा रुपये घेईल.

彼は君から10ルピー取るだろう。

नदी गावामधून वाहते.　川は村の中を流れている。

फुलदाणी टेबलावरून खाली पडेल.

花瓶がテーブルから下に落ちるだろう。

4）第六格（属格・चा格）の用法

第5課参照。

5）第七格（処格・त格）の用法

基本的に「場所」を表します。空間のみならず時間その他にも適用されます。

विद्यार्थी वर्गात आहेत.　学生達は教室にいます。

तो घरी नसेल.　彼は家にいないでしょう。

ती आज रात्री उशिरा परत येईल.

彼女は今夜、帰宅が遅くなるでしょう。

एका तासात मी हे काम करतो.

私は1時間でこの仕事をやります。

हे सर्वांत चांगलं आहे.　これが一番良い。

（注　सर्वांत = सर्वांहून）

第8課　どちらにお住まいですか？

हत्ती जमिनीवरचा सर्वात मोठा प्राणी आहे का ?

象は陸上で最大の動物ですか？

注）複数・後置格の語に処格接尾辞 त が付く場合、書くときは必ず鼻子音記号 ͞ を付けますが、鼻子音が発音されないこともあります。

6）呼格

第6課参照。

3．副詞の形容詞化

後置詞としての用法もある副詞の多くは特定の接尾辞等により形容詞化します。

1）接尾辞 ईल を付ける

　　　जवळ → जवळील（近くの）　वर → वरील（上の）
　　　इकडे → इकडील（こちらの）　मागे → मागील（後ろの）

2）接尾辞 ला を付ける

　　　आत → आतला（中の）　मधे → मधला（中の）
　　　इथे → इथला（こちらの）　पुढे → पुढला（先の）

3）後置詞 चा を付ける

　　　जवळ → जवळचा（近くの）　वर → वरचा（上の）
　　　इकडे → इकडचा（こちらの）　मागे → मागचा（後ろの）
　　　नंतर → नंतरचा（後の）　खाली → खालचा（下の）
　　　पर्यंत → पर्यंतचा（までの）　पुढे → पुढचा（先の）

【練習問題8】

次の文をマラーティー語にしなさい。

1. これをマラーティー語で何と言いますか？
2. 太陽は東から昇り、西に沈む。
3. あの老婆は毎朝お寺に行き、神様に花をお供えします。
4. 私の兄は両親と一緒にターネーに住んでいます。
5. 彼女はいつも夫のことで苦情を言います。
6. シャターブディー急行はムンバイからデリーまで何時間かかりますか？
7. あなたの家では誰が料理をしますか？
8. あなたのお母さんはこの料理をどうやって作るのですか？
9. 田舎では今でも女達はヨーグルトからバターを作ります。
10. 普通、インドでは結婚式に花嫁さんは赤いサリーを着ます。

第9課　धडा नववा
昨日私は家にいました。
काल मी घरी होतो.

【学習事項】

過去形（コピュラ動詞，自動詞）．完了分詞（ला 分詞）．

【基本文9－1】

1. खोलीत मुलाची मित्र मंडळी होती.
   部屋には息子の友人達がいた。
2. काल हवा चांगली होती.　昨日はいい天気だった。
3. माझ्या भरवशाचं कोणी नव्हतं.
   私が信用できる人は誰もいなかった。

【文法9－1】

1. 過去形

　過去形は過去のある時点の状態や変化を表します。マラーティー語では過去形は自動詞か他動詞かによって文の構造が異なります。また、一般動詞は完了分詞が過去形を表します。コピュラ動詞の過去形には基礎活用と一般活用の2種類あります。

2. コピュラ動詞 असणे の基礎活用・過去形

コピュラ動詞 असणे の基礎活用・過去形は次のとおりです。

		単　数	複　数
1人称	男性形	होतो	होतो
	女性形	होते	
2人称	男性形	होतास	होतात (होता)
	女性形	होतीस	
3人称	男性形	होता	होते
	中性形	होतं	होती
	女性形	होती	होत्या

表に示されたとおり、1人称と2人称それぞれの複数形にのみ、性の区別がありません。この点は一般の動詞の過去形と同じです。また2人称・複数では होतात の方が丁寧な言い方とされます。

काल तुम्ही कुठे होतात ?　きのうはどこにいたんですか？

मी घरीच होते.　家にいましたよ。

なお、1人称（होतो と होते）と2人称・複数の होता は一般動詞 होणे（なる、生じる）の現在形と同じ形をしているので、注意を要します。ただし、実際には一般動詞 होणे の現在形はあまり使われず、多くは未来形になります。

मी सोळा वर्षांचा होतो.　私は16歳でした。

（コピュラ動詞の基礎活用・1人称・単数・過去）

第9課　昨日私は家にいました。

　上の文で **होतो** を一般動詞 **होणे** の1人称・単数・現在形と理解し「私は16歳になります」と訳すことは不可能ではありませんが、通常その場合には未来形が使われます。

मी सोळा वर्षांचा होईन.　私は16歳になります。

（**होणे** の1人称・単数・未来形）

3. 否定のコピュラ動詞 नसणे の基礎活用・過去形

　否定のコピュラ動詞 **नसणे** の基礎活用の過去形は次のとおりです。

		単　数	複　数
1人称	男性形	नव्हतो	नव्हतो
	女性形	नव्हते	
2人称	男性形	नव्हतास	नव्हतात (नव्हता)
	女性形	नव्हतीस	
3人称	男性形	नव्हता	नव्हते
	中性形	नव्हतं	नव्हती
	女性形	नव्हती	नव्हत्या

　असणे の過去形と同じく、1人称と2人称それぞれの複数形にのみ性の区別がありません。

त्या वेळी आम्ही खोलीत नव्हतो.

　あの時私達は部屋にいなかった。

【基本文9−2】

1. आज ती लवकर शाळेत गेली.　彼女は今日早く学校へ行った。
2. टेबलावरून सगळ्या वस्तू खाली पडल्या.
   テーブルからすべてのものが下に落ちた。
3. तू त्याच्या शेजारी का बसला नाहीस ?
   君は彼の隣になぜ座らなかったのか？

【文法9−2】

1. 完了ला分詞

　動詞の完了分詞には「ला分詞」と「लेला分詞」の2種類があります。この課では「ला分詞」の過去形の用法を学びます。「ला分詞」というのは基本形（3人称・男性・単数形）が「語幹＋ला」という形をしているので、そう呼びます（または「完了ला分詞」とも）。完了分詞（「लेला分詞」も含む）になる場合、語幹の部分が不規則に変形するものが少なからずありますが、どの語幹が不規則変化になるかの一般的な原則はありません。

　1）規則語幹の例

बसणे（座る）＜ बसला　　उठणे（起きる）＜ उठला
चालणे（行く）＜ चालला　　धावणे（走る）＜ धावला
संपणे（終わる）＜ संपला　　असणे（ある）＜ असला
नसणे（ない）＜ नसला　　बोलणे（言う）＜ बोलला
भेटणे（会う）＜ भेटला　　चिडणे（怒る）＜ चिडला

第9課　昨日私は家にいました。

　　रागावणे（怒る）＜ रागावला
　　चढणे（上がる）＜ चढला
　　उतरणे（下がる）＜ उतरला
　　झोपणे（寝る）＜ झोपला　　पडणे（落ちる）＜ पडला
　　थांबणे（止まる）＜ थांबला
　　शिकणे（学ぶ）＜ शिकला

2）不規則語幹の例

　a）語幹に आ を付け足すもの。

　　मिळणे（得られる）＜ मिळाला
　　निघणे（出る）＜ निघाला
　　म्हणणे（言う）＜ म्हणाला（自動詞）

　この項の不規則変化と本来の規則変化の２種類の形を持つ動詞もあります。意味上、両者には微妙な差があります。

　　पळणे ＜ पळला（走った）/ पळाला（逃げ去った）
　　उडणे ＜ उडला（飛んだ）/ उडाला（飛び去った）

　b）語幹の末尾に母音（主に [i]）を持つものが आ を付け足したため影響をうけたもの。さらに語尾に य を付け加えた形もよく使われます。

　　पिणे（飲む）＜ प्याला / प्यायला
　　भिणे（恐れる）＜ भ्याला / भ्यायला
　　विणे（産む）＜ व्याली / व्यायली（女性形のみ）

c) 語幹の末尾の आह は आहि になります。

पाहणे (見る) < पाहिला　　राहणे (いる) < राहिला

वाहणे (流れる) < वाहिला

d) तला という形になるもの。

घेणे (取る) < घेतला　　धुणे (洗う) < धुतला

घालणे (付ける) < घातला

注) म्हणणे (言う) < म्हटला (他動詞)

e) इतला という形になるもの。

बघणे (見る) < बघितला

मागणे (求める) < मागितला

सांगणे (言う) < सांगितला

f) 形が大きく変形するもの。

येणे (来る) < आला　　जाणे (行く) < गेला

मरणे (死ぬ) < मेला　　होणे (なる) < झाला

करणे (する) < केला　　देणे (与える) < दिला

खाणे (食べる) < खाल्ला

2．過去形（自動詞）

　完了 ला 分詞によって、過去時制を表すことができます。既述のようにマラーティー語の過去形は自動詞か他動詞かにより文の構造が変わります。この課では自動詞の過去形を学びます。自動詞の過去形は主語の性・数に対応して過去形（ला 分詞）の語尾が変わります。次の表は बसणे（座る）の過去形の例です。

第９課　昨日私は家にいました。

		単　数	複　数
１人称	男性形	बसलो	बसलो
	女性形	बसले	
２人称	男性形	बसलास	बसलात（बसला）
	女性形	बसलीस	
３人称	男性形	बसला	बसले
	中性形	बसलं	बसली
	女性形	बसली	बसल्या

注）　２人称複数には２種類の形が可能ですが、‐ लात の方が多く使われます。

否定形は次のようになります。２人称複数は ～ नाहीत の方が多く使われます。

		単　数	複　数
１人称	男性形	बसलो नाही	बसलो नाही
	女性形	बसले नाही	
２人称	男性形	बसला नाहीस	बसला नाहीत
	女性形	बसली नाहीस	（बसला नाही）
３人称	男性形	बसला नाही	बसले नाहीत
	中性形	बसलं नाही	बसली नाहीत
	女性形	बसली नाही	बसल्या नाहीत

तो कुठे गेला ?　彼はどこへ行きましたか？

तो मुंबईला गेला.　彼はムンバイへ行きました。

तुम्ही गेला नाहीत का ?　あなたは行かなかったのですか？

नाही, मी गेले नाही.　はい、私 (f) は行きませんでした。

３．近い未来を表す完了分詞の用法

完了 ला 分詞（自動詞）は直後に生じるまたは行なう行為を（完了を前提にして）表現することがあります。

आलो !　はい、ただいま参ります！

मी निघालेच !　すぐ出かけます！

हे काय, गाव आलंच !　なあに、村はすぐ着きますよ！

４．コピュラ動詞・一般活用・過去形

コピュラ動詞 असणे, नसणे の ला 分詞形は規則語幹の項にあげたとおりで、他の一般動詞の過去形と同じように活用して、コピュラ動詞の一般活用・過去形になります。ただし、用法は限られていて、後述する条件文などに使われるのみで、基礎活用・過去形とは用法が大きく異なります。（第23、24課参照）

第9課　昨日私は家にいました。

【練習問題9】

次の文をマラーティー語にしなさい。

1．今朝とても激しい雨が降った。道のあちこちに水溜りができた。
2．その時たまたま私の手元には少ししかお金がなかった。
3．試験はどうでしたか？　うまくいきました。
4．当時の民衆は寡婦の問題に特に興味はなかった。
5．ヒンドゥーとムスリムの間に緊張が高まった。
6．国民会議派の政策に大きな変化が生じた。
7．当初、二人の関係は良くなかったが、やがて二人は大の仲良しになった。
8．アンベードカルはネルー内閣の法務大臣であった。
9．マラーターは政治的に強大になり、カーストの地位も向上した。
10．その新薬のおかげで彼は再び元気になった。

第10課　धडा दहावा
食事はしましたか？
तुम्ही जेवण केलंत का ?

【学習事項】

過去形（他動詞）．目的語構文．中間構文．具格形（能格形）．変則動詞．他動詞句．

【基本文 10】

1. तुम्ही आजचं वर्तमानपत्र वाचलंत का ?
   君は今日の新聞を読みましたか？
2. मी काहीच केलं नाही.　私は何もしなかった。
3. आम्ही तिथे त्याच्या मित्राला बघितलं.
   私達はそこで彼の友達を見かけた。

【文法 10】

1．他動詞の過去形

変則動詞（【文法 10】の 4）を除く一般の他動詞は過去形になると（或いは完了分詞が述語動詞になると）意味上の主語が具格形（能格形）になり、動詞の形は主格の目的語の性・数に対応します（これを目的語構文といいます。基本例文 1 と 2）。主格の

— 132 —

第10課　食事はしましたか？

目的語がない場合は中性・単数形になります（これも目的語構文ですが、特に中間構文という場合もあります。基本例文3）。主語が2人称の時、動詞の語尾に注意が必要です。下の表は主格の目的語の性・数を様々に変えた例です。

主　語	目的語	単　数	複　数
1人称	男性形	मी आंबा खाल्ला	मी आंबे खाल्ले
3人称	中性形	मी पत्र लिहिलं	मी पत्रं लिहिली
例はमी	女性形	मी भाजी आणली	मी भाज्या आणल्या
तू	男性形	तू आंबा खाल्लास	तू आंबे खाल्लेस
	中性形	तू पत्र लिहिलंस	तू पत्रं लिहिलीस
	女性形	तू भाजी आणलीस	तू भाज्या आणल्यास
तुम्ही, आपण	男性形	तुम्ही आंबा खाल्लात / खाल्ला	तुम्ही आंबे खाल्लेत / खाल्ले
	中性形	तुम्ही पत्र लिहिलंत / लिहिलं	तुम्ही पत्रं लिहिलीत / लिहिली
	女性形	तुम्ही भाजी आणलीत / आणली	तुम्ही भाज्या आणल्यात / आणल्या

主語がतूの場合、動詞の語尾にसが付きます。主語がतुम्ही, आपण（2人称・複数）の場合、語尾にतを付ける方が丁寧な言葉遣いになり、多く使われます。

2．具格形（能格形）

具格形の格接尾辞は単数形はने複数形はनी です。一般的な用法は第8課で紹介しました。なお、代名詞の1人称と2人称は主格形と同じで、また、性の区別もありません。

		単 数	複 数
１人称		मी	आम्ही, आपण
２人称		तू	तुम्ही, आपण
３人称	男性形	ह्याने, याने	ह्यांनी, यांनी
	中性形	त्याने	त्यांनी
	女性形	हिने, तिने	
疑 問		कोण	कोणी	कोणीकोणी
		काय	なし	なし
不 定		कोणीतरी	कोणीतरी	なし
		काहीतरी	なし	なし
再 帰		स्वतः	स्वतः / स्वतःने	स्वतः / स्वतःनी

　疑問代名詞と不定代名詞は人の場合他動詞・過去形の主語になりますが、ものが主語になる言い方はありません。つまり、代名詞の具格形の一部のみがこの用法に適合するので、この用法の具格形を特に能格形と呼んで区別することもあります。再帰代名詞は二つの形が可能ですが、普通 स्वतः が使われます。

　त्याने स्वतः (/ स्वतःने) मला हे सांगितलं.

　　彼自身が私にこう言った。

3．否定形

　否定形は次のようになります。目的語が主格の場合です。

第 10 課　食事はしましたか？

主　語	目的語	単　数	複　数
１人称	男性形	मी आंबा खाल्ला नाही	मी आंबे खाल्ले नाहीत
３人称	中性形	मी पत्र लिहिलं नाही	मी पत्रं लिहिली नाहीत
例は मी	女性形	मी भाजी आणली नाही	मी भाज्या आणल्या नाहीत
तू	男性形	तू आंबा खाल्लास नाहीस	तू आंबे खाल्ले नाहीस
	中性形	तू पत्र लिहिलं नाहीस	तू पत्रं लिहिली नाहीस
	女性形	तू भाजी आणली नाहीस	तू भाज्या आणल्या नाहीस
तुम्ही,	男性形	तुम्ही आंबा खाल्ला नाहीत / नाही	तुम्ही आंबे खाल्ले नाहीत
	中性形	तुम्ही पत्र लिहिलं नाहीत / नाही	तुम्ही पत्रं लिहिली नाहीत
आपण	女性形	तुम्ही भाजी आणली नाहीत / नाही	तुम्ही भाज्या आणल्या नाहीत

４．変則動詞

　日本語の感覚では他動詞のように思われる動詞が、マラーティー語では自動詞と分類されることがあります。従って、それらは過去形になっても、意味上の主語（行為者）は具格にならず、主格のままです。そういう動詞を変則動詞と呼びます。一般的に変則動詞は行為の影響が行為者自身に及ぶ自己完結的な意味を持っているという特徴がありますが、そうとは言いきれないものもあるので、厳密な定義付けは困難です。以下はその主な例です。＊印を付けたものは普通目的語をとらず、全くの自動詞のように機能します。また、＊＊印を付けたものは自動詞、他動詞のどちらにしてもかまわないという動詞です。なお、主語を能格に

する場合は行為者の意志が感じられます。

1) 口からの出し入れ等に関するもの

जेवणे＊ (食事する)

तुम्ही जेवलात का？　食事はしましたか？

चावणे (噛む)

कुत्रा माणसाला चावला.　犬が人を噛んだ。

डास / विंचू चावला.　蚊 / 蠍が刺した。

साप त्याला चावला.　蛇が彼を噛んだ。

डसणे (刺す、噛む)

साप त्याला डसला.　蛇が彼を噛んだ（稀）。

ओकणे (吐く)

तो सगळा ओकला.　彼は皆吐いた。

ती रक्त ओकली.　彼女は血を吐いた。

थुंकणे＊＊ (唾を吐く)

तो तंबाकू थुंकला.　彼は噛み煙草を吐き出した。

त्याने तंबाकू थुंकली.　彼は噛み煙草を吐き出した。

पिणे＊＊ (飲む)

तो चहा प्यायला.　彼はお茶を飲んだ。

त्याने दारू प्यायली.　彼は酒を飲んだ。

2) 言葉に関するもの

बोलणे (しゃべる)

तो मराठी बोलला.　彼はマラーティー語を話した。

第 10 課　食事はしましたか？

　　　ती खोटं बोलली．　彼女は嘘をついた。

　म्हणणे** （言う）

　　　तो म्हणाला．　彼は言った。　　त्याने म्हटलं．　彼は言った。

3）記憶や理解に関するもの

　विसरणे （忘れる）

　　　तो मला विसरला．　彼は私のことを忘れた。

　शिकणे** （学ぶ）

　　　तो मराठी शिकला．　彼はマラーティー語を学んだ。

　　　त्याने मराठी शिकली / शिकलं．　彼はマラーティー語を学んだ。

　समजणे （理解する、分かる）

　　　मी त्याला चिनी समजलो．　私は彼を中国人だと思った。

4）出産に関するもの

　विणे* （生む）　गाय व्यायली．　牛が出産した。

　（cf. गाईला वासरू झालं　牛に子が生まれた。）

5）勝ち負け、得失に関するもの

　चुकणे （失敗する）

　　　मी चुकलो．　私は失敗した。

　　　मी रस्ता चुकलो．　私は道に迷った。

　जिंकणे** （勝つ）

　　　तो लढाई जिंकला．　彼は戦いに勝った。

　　　त्याने लढाई जिंकली．　彼は戦いに勝った。

　पावणे （得る）

तो मरण पावला. 彼は死んだ。(死を得た。)

मुकणे (失う、なくす)

　तो प्राणाला मुकला. 彼は命を落とした。

हरणे (負ける)

　मी वाद / वादात हरलो. 私は議論に負けた。

6) その他

भिणे (恐れる)

　मी त्याला भ्यालो. 私は彼を恐れた。

भेटणे (会う、出会う)

　मी तिला भेटलो. 私は彼女に会った。

नेसणे** (着る)

　ती साडी नेसली. 彼女はサリーを着た。

　तिने साडी नेसली. 彼女はサリーを着た。

खेळणे (遊ぶ、競技する)

　तो टेनिस खेळला. 彼はテニスをした。

5. करणे から作られる他動詞句と過去時制

　करणे はしばしば名詞、形容詞、副詞と結びついて他動詞句を作ります。こういう他動詞句が過去形になる時、目的語との関係には注意が必要です。

　　名　詞：अभ्यास करणे (勉強する)

　　　　　　चौकशी करणे (調べる)

　形容詞：बंद करणे (閉める)

第 10 課　食事はしましたか？

साफ करणे (掃除する)

　副　詞：**परत करणे**（戻す）　　**वर करणे**（上げる）

1) 形容詞と副詞からなる他動詞句は通常の目的語構文で処理できます。

　　形容詞：**त्याने खिडकी बंद केली.**　彼は窓を閉めた。

　　副　詞：**तुम्ही हात वर केला नाहीत का ?**

　　　　　　君は手を上げなかったのか？

2) 名詞からなる他動詞句の場合、多くは「目的語 + **चा** + 他動詞句」の形になります。動詞および属格後置詞 **चा** の形は他動詞句の名詞の性・数に合わせます。

　　मी मराठीचा अभ्यास केला.

　　私はマラーティー語を勉強した。

　　（マラーティー語の勉強をした。）

　　पोलिसांनी त्या प्रकरणाची चौकशी केली.

　　警察はその事件を調べた。（事件の調査をした。）

なお、**करणे** 以外の動詞と名詞からなる他動詞句でも同じことが生じます。

　　त्याने सावकाराकडून शंभर रुपयांचं कर्ज घेतलं.

　　彼は金貸しから 100 ルピー借金した。

3) 名詞からなる他動詞句の中には属格後置詞を取らない場合があります。その場合、動詞は目的語の性・数に形を合わせます。

基礎マラーティー語

त्याने शंभर रुपये खर्च केले. 彼は100ルピー使った。

विद्यापीठाने त्याला पी.एच.डी ची पदवी प्रदान केली.

大学は彼に博士号を与えた。

この構文で目的語がない場合は他動詞句の名詞に合わせます。

त्याने खूप खर्च केला. 彼はたくさんお金を使った。

4) 2)、3)のどちらの形も可能である他動詞句もあります。

तिने तीन साड्या खरेदी केल्या. /
तिने तीन साड्यांची खरेदी केली.

彼女は3枚サリーを買った。

त्याने शंभर रुपये भेट दिले. /
त्याने शंभर रुपयांची भेट दिली.

彼は100ルピー贈呈した。

【練習問題 10】

次の文をマラーティー語にしなさい。

1. その時突然、彼女が立ち上がった、そして私の方を見た。
2. 彼の女友達がムンバイから私に手紙を送った。
3. 彼はその素敵な上着をラクシュミー・ロードの店で買った。
4. 彼らは我々旅行者を温かく迎えてくれた。
5. 彼らは試合に勝ったのですか、それとも負けたのですか？
6. 彼女は父親の言い付けを忠実に守った。

第10課　食事はしましたか？

7. 病人は牛乳と一緒にこの薬を飲んだ。
8. 彼女の弟が彼女の本を全部隠したのか？
9. その愚かな少年はこんなに簡単な問題の答えすら忘れた。
10. 母はそのショッキングなニュースを子供達に話さなかった。
11. 彼女は多くの聴衆の前で堂々とピアノを弾いた。
12. 昨晩、州首相は緊急に州知事と面会した。
13. 一昨日、私 (f) は彼と電話で話しました。
14. 有権者は与党を支持した。
15. 私は自分の過ちについて彼に許しを請うた。
16. 彼は何事も気にしなかった。
17. 親戚の人々は彼を大いに誉めた。
18. こんなふうにそのずるい商人は素朴な村人たちを騙した。

第11課　धडा अकरावा
何をしているのですか？
तुम्ही काय करत आहात ?

【学習事項】

進行形．分詞＋コピュラ動詞による動詞表現．完了形．

【基本文 11 − 1】

1. मी आजचं वर्तमानपत्र वाचतेय.

   私は今日の新聞を読んでいるところです。

2. तो आता काही करत नाहीय.　彼は今何もしていません。

3. आम्ही तिच्या वडिलांशी बोलत होतो.

   私達は彼女のお父さんと話をしていた。

4. त्या उद्या यावेळी बाजारात खरेदी करत असतील.

   彼女らは明日の今ごろ市場で買物をしているでしょう。

【文法 11 − 1】

1. 進行形現在（Ⅰ型）

　進行形現在は基本的に「現在形＋コピュラ動詞・基礎活用・現在」で表現されます。जाणे を使って進行形現在を表にすると次のようになります。

— 142 —

第11課　何をしているのですか？

		単　数	複　数
1人称	男性形	मी जातो आहे	आम्ही जातो आहोत
	女性形	मी जाते आहे	
2人称	男性形	तू जातो आहेस	तुम्ही जाता आहात
	女性形	तू जाते आहेस	
3人称	男性形	तो जातो आहे	ते / ती / त्या　जात आहेत
	中性形	ते जातं आहे	
	女性形	ती जाते आहे	

　上の形は話し言葉において、よく動詞が一つにまとまった融合形になります。

		単　数	複　数
1人称	男性形	मी जातोय	आम्ही जातोय
	女性形	मी जातेय	
2人称	男性形	तू जातोयस	तुम्ही जाताय
	女性形	तू जातेयस	
3人称	男性形	तो जातोय	ते / ती / त्या　जातायत
	中性形	ते जातंय	
	女性形	ती जातेय	

　3人称・単数・中性形は「中性母音」が語中に現れる形になるので、発音に注意が必要です。

2. 進行形現在（Ⅱ型）

上の形の他に、進行形現在はもう一つの形を持っており、「未完了त分詞＋コピュラ動詞・基礎活用・現在」で表現されます。意味はⅠ型とまったく同じですが、書き言葉ではⅡ型が使われます。この型は複数形に融合形があります。

	単　数	複　数
1人称	जात आहे	जात आहोत (जाताहोत)
2人称	जात आहेस	जात आहात (जाताहात)
3人称	जात आहे	जात आहेत (जाताहेत)

3. 進行形現在の否定形

進行形現在の否定形は、すべてⅡ型に **नाही** を使う形になります。

	単　数	複　数
1人称	जात नाही आहे (जात नाहीय)	जात नाही आहोत (जात नाहीयोत)
2人称	जात नाही आहेस (जात नाहीयस)	जात नाही आहात (जात नाहीयात)
3人称	जात नाही आहे (जात नाहीय)	जात नाही आहेत (जात नाहीयत)

（　）は **नाही** とコピュラ動詞の部分が融合した形で、主に話し言葉で使われます。

4. 進行形過去

進行形過去の形は進行形Ⅱ型と同形で「未完了त分詞＋コピュラ動詞・基礎活用・過去」となります。融合形はありません。

第11課　何をしているのですか？

( ) は否定形におけるコピュラ動詞の形です。2人称・複数はतが付く形の方が一般的です。

		単　数	複　数
1人称	男性形	जात होतो (नव्हतो)	जात होतो (नव्हतो)
	女性形	जात होते (नव्हते)	
2人称	男性形	जात होतास (नव्हतास)	जात होतात (नव्हतात)
	女性形	जात होतीस (नव्हतीस)	जात होता (नव्हता)
3人称	男性形	जात होता (नव्हता)	जात होते (नव्हते)
	中性形	जात होतं (नव्हतं)	जात होती (नव्हती)
	女性形	जात होती (नव्हती)	जात होत्या (नव्हत्या)

5．進行形未来

進行形未来の形は進行形Ⅱ型と同形で「未完了त分詞＋コピュラ動詞・未来形」となります。意味は現在または未来に進行する状態、行為の推測（〜しているだろう）です。融合形はありません。( ) は否定形におけるコピュラ動詞の形です。

	単　数	複　数
1人称	जात असेन (नसेन)	जात असू (नसू)
2人称	जात असशील (नसशील)	जात असाल (नसाल)
3人称	जात असेल (नसेल)	जात असतील (नसतील)

6. 習慣表現

進行形Ⅱ型は習慣的な行為や状態を意味する表現にもなります。

शाळेत पूर्वी देसाई बाई आम्हाला गणित शिकवत होत्या. आता साठे गुरूजी शिकवत आहेत.

学校では以前デサイ先生が私達に算数を教えておられた。今はサーテー先生が教えておられる。

दहा वर्षांनंतर तुम्ही काय करत असाल ?

10年後君は何をしていることでしょう？

【基本文 11 - 2】

1. तो आज इकडे येणार आहे का ?

   彼は今日こちらへ来る予定ですか？

2. ती आता काही करत नसेल.

   彼女は今何もしていないだろう。

3. आम्ही तिच्या वडिलांशी बोललो आहोत.

   私達は彼女のお父さんに話してあります。

4. त्यांनी अजून खरेदी केली नसेल.

   彼らはまだ買物をしていないだろう。

【文法 11 - 2】

1. 分詞＋コピュラ動詞による動詞表現

未来分詞、未完了分詞（त 分詞）、完了分詞（ला 分詞）と助

第11課　何をしているのですか？

動詞的用法のコピュラ動詞を組み合わせて、様々な動詞表現を行います。なお、この表現ではコピュラ動詞の未来形は推測の意味になります。

２．未来分詞＋コピュラ動詞

この形は「未来表現Ⅱ」（【文法７－２】の１）になります。

１）コピュラ現在

　　　तो जाणार आहे.　彼は行く予定です。

２）コピュラ過去

　　　तो जाणार होता.　彼は行く予定だった。

３）コピュラ未来

　　　तो जाणार असेल.　彼は行く予定でしょう。

３．未完了分詞（त分詞）＋コピュラ動詞

この形は「進行形Ⅱ」になります。また、この形は習慣表現にもなります。

１）コピュラ現在

　　　तो जात आहे.　彼は行きつつある。（習慣的に）行く。

２）コピュラ過去

　　　तो जात होता.

　　　彼は行きつつあった。（習慣的に）行くのだった。

３）コピュラ未来

　　　तो जात असेल.

　　　彼は行きつつあるでしょう。（習慣的に）行くでしょう。

4．完了分詞（ला 分詞）＋コピュラ動詞

この形は「完了形」になります。「完了形」は行為や状態の完了、完了後の結果や状態、経験などを表します。

4－1．自動詞

1）コピュラ現在

तो गेला आहे．彼は行った。

（行ったから、もういない。行ったことがある。）

否定形　तो गेला नाही आहे．彼は行っていない。

（行ったことがない。）

2）コピュラ過去

तो गेला होता．彼は行ったのだった。

（行ったから、もういなかった。行ったことがあった。）

否定形　तो गेला नव्हता．彼は行ってなかった。

（行ったことがなかった。）

3）コピュラ未来

तो गेला असेल．彼は行っただろう。

（行ったから、もういないだろう。行ったことがあるだろう。）

否定形　तो गेला नसेल．彼は行かなかっただろう。

（行ったことがないだろう。）

4－2．他動詞

1）コピュラ現在

त्याने केलं आहे．彼はした。

第11課　何をしているのですか？

　　　　　　（してしまった後だ。したことがある。）

　　　否定形　त्याने केलं नाही आहे.　彼はしていない。

　　　　　　（したことがない。）

2）コピュラ過去

　　त्याने केलं होतं.　彼はしたのだった。

　　（してしまった後だった。したことがあった。）

　　否定形　त्याने केलं नव्हतं.　彼はしてなかった。

　　　　　　（したことがなかった。）

3）コピュラ未来

　　त्याने केलं असेल.　彼はしただろう。

　　（してしまった後だろう。したことがあるだろう。）

　　否定形　त्याने केलं नसेल.　彼はしなかっただろう。

　　　　　　（したことがないだろう。）

【練習問題11】

Ⅰ．進行形（現在形は話し言葉と書き言葉）で言いなさい。

1．君(m)は今何をしていますか？

　　マラーティー語の勉強をしています。

2．彼女はその時何をしていましたか？

　　自分の部屋を掃除していました。

3．ラームクンドではたくさんの人が沐浴をしていました。

4．先ほどから空に黒い雲が見えています。

5. 校庭で子供達が楽しそうに何かゲームをしています。

6. 彼ら二人は今ごろ湖のほとりを散歩していることでしょう。

Ⅱ. 分詞とコピュラ動詞の組み合わせで言いなさい。

1. 彼は明日コーラープールに行く予定なのだろう。

2. 労働者達は昼までに工場に到着する予定だった。

3. 彼女は今ムンバイで幸せに暮らしていることでしょう。

4. 去年、君はどこで働いていましたか？

5. 彼らは今頃はもうアウランガーバードに着いたでしょう。

6. 彼女はアジャンターに行ったことがあるのですか？

7. お前は何も間違ったことはしていない。

8. 君はあの本はもう読みましたか？

9. あの時、この橋のたもとで私 (m) は彼女と出会ったのだった。

10. 君はまだお父さんに試験の結果について話してないのか？

第12課　धडा बारावा
何人兄弟ですか？
तुम्हाला किती भावंडं आहेत ?

【学習事項】

与格構文．हवा．पाहिजे．नको．

【基本文 12 − 1 】

1. मला एक भाऊ व दोन बहिणी आहेत．
   私には兄が一人と姉妹が二人います。
2. या घराला दक्षिणेच्या बाजूस दोन दारं आहेत．
   この家は南側に二つ扉がある。
3. टेबलाला सामान्यतः चार पाय असतात．
   テーブルは普通4本脚である。
4. दहाला पाच मिनिटं कमी आहेत．　10時5分前です。

【文法 12 − 1 】

1．与格構文

　与格の一般的な用法は第8課などで学びました。ここでは与格構文を学びます。与格構文とは、ことがらが生じる主体（意味上の主語）が与格となる表現で、特定の動詞とともに用いられます。

— 151 —

2．与格構文（Ⅰ）コピュラ動詞

主に「AにはBがある」という意味の文において、コピュラ動詞とともに使われます。また、1）と2）の用法では主に数量について言います。

1）親族関係

तुम्हाला किती मुलं आहेत ?　お子さんは何人ですか？
मला एक मुलगा आणि दोन मुली आहेत.

息子一人と娘二人です。

2）全体と部分、付属的存在、身体の一部

या खोलीला तीन खिडक्या आहेत.

この部屋には三つ窓がある。

नदीला खूप पाणी होतं.　川にはたくさん水があった。
या झाडाला बरीच पानं आहेत.

この木にはたくさん葉っぱがある。

गाईला दोन शिंगं असतात.　牛には2本角がある。

3）時間の有無

तुम्हाला वेळ आहे का ?　時間がおありですか？
उद्या मला सवड नाही.　明日、私は暇がありません。
त्याला घाई होती.　彼は急いでいた。

4）所要、必要

त्यांना नेहमी काम असतं.　あの方はいつも用事がある。
मला याची गरज नाही.　私はこれは要りません。

第 12 課　何人兄弟ですか？

5）生理、病気

तुम्हाला पडसं आहे का ?　風邪をひいているんですか？

तिला पोटदुखी आहे.　彼女は腹痛の持病がある。

6）知覚、感情

मला काहीही माहीत / ठाऊक नव्हतं.

私は何も知らなかった。

तिला आईच्या आजाराची काळजी होती.

彼女は母親の病気が心配だった。

【基本文 12 − 2】

1. **तिला दुःख होईल.**　彼女は悲しむだろう。
2. **आपल्याला इंग्रजी येतं का ?**　あなたは英語が分かりますか？
3. **जपानी लोकांना भारतीय जेवण फार तिखट लागतं.**

　　日本人にはインドの料理はとても辛く感じられます。
4. **तुम्हाला काय वाटतं ?**　どう思いますか？

【文法 12 − 2】

1．与格構文（Ⅱ）

　コピュラ動詞以外の動詞を用いる表現です。多くは知覚、感情、接触、獲得などの意味を表す自動詞です。

1）**होणे**（生じる）

तुम्हाला त्रास होणार नाही का ?

あなたは困りませんか？

राजाला मुलगी होईल. 王様に娘が生まれるだろう。

मला पडसं झालं. 私は風邪をひいた。

2) **येणे** (感情、生理の変化、能力の獲得)

तिला ताप आला. 彼女は熱が出た。

त्या परदेशी माणसाला चांगलं मराठी येतं आणि देवनागरी लिपीही लिहिता येते.

あの外国人はマラーティー語がよく分かり、デーウナーグリー文字も書くことができます。

(この形の文では、言語を表す語の性が例外的に中性になることがあります。**चांगली मराठी येते** と女性形で言うことも可能です。なお、未完了 **ता** 分詞の用法は第13課参照)

तुम्हाला गाडी चालवता येते का ?

車の運転ができますか？

3) **मिळणे** (獲得)

तिथं तुम्हाला काही मिळणार नाही.

そこで君は何も得られないだろう。

तुमच्या बहिणीला दिल्लीमधे चांगल्या साड्या मिळाल्या.

君の姉さんはデリーで良いサリーを手に入れた。

4) **लागणे** (感覚、必要、所要)

मला तहान लागली आहे. 私は喉が乾きました。

第12課　何人兄弟ですか？

आम्हाला या कामासाठी पुष्कळ पैसे लागतील.
この仕事にはたくさんお金が要るだろう。
तुम्हाला किती वेळ लागेल ?
どれほど時間がかかりますか？

5) जमणे（可能）
मला मराठीचे उच्चार अजून तितकेसे जमत नाहीत.
私はマラーティー語の発音がまだあまりうまくできません。

6) वाटणे（印象、気分）
तुम्हाला भीती वाटते का ?　怖いですか？
तिला बरं वाटत नव्हतं.　彼女は気分が良くなかった。
तिला त्याची वागणूक बरी वाटली नाही.
彼女は彼の振舞いを良く思わなかった。

7) आवडणे（好み）
आपल्याला भारतीय जेवण आवडतं का ?
インド料理はお好きですか？
तुम्हाला चहा आवडतो की कॉफी ?
あなたはお茶が好きですか、それともコーヒーですか？

8) その他の動詞
मला फार सुंदर दृश्य दिसतंय. तुम्हाला का दिसत नाही ?
私にはとても綺麗な景色が見えますよ。あなたにはどうして見えないんですか？
तुम्हाला हा धडा समजला का ?

この課は分かりましたか？

ती वस्तू त्याला सापडली नव्हती.

その品物は彼には見当たらなかった。

तिथं मला एक जुना मित्र भेटला.

そこで私は一人の旧友に出会った。

मागाहून तिला आपली चूक कळेल.

あとで彼女は自分の間違いに気付くでしょう。

त्याला आता काहीही आठवत नाही.

彼はもうまったく何も覚えていない。

त्याला विदेशी सायकल परवडणार नाही.

彼は外国製の自転車は買えないでしょう。

तिला लालभडक साडी खूप शोभते.

彼女には真っ赤なサリーがよく似合う。

घर शोधणं तुम्हाला कठीण गेलं नाही का ?

家を探すのは難しくなかったですか？

(不定詞の用法については、第13課参照)

【基本文 12−3】

1. तुम्हाला काय हवंय ? / तुम्हाला काय पाहिजे ?

   何が必要ですか？

2. मला आता काही नको. もう何も要りません。

3. मला काही चांगल्या मराठी कादंबऱ्या पाहिजे होत्या.

第 12 課　何人兄弟ですか？

私は何冊か面白いマラーティーの長編小説が欲しかった。

【文法 12 － 3】
与格構文（Ⅲ）हवा と पाहिजे

हवा と पाहिजे は「欲しい、必要だ」の意味を表す最も普通の語彙です。意味上の主語は与格になります。

1．हवा の用法

हवा は形容詞と同じように変化しますが、複数形では त の付く形が多く使われます。

　　मला चहा हवा.　私はお茶が欲しい。

　　तुला दूध हवं का？　牛乳は要るかい？

　　मला थोडीशी साखर हवी.　砂糖が少し必要です。

　　त्यांना हजार रुपये हवेत / हवे.

　　彼らは 1000 ルピー必要としている。

　　आम्हाला इथं लहानशी दोन टेबलं हवीत / हवी.

　　ここに小さなテーブルが二つ要ります。

　　तुम्हाला आणखी किती खुर्च्या हव्यात / हव्या？

　　椅子はあといくつ必要ですか？

以上の例のように हवा で文を終えることができますが、コピュラ動詞を付けることも少なくありません。その場合には短縮形になることがしばしばあります。複数形の त の付く形はこの短縮形と同じです。

— 157 —

基礎マラーティー語

	単 数	複 数
男性形	हवा आहे → हवाय	हवे आहेत → हवेत
中性形	हवं आहे → हवंय	हवी आहेत → हवीत
女性形	हवी आहे → हवीय	हव्या आहेत → हव्यात

必要とされるものが人の場合、次のようになります。いずれも「私には君が必要だ」という意味です。

मला तू हवास.　मला तू हवीस.

मला तुम्ही हवे आहात.　मला तुम्ही हव्या आहात.

2．पाहिजे の用法

पाहिजे には性の区別がなく、数のみ区別します。

मला चहा / दूध / साखर पाहिजे.

私はお茶 / 牛乳 / 砂糖が欲しい。

तुम्हाला किती कप / टेबलं / खुर्च्या पाहिजेत ?

あなたはいくつのカップ / 机 / 椅子が必要ですか？

主に書き言葉で、पाहिजे に आहे または आहेत を付けて数を区別する言い方もあります。

मला एक टेबल पाहिजे आहे.　私は一つ机が必要です。

मला दोन टेबलं पाहिजे आहेत.　私は二つ机が必要です。

また、人の場合は मला तू पाहिजेस. मला तुम्ही पाहिजे आहात. などとなります。

第 12 課　何人兄弟ですか？

3．過去と未来

हवा や पाहिजे の文を過去や未来にするには、普通、コピュラ動詞を過去や未来に変えます。

मला चहा हवा होता.　私はお茶が欲しかった。

त्याला चहा हवा असेल.　彼はお茶が欲しいのだろう。

त्यांना हजार रुपये पाहिजे होते.

彼らは 1000 ルピー必要だった。

त्यांना हजार रुपये पाहिजे असतील.

彼らは 1000 ルピー必要でしょう。

4．否定形

「要らない」の意味では単数 नको 、複数 नकोत を使います。コピュラ動詞を併用する場合は単・複とも「नको ＋コピュラ動詞」という形になります。話し言葉ではしばしば短縮形（単数 नको आहे ＝ नकोय、複数 नको आहेत ＝ नकोयत）になります。

मला चहा नको / नकोय.　私はお茶は要らない。

तिला तू नकोस.　彼女は君を必要としていない。

मला चहा नको होता.　私はお茶は要らなかった。

आम्हाला ती फळं नकोत.　我々はそれらの果物は要りません。

त्याला गरम कपडे नको असतील.

彼は暖かい服は要らないでしょう。

5．完了 ला 分詞＋ पाहिजे

この形は「～すべきである」という義務を表します。以下の三

つの文型があります。

1) 与格 + 完了 ला 分詞 + पाहिजे

行為者（意味上の主語）が与格（ला格）になる文型です。行為者の意志より行為を行なう義務の方を強調する表現です。

मला त्याच्याकडे आताच गेलं पाहिजे.

私は彼のところへ今すぐ行かねばなりません。

त्याला आजच हे काम संपवलं पाहिजे.

彼は今日中にこの仕事を終わらせねばならない。

この構文の否定形は **नाही पाहिजे** となります。なお、否定文では行為者に言及しない場合が多く、行為者を明示する場合は、普通、具格の構文（次項）が使われます。

(त्याला) असं काम केलं नाही पाहिजे.

（彼は）こんなことをすべきじゃない。

なお、【文法12 – 2】のような与格構文が **नाही पाहिजे** の形になる場合があります。その形はこの構文の否定形のように見えますが、意味は具格構文の否定文に近くなります。

त्याला हे कळलं नाही पाहिजे.

彼にこんなことは知られたくない。

2) 具格 + 完了 ला 分詞 + पाहिजे

行為者（意味上の主語）が具格（ने格）になる文型です。この文型では行為者が強調されます。また行為者への期待や忠告が込められる場合もあります。

第 12 課　何人兄弟ですか？

त्याने मला भेट दिली पाहिजे होती.

彼が私に面会すべきだった。

हे माझं काम आहे. मीच केलं पाहिजे.

これは私の仕事です。私がしないといけないんです。

この構文の否定形は **नाही पाहिजे** となりますが、禁止の命令や強い忠告の語感があります。

त्याने असं बोललं नाही पाहिजे.

彼がそんなことを言うべきではない。

तुम्ही असं केलं नाही पाहिजे.

あなたにそんなことをして欲しくない。

3）主格＋完了 **ला** 分詞＋**पाहिजे**

意味上の主語に主格が用いられる文型もあります。

तो आला पाहिजे.　彼は来るべきだ。そろそろ来るはずだ。

काम लवकर झालं पाहिजे.

仕事は早く仕上げてもらいたい。

この文型では、行為者（意味上の主語）の意志は問題ではなく、「彼が来る」とか「仕事が早く仕上がる」という事実が必然的に生じるべきだという意味になります。

【練習問題 12】

次の文をマラーティー語にしなさい。

1. その老婆には一人息子がいたが、彼女はもうその子のことを全く覚えていない。
2. 三角形には三つの辺がある。
3. この種類の鹿は大きな角を持っています。
4. そのことについては私は確信がなかった。
5. そのことは誰の利益にもなることではなかった。
6. 夜中に赤ん坊はひどい熱を出した。
7. 彼は彼女よりもっと遅れるでしょう。
8. うちの娘は家内より料理がうまいんです。
9. 昨日の夜は暑くて眠れなかった。
10. 実を言うと、その時私には彼女の顔ははっきり見えなかった。
11. 私は8ルピー50パイサの切手が5枚欲しい。
12. 私はマハーラーシュトラの歴史に関する何か良い本が欲しい。
13. 私はあなたの愛だけが欲しいのです。他には何も要りません。
14. あなたは明日きっと来るべきです。
15. 私達は彼らも呼ばないといけませんか？
16. 君はそのバスに乗るべきじゃなかった。

第13課　धडा तेरावा
早起きは良い習慣です。
सकाळी लवकर उठणं चांगली सवय आहे.

【学習事項】

不定詞．未完了分詞（त 分詞，ता 分詞，ताना 分詞）．णारा 分詞．

【基本文 13 − 1】

1. त्याचं बोलणं मला पटलं नव्हतं.

    彼の話は私には納得できなかった。

2. गाडी चालवणं येवढं अवघड नाही.

    車の運転はそんなに難しくない。

3. आता माझ्या तिथे जाण्यात काही अर्थ नाही.

    今更私がそこに行っても何にもならない。

【文法 13 − 1】

1. 不定詞の用法

    1）不定詞は中性名詞として使われます。不定詞の否定は न で表されます。

     बसने जाणं सगळ्यात उत्तम होतं.

      バスで行くのが一番良かった。

अशा परिस्थितीत काही न बोलणं योग्य नाही.

こんな状況の中で何も言わないのは良くない。

2) 不定詞に対する意味上の主語（行為者）は普通属格で表されます。意味上の主語が人でない場合は主格のままです。

त्याने माझं म्हणणं ऐकलं नाही.

彼は私の言うことを聞かなかった。

त्याच्याकडून पत्र येणं बंद झालं.

彼から手紙が来ることは止んだ。

3) 不定詞の意味上の主語が具格になることがあります。その場合は行為者が強調されます。

तुम्ही हे लक्षात ठेवणं आवश्यक आहे.

（他ならぬ）君がこれを意識しておくことが必要だ。

अशा वेळी त्याने जाणं बरं नाही.

こんな時に（他ならぬ）彼が行くのは良くない。

4) 名詞扱いなので、後置詞も普通名詞と同じように接続します。

हे पिण्याचं पाणी नाही.　これは飲み水ではない。

मी मराठी शिकण्यासाठी पुण्याला जाईन.

私はマラーティー語を勉強しにプネーへ行くでしょう。

मुंबईला येण्यापूर्वी मी दिल्लीत दोन दिवस मुक्काम केला.

ムンバイに来る前に私はデリーに2日間滞在した。

5) その他の用法

हा आंबा खाण्यासारखा नाही.

第 13 課　早起きは良い習慣です。

このマンゴーは食べるに値しない。

हे काम माझ्याने होण्यासारखं नाही.

この仕事は私にはできそうもない。

त्या दिवसांत मला दर रोज तिथे जाणं भाग होतं.

当時私は毎日そこへ行かねばならなかった。

मला पुष्कळदा त्याला भेटणं भाग पडतं.

私は度々彼と会わねばならない。

मला त्याचं शंभर रुपये देणं आहे.

私は彼に 100 ルピー借金がある。（名詞になっている）

असा आरोप काँग्रेस पक्षातर्फे करण्यात आला.

こういう非難が会議派によってなされた。

（受身形については第 20 課参照）

【基本文 13 − 2】

1. तो अचंबितपणे माझं तोंड बघत राहिला.

　　彼は驚いて私の顔をじっと見ていた。

2. टी.व्ही. बघता बघता मला झोप आली.

　　テレビを見ているうちに眠くなった。

3. तो रस्त्याने जाताना इकडे तिकडे बघत होता.

　　道々彼はあちこち見ていた。

4. इथे मराठी बोलणारे किती लोक आहेत ?

　　ここにマラーティー語を話す人は何人いますか？

【文法 13 − 2】

1. त 分詞（未完了 त 分詞）

　未完了分詞のうちの त 分詞については、現在時制のところで触れました（第8課）。ここではその他の用法について述べます。

1）「～しながら」

　「～しながら」という意味で、述語動詞に付随する行為を表します。

　　तो कसा आला ? तो पळत आला.

　　彼はどうやって来ましたか？　彼は走って来ました。

　　मी रोज शाळेत चालत जातो.

　　私は毎日学校へ歩いて行きます。

　　ती माझ्याकडे पाहत म्हणाली.

　　彼は私の方を見ながら言いました。

2）分詞を繰り返す

　　1）と同じ意味を表し、分詞を繰り返す用法もあります。

　　तो रडत रडत म्हणाला.　彼は泣きながら話した。

　　तो म्हातारा हसत हसत काठी टेकत आला.

　　その老人は笑いながら杖をつきつつやって来た。

　　तुम्ही मघापासून भीत भीत काय बघताहात ?

　　君は先程から恐そうに何を見ているんだね？

3）継続表現

　　特定の動詞とともに用いられ、継続を表します。

第 13 課　早起きは良い習慣です。

a)「त 分詞 + येणे」は「〜してくる」という意味で、普通、完了形や過去形になります。

　　मी लहानपणापासून त्यांच्याबद्दल ऐकत आलेय.

　　私は小さい頃からあの方について聞いてきました。

b)「त 分詞 + जाणे」は「〜していく」という意味になります。

　　मी आजपासून रोज तुमच्यासाठी हा पदार्थ बनवत जाईन.

　　今日から毎日あなたのためにこの料理を作ってあげましょう。

　　＊आपणास भारतामधून काही पुस्तक किंवा काही माहिती हवी असेल तर कळवीत जाणे.

　　もしインドから本とか情報が必要なら（これからも）お知らせ下さい。（不定詞は手紙などに時々見られる丁寧な命令の用法。いささか古風。）

c)「त 分詞 + राहणे」は「〜し続ける」という意味になります。

　　तो दोन तास पुस्तक वाचत राहिला.

　　彼は 2 時間本を読み続けた。

d)「त 分詞 + बसणे」も「〜し続ける」という意味で、「त 分詞 + राहणे」と同じ意味です。

　　ती नाइलाजाने दोन तास पुस्तक वाचत बसली.

　　彼女は仕方なく 2 時間本を読み続けた。

e) その他

— 167 —

सारं गाव पाटलाच्या घराकडे पळत सुटलं.

村中の人が村長の家に向かって走った。

संध्याकाळ झाली. अंधार पडत चालला.

夕方になり、次第に暗くなった。

4) 慣用的表現

माझ्या डोळ्यांदेखत ते घडलं.

私の目の前でそれは起こった。

तो अडखळत अडखळत म्हणाला.

彼はつっかえつっかえ言った。

तिच्या नकळत समारंभाला सुरुवात झाली.

彼女が知らないうちに式典が始まった。

2. ता 分詞 (未完了 ता 分詞)

ता 分詞 (未完了 ता 分詞) は不定詞の語幹に語尾 ता を付けて作ります。この分詞には語尾が変化する用法と変化しない用法の2種類あります。(語源的に異なるためです。)

1) 変化用法 (形容詞と同じように変化します。)

a) 形容詞的修飾語として

येता महिना फार थंडीचा आहे.

来月はとても寒い月です。

धावत्या वाहनांतून उतरू नका.

走っている乗り物から降りてはいけません。

b) 自動詞 होणे とともに用いて、行為の完了を表します。

第13課　早起きは良い習慣です。

आताच्या आता इथून चालती हो.

今すぐここから出ていきなさい。(女性に対して)

पोलिसांच्या दमदाटीमुळे चोर सगळं बोलता झाला.

警察に絞られ泥棒はすべてを吐いた。

c) 名詞として

बुडत्याला काडीचा आधार.

溺れる者に藁の支え。(溺れる者は藁をも摑む。)

नावडतीचं मीठ अळणी.　好かぬ女房の塩加減は水臭い。

(坊主憎けりゃ袈裟まで憎い。)

2) 不変化用法

a)「ता 分詞 + येणं」で可能の意味を表します。(→【文法 12 - 2】)

त्याला मराठी बोलता येतं व लिहितापण येतं.

彼はマラーティー語を話せるし書くこともできる。

उद्या मला येता येणार नाही.　明日私は来れません。

b) वाजता は時刻「～時に」を表します。

तो तीन वाजता इथं येणार आहे.

彼は3時にここへ来る予定です。

तुम्ही सकाळी किती वाजता उठता ?

あなたは朝何時に起きますか?

c)「न + ता 分詞」は「～しないで」の意味になります。

तो माझ्याकडे न बघता फक्त तिच्याकडे का बघतो ?

彼は私の方を見ないで彼女の方ばかりなぜ見るのですか?

गोंधळ न करता अभ्यास करा.

騒がしくしないで勉強しなさい。

d) 繰り返し用いて、「〜している時に」の意味を表します。述語動詞はその時付随的に生じたことを示します。

पळता पळता ती पडली. 走っていて彼女は倒れた。

पेंगता पेंगता एकाएकी त्याला आठवण झाली.

うとうとしていて突然彼は思い出した。

e) その他の用法

「**ता** 分詞 + **कामा नये**」は「〜すべきではない」という意味になります。

एकाच वेळी एवढं जास्त खाता कामा नये.

いっぺんにこんなにたくさん食べてはいけません。

「**ता** 分詞 + **च / क्षणी(च)**」は「〜するやいなや」という意味になります。未完了分詞が他動詞の場合、分詞の意味上の主語は具格になります。

ही बातमी ऐकताच तो घाबरला.

この知らせを聞くと、彼は動転した。

तिने मान वर करताच सरांनी तिला प्रश्न विचारला.

彼女が顔を上げると、先生は彼女に質問した。

f) 慣用句的用法

第13課　早起きは良い習慣です。

　　　　पाहता पाहता（見る見るうちに）
　　　　हां हां म्हणता（あっという間に）
　　　　खरं म्हणता（実を言うと）
　g）असताの用法は第24課参照。
3．ताना 分詞（未完了 ताना 分詞）
　ताना 分詞（未完了 ताना 分詞）は不定詞の語幹に語尾 ताना を付けて作ります。語尾は変化しません。用法は以下の通りです。
　1）「〜している時に」
　　　副詞的に「〜している時に」という意味を表します。
　　　　ती काम करताना नेहमी गाणं म्हणते．
　　　　彼女は仕事をしている時にいつも歌を歌います。
　　　注）ती काम करता करता नेहमी गाणं म्हणते．と同じ意味
　　　　　になります。
　　　　गाडी चालवताना मोबाइल वापरू नकोस．
　　　　車を運転している時に携帯電話を使いなさんな。
　2）「見る」「聞く」などの動詞と共に
　　　「見る」「聞く」などの動詞と共に用いられ、「〜しているのを見る / 聞く」という意味になります。その場合、ताना 分詞の行為者（人）は与格で表されます。
　　　　मी त्याला येताना पाहिलं．　私は彼が来るのを見た。
　　　この文は通常、上のように解釈しますが、「私は彼を、来る時に見た」と解釈することも可能です。मी येताना

त्याला पाहिलं. という語順にすると、「私は来る時に彼を見た」という意味になります。(येताना の次に間を置いて言うと、更に確実です。) 行為者が動物や物の場合、主格で表現されることが多く見られます。

मी गाय चरताना पाहिली. (= मी गाईला चरताना पाहिलं.)

私は牛が (牧草地で) 草を食べているのを見た。

मी त्याचं घर जळताना पाहिलं.

私は彼の家が燃えているのを見た。

3) その他の用法

काम करतानाचा त्याचा अनुभव निराळा होता.

仕事中の彼の経験は一風変わっていた。

(「分詞 + असताना」の用法は第 24 課参照)

4. णारा 分詞

णारा 分詞は不定詞の語幹に語尾 णारा を付けて作ります。語尾は形容詞のように変化します。「〜する、している」などの意味を付加して、不定詞に形容詞的性格を与えます。また、「〜する人」という意味で名詞としても使われます。

तो मराठी बोलणारा माणूस आहे.

彼はマラーティー語を話す人です。

तो माणूस मराठी बोलणारा आहे.

あの人物はマラーティー語を話す人です。

वाद्य वाजवणाऱ्याला वाजंत्री म्हणतात.

第13課　早起きは良い習慣です。

楽器を鳴らす人を演奏家という。

【練習問題13】

Ⅰ．下線部に不定詞を用いてマラーティー語にしなさい。
 1．彼の言う通りに、私は自分の決心を家族に打ち明けた。
 2．言うは易く、行なうは難し。
 3．煙草を吸うのは健康に良くない。
 4．私はホテルに滞在するだけのお金を持っていなかった。
 5．その青年は都会育ちだったので、最初、田舎で暮らすのは容易でなかった。
 6．インドの人口問題については社会学的観点からも研究する必要がある。
 7．原子爆弾を作ることによってインドにどんな利益があったのですか？
 8．現在の民主主義が有効になるためには多くの改革が必要です。
 9．その出来事について彼に知らせない訳にはいかなかった。
 10．マハーラーシュトラで一般の人達と付き合うためにはあなたはマラーティー語を学ばねばならないでしょう。

Ⅱ．下線部に未完了分詞を用いてマラーティー語にしなさい。
 1．手に持った砂糖黍を食べながら私は道を歩いていた。
 2．そのお役人は村人達に次から次へと質問をしていきました。
 3．自分の気持ちに反して私 (f) は彼にお金を与え続けた。

— 173 —

4．二人は<u>午後9時</u>に家を出た。

5．緑色は私の<u>好きな色</u>です。

6．彼女は学校教育が<u>終わればすぐに</u>家を出る決心をしていた。

7．こういう花は簡単には<u>たどり着けない</u>ような山の中でしか見かけられません。

8．君は猫が鼠を<u>捕まえるのを</u>見たことがありますか？

9．川に落ちる雨を<u>見て歩いていると</u>、僕は学校にいた頃を思い出した。

10．私が<u>プネーに</u>いる時、家内が娘と一緒にプネーに来ました。

Ⅲ．下線部に णारा 分詞を用いてマラーティー語にしなさい。

1．多分私の回りにはこのことを<u>知っている人</u>は一人もいなかった。

2．父は<u>私に必要なお金</u>を前もって叔母に預けていた。

3．<u>篠突く雨</u>の中、夜の12時に我々はプネーに着いた。

4．田舎の生活のこの現実は<u>目を見開かせるもの</u>であった。

第14課　धडा चौदावा
彼女はまだ来ていないようだ。
ती अजून आलेली दिसत नाही.

【学習事項】

完了分詞（ला 分詞, लेला 分詞）.

【基本文 14 – 1】

1. गेला माणूस पुन्हा कसा भेटेल ?

   死んだ人と再び会うことは叶わない。

2. आई गंगानदी पाहिल्यावर फार आनंदित झाली.

   母はガンジス川を見てとても喜んだ。

3. मला तो निघाल्याचं कळलं.　彼が出発したことが分かった。

【文法 14 – 1】

1. 完了 ला 分詞の用法

   1）過去時制や完了時制の主動詞として使われます。（第9、10、11 課参照）

   2）形容詞的用法。形容詞として次に来る名詞を修飾します。

   गेल्या आठवड्यात तो माझ्याकडे आला नव्हता.

   先週彼は私のところに来なかった。

झाकली मूठ सव्वा लाखाची.

言わぬが花。(握った拳は12万5千ルピーの値打ち。)

3) 後置詞を伴う用法

घरी पोचल्यावर त्याला सगळं कळलं.

帰宅して彼にはすべてが分かった。

जेवण केल्यानंतर थोडा वेळ विश्रांती घ्या.

食事のあと少し休憩してください。

मेल्याशिवाय स्वर्ग दिसणार नाही.

死ななきゃ天国は見えません。

分詞の行為者が示される場合、自動詞は主格形、他動詞は具格形になります。

तो गेल्यापासून मला चैन पडत नाही.

彼が行ってしまってから私は気持ちが落ち着きません。

तो जेवल्याने तुझं पोट कसं भरेल ?

彼(夫)が食べたとて、あなたの空腹は満たされないよ。

त्याने पत्र लिहिल्याची अफवा खोटी आहे.

彼が手紙を書いたという噂は嘘です。

तो आल्यास त्याला हे द्या.

彼が来たら、これを渡しなさい。(条件文→第23課)

4) その他の用法

तुम्हाला आज आलंच पाहिजे.

君は今日来ないといけない。(第12課参照)

第 14 課　彼女はまだ来ていないようだ。

तो खुर्चीवर बसल्या बसल्या वाचत होता.

彼は椅子に座ったまま読んでいた。

तो प्रसंग काही केल्या डोळ्यांपुढून हलत नाही.

その場面がどうしても目から離れない。

【基本文 14 − 2】

1. मी शाळेला पोचलो तोपर्यंत वर्ग सुरू झालेला होता.

    僕が学校に着くまでに授業は始まっていた。

2. खाली ठेवण्यापेक्षा टेबलावर ठेवलेलं बरं.

    下に置くよりテーブルの上に置いた方がいい。

3. तो मुलगा फार शिकलेला नाही, पण हुशार आहे.

    その青年はあまり学歴はないが、賢い。

【文法 14 − 2】

1．完了 लेला 分詞の用法

लेला 分詞は不定詞の語幹に語尾 लेला を付けて作ります。語幹の形が変わる場合、その要領は ला 分詞を作るときと同じです。語尾は形容詞のように変化します。基本的に過去に生じたことをその結果や状態の継続として示します。分詞の行為者（意味上の主語）は自動詞は主格で、他動詞は具格で示されます。

1）ある過去よりさらに以前に生じたことの結果や状態（〜してしまっていた）を表します。

मी घरी परत आलो, पण तो आधीच निघालेला होता.

私は家に戻ったが、彼はすでに出発していた。

त्याच्या लक्षात येण्यापूर्वी सगळे पैसे चोरीस गेलेले होते !

彼が気付く前にお金はすべて盗まれていた！

物語などの描写で、単独で述語動詞となる लेला 分詞を続ける用法があります。

पावसाळा सुरू झालेला. विहीर पाण्याने भरलेली.
हिरव्यागार शेतात शेतकऱ्यांचं काम चाललेलं.

雨期が始まり、井戸には水が満ち、青々とした田んぼでは農民が働いていた。

2) 形容詞的用法

तिथे बसलेली बाई कोण आहे ?

あそこに座っている女性は誰ですか？

त्याच्या अंगावर फाटलेले कपडे होते.

彼は破れた服を着ていた。

तिच्या सुरकुत्या पडलेल्या चेहऱ्यावर काही भाव नव्हता.

皺のよった彼女の顔には何の表情もなかった。

मी दिलेलं पुस्तक तू वाचलंस का ?

僕があげた本を君は読んだのか？

मुलांनी आईने केलेले पदार्थ पोटभर खाल्ले.

子供達は母親の作った料理を腹一杯食べた。

注) त्याला चावलेला साप विषारी नव्हता.

第14課　彼女はまだ来ていないようだ。

彼を嚙んだ蛇は有毒ではなかった。

3) लेला 分詞 + बरा（〜したほうがよい）

この表現の語尾変化には注意が必要です。1人称・単数、2人称・単数および3人称のすべては形容詞的に変化します。これに対し、1人称・複数と2人称・複数は中性・単数形（〜लेलं बरं）になります。また、1人称と2人称の各単数もこの中性・単数形を使うことができます。行為者は自動詞には主格、他動詞には具格を使います。

जरा थांब, अशा उन्हात तू बाहेर न गेलेला बरा / न गेलेली बरी / न गेलेलं बरं.

ちょっと待ちなさい。こんな暑い日差しの時には外出しない方がいい。(男 / 女 / 共通)

तुम्ही तिला प्रत्यक्ष सांगितलेलं बरं.

あなたが彼女に直接言った方がいいですよ。(この形のみ)

行為者を強調する時は具格にします。その場合、動詞は中性・単数形になります。

मी जाण्यापेक्षा त्याने गेलेलं बरं.

私が行くより彼が行った方がいい。

4) その他

टपालवाला आलेला दिसतो.

郵便配達はすでに来たようだ。

तुम्ही नवीन सायकल घेतलेली दिसतेय.

君は新しい自転車を買ったようだね。

मला खोटं बोल्ललं मुळीच आवडत नाही.

私は嘘をつくのは大嫌いです。

तिला इतकं भ्यालेलं मी पूर्वी कधी पाहिलं नव्हतं.

彼女がこんなに恐がったのをかつて見たことはなかった。

注) **ती / तिला इतकी भ्यालेली मी पूर्वी कधी पाहिली नव्हती.**

（こういう形も可能。意味は上と同じ。）

【練習問題 14】

Ⅰ. **ला** 分詞を用いてマラーティー語にしなさい。

1. その老いた商人は目に涙を浮かべて若い頃の自分の写真を見詰めていた。
2. ここ数年私 (m) はいつもこのことを考えています。
3. 老婆は疲れた声で身の上話をした。
4. 食事が済んだらすぐに出かけよう。
5. 私 (f) が大きくなってからは私達は引越ししていません。
6. 彼女は実家に戻ったように感じた。
7. こんな花を見た覚えはありません。
8. これら二つに何か違いがあるとは見えない。

Ⅱ. **लेला** 分詞を用いてマラーティー語にしなさい。

1. 政府が決めた政策に野党は激しく反対した。
2. 美しいキモノを着た日本人の娘が雨に困りながら歩いて

第14課　彼女はまだ来ていないようだ。

いた。
3．一昨日彼から来た手紙に私はまだ返事を出していない。
4．去年この県では学校を辞めた者の数がとても減少した。
5．村落部では女性に対する蛮行がまだ減っていない。
6．彼が戻って来る前に祖父は死亡していた。
7．お前にお金をやるくらいならどぶに捨てた方がましだ。
8．彼には会わない方がいい。
9．試合は始まっているようだ。
10．彼が服にこんなにお金を使ったことは私の記憶にはない。

第 15 課　धडा पंधरावा
二人は一緒に仕事を始めた。
दोघे मिळून काम करू लागले.

【学習事項】

ऊ 分詞. ऊन 分詞. 複合動詞.

【基本文 15 − 1】

1. तो अभ्यास करू लागला आहे.　彼は勉強し始めた。
2. उद्या तुम्ही माझ्याकडे येऊ शकाल का ?

　　明日私の家に来られますか？
3. त्यांना येऊ द्या, मग आपण निघू.

　　彼を待ちましょう。それから出掛けましょう。
4. कैदी तुरुंगातून पळू पाहतोय.

　　囚人が牢獄から逃げようとしている。

【文法 15 − 1】

1. ऊ 分詞（意欲分詞）の用法（2）

　ऊ 分詞（意欲分詞）の命令形に付随する用法については第6課で学習しました。ここではその他の用法に焦点を当てます。

　1）ऊ 分詞 + लागणे（開始）

— 182 —

第15課　二人は一緒に仕事を始めた。

काही दिवस आराम केल्यानंतर त्याला बरं वाटू लागलं.

何日か休むと彼は気分が良くなってきた。

तुम्हाला ताप केव्हापासून येऊ लागला ?

熱はいつから出始めましたか ?

2) ऊ 分詞 + शकणे（可能）

उद्या मी आपल्याकडे येऊ शकणार नाही.

明日お伺いできません。

तुम्ही मराठी वाचूही शकता का ?

あなたはマラーティー語を読むこともできるのですか ?

3) ऊ 分詞 + देणे（許可、放任）

त्याने मला जाऊ दिलं नव्हतं.　彼は私を行かせなかった。

ही बघा सारखी रडतेय. मला स्वयंपाक करू देत नाहीय.

この子が、ほら、泣いてばかりいて、私に料理させないんですよ。

この文型で ऊ 分詞 + देत となる表現があります。これは第三者の行為や希望に対し「～させよ、するがいい」と受けて立つようなニュアンスがあります。

त्याला येऊ देत, मग बघू.

（彼が来るのなら）来ればいい。後のことはそれからだ。

4) ऊ 分詞 + पाहणे（意図）

तो मला फसवू पहात होता.　彼は私を騙そうとしていた。

तो टाळाटाळ करू पहात होता, पण मी त्याचं काही चालू

दिलं नाही.

彼は言い逃れをしようとしていたが、私は彼の思い通りにさせなかった。

5) ऊ 分詞 + इच्छिणे (希望)。この表現は堅苦しいので日常会話ではあまり使われません。

त्या या कार्यक्रमात भाग घेऊ इच्छिणार नाहीत.

あの方はこの行事への参加を希望されないでしょう。

6) その他（1）

गोड फार खाऊ नये.

甘いものを食べ過ぎないよう。（第16課参照）

बाजारातल्या कोलाहलात त्याचा आवाज ऐकू आला नाही.

市場の喧騒の中で彼の声は聞こえなかった。

माझा आवाज कुणाला ऐकू गेला नव्हता.

私の声は誰にも聞かれなかった。

7) その他（2） 他品詞への転用

यापुढेही अभ्यास असाच चालू ठेवा.

今後もその調子で勉強を続けなさい。（形容詞）

ही बातमी ऐकल्याबरोबर तिला रडू कोसळलं.

その知らせを聞くと彼女はわっと泣き出した。（名詞）

【基本文 15-2】

1. मुलींनी फुलं वेचून आणली व देवाला वाहिली.

第 15 課　二人は一緒に仕事を始めた。

娘達は花を摘んできて、神様に供えた。

2．तुम्हाला भारतात येऊन किती दिवस झाले ?

あなたはインドに来て何日になりますか？

3．ती विसरून गेली असेल.　彼女は忘れちゃったのだろう。

【文法 15 － 2】
1．ऊन 分詞の用法

ऊन 分詞は不定詞の語幹に語尾 ऊन を付けて作ります。

1 － 1．先行時制分詞

1）ある行為に先行して生じる行為。「～して、～してから」など。

तो सकाळी आंघोळ करून ऑफिसला जातो.

彼は朝沐浴してからオフィスに行きます。

मी जरा जाऊन येतो.　ちょっと行ってきます。

दहा वाजून पाच मिनिटांनी त्या पोचल्या.

10 時 5 分に彼女らは到着しました。

त्याला बोलून काय उपयोग ?

彼を責めて何の役に立ちますか？

त्याने तिला दागिना करून दिला.

彼は彼女に装身具を作って与えた。

2）原因

आईचं पत्र वाचून त्याला दुःख झालं.

母の手紙を読んで彼は悲しくなった。

रामाचा बाण लागून रावण मेला.

ラーマの矢が当ってラーヴァナは死んだ。

3) 先行時制分詞 + **ही / सुद्धा**　「～してもなお」

देश आणि भाषा वेगवेगळ्या असूनही आमची मैत्री कायम राहील.

国と言葉は違っていても私達の友情は不滅です。

4) 同時に進行する行為

ते घेऊन जा / या.　あれを持って行きなさい / 来なさい。

तिने नोकरी करून मुलाला शिकवलं.

彼女は働きながら子供を学校にやった。

मी तुम्हाला वाचून दाखवतो.　君に読んで聞かせましょう。

5) 副詞句になる慣用句用法

फिरून（再び）　**स्वतः होऊन**〔自ら（進んで）〕

खच्चून（ぎゅっと、いっぱい）　**रगडून**（しっかり）

कडकडून（激しく）　**जाणून बुजून**（わざと）

आवर्जून（ぜひとも）

6) **म्हणून** の用法

पुण्यामधे पर्वती म्हणून एक लहानशी टेकडी आहे.

プネーにはパルヴァティーという小さな丘がある。

（**म्हणून** のこの用法は主に話し言葉に用い、書き言葉では **नावाचा** を用います。）

第15課　二人は一緒に仕事を始めた。

तुम्ही आला नाही म्हणून माझी फजिती झाली.

君が来なかったので、僕はさんざんだった。

तू का म्हणून असं केलंस ?

おまえはどうしてこんなことをしたんだ？

１－２．複合動詞

　ऊन 分詞Ａ（意味の主体）と特定の動詞Ｂ（助動詞的役割、文法機能担当）を組み合せて複合動詞とします。Ｂは自己本来の意味から離れてＡに何らかの雰囲気や意味合いを付加します。

１）**ऊन** 分詞（自動詞）＋ **जाणे**

　自然な成り行きの結果としてＡが生じたことやその結果などを強調する言い方です。

　　तीन वाजले.　３時になった。（単独用法）

　　तीन वाजून गेले.　３時になった。（複合動詞）

上のうち単独用法は、「３時になった」と単に伝えるだけで、話者に特別な感慨があるかどうかは、その表現だけでは判明しません。一方、複合動詞の表現では「３時になった」という事態の変化の完了をまず明言し、さらに、その結果に対し話者が何らかの気持ち（３時になって、良かった／困った／驚いた、など）を抱いている可能性があります。

　　चेंडू लागून काच फुटून गेली.

　　ボールが当ってガラスが割れた。

　　कासवाची वाट बघता बघता ससा झोपून गेला.

亀を待っているうちに、兎は寝てしまいました。

त्या धक्क्यामुळे तो पूर्णपणे खचून गेला.

そのショックで彼はすっかり挫けてしまった。

2) ऊन 分詞（自動詞）+ येणे

1) と同様、自然な成り行きとその結果を表しますが、主に感覚や生理現象の変化について言うことが多く、意味上の主語が与格になる構文が多く見られます。

मला थंडी भरून आली. 私はひどい寒気がした。

त्याचा स्वभाव तिला कळून आला.

彼の性格が彼女に分かった / 分かってきた。

3) ऊन 分詞（他動詞）+ टाकणे

Aの強制的な完了を表現する言い方です。

झटपट खाऊन टाक！ はやく食べてしまえ！

मी एका तासात हे काम करून टाकेन.

僕は1時間でこの仕事を片付けちゃうよ。

4) ऊन 分詞（他動詞）+ देणे

他者または物への働きかけを表現します。

तिने ते घाण पाणी फेकून दिलं.

彼女はその汚い水を捨てた。

मी माझी ओळख करून दिली. 私は自己紹介した。

5) ऊन 分詞（自、他）+ घेणे

a) 自分自身への働きかけを表現します。

第15課　二人は一緒に仕事を始めた。

त्याने अगोदर जेवून घेतलं होतं.

彼は先に食事を済ませていた。

b) 受益表現「～してもらう」。時に使役表現「～させる」にもなります。

मित्राला सांगून मुंबईहून पुस्तक पाठवून घेईन.

友達に言ってムンバイから本を送ってもらおう。

त्याने जबरदस्तीने माझ्याकडून हे पत्र लिहून घेतलं.

彼は無理やり私にこの手紙を書かせた。

6) ऊन 分詞（他動詞）+ ठेवणे「～しておく」

मी आता तुम्हाला स्पष्टपणे हे सांगून ठेवते.

今あなたにはっきりこのことを言っておきます。

त्याचा पत्ता लिहून ठेवा.　彼の住所を書いておきなさい。

「思いがけないことをする」という例外的な意味になる用法もあります。

शेवटी त्याने साखरेच्या ऐवजी मीठच आणून ठेवलं.

結局彼は砂糖の代わりに塩を買って来てしまった。

7) ऊन 分詞（自、他）+ होणे「完了」。この構文では行為者は属格で表されます。

माझा त्याला पाच वेळा फोन करून झाला.

私は彼に5回も電話しました。

त्याचं घर बांधून झालं.　彼の家が出来上がった。

（この文の त्याचं は行為者ではありません。）

基礎マラーティー語

8) ऊन 分詞（他動詞）+ सोडणे「放置」

या बातमीने तिला अगदी अस्वस्थ करून सोडलं.

この知らせは彼女をとても不安にした。

9) ऊन 分詞（自、他）+ राहणे「継続」

ती दिवसभर खोलीत पडून राहिली.

彼女は一日中部屋でじっと横になっていた。

【練習問題 15】

Ⅰ. ऊ 分詞を用いてマラーティー語にしなさい。

1. 駅の雑踏の中で彼は友人を探し始めた。
2. 医師の忠告に従って私 (m) は毎日規則的に運動をし始めました。
3. あなた (f) は一人で大学まで行けますか？
4. 体の調子が良くなかったので、私 (m) は学校の弁論大会に出られなかった。
5. その娘は両親すら自分の部屋に入れないのだった。
6. まあいいじゃないか。そういう誤解はよくあるんだ。
7. 泥棒は逃げようとしていたが、我々は逃がさなかった。
8. 私 (m) はディワーリーに田舎に帰りたかったが、市に暴動が起ったので家から外に出られなかった。
9. 子供のために学校の授業料が払えない貧しい人々のためにこの計画が始まりました。

第15課　二人は一緒に仕事を始めた。

10. 私達の趣味が同じと聞いて私は彼女が身近に<u>感じられるようになった</u>。

Ⅱ. <u>ऊन</u> 分詞を用いてマラーティー語にしなさい。

1. 彼の父が<u>亡くなって</u>2年になる。
2. 彼女が朝早く私に<u>電話して</u>この情報を伝えた。
3. 彼は会社の仕事にばかり<u>かまけて</u>いないで、家族にも時間を割くべきである。
4. 店主は店の前に<u>立って</u>、道行く人達を見ていた。
5. その小説を読もうと<u>決めたけれど</u>、時間がなくてまだ実現していない。
6. イギリス支配が<u>終わって</u>何年も<u>経った</u>が、国はその影響からまだ脱していない。
7. 不況が続いているので、社長は10％の労働者を<u>くびにした</u>。
8. 彼らがどう思ったか、私が<u>尋ねましょう</u>。
9. 彼は私に無理やりこの仕事を<u>させた</u>。
10. 彼は<u>間違っても</u>こちらへ顔を出すことはない。
11. 彼は君を待ちながら、僕の目の前で2時間も<u>座っていたんだ</u>。
12. <u>何としても</u>彼にこの仕事を<u>してもらわなければならない</u>。

第16課　धडा सोळावा
核兵器廃絶のため各国は努力すべきである。
अण्वस्त्रमुक्तीसाठी प्रत्येक देशाने प्रयत्न करावेत.

【学習事項】

आवा 分詞.

【基本文 16】

1. प्रत्येकाने वेळेवर काम करावं.

    誰でも時間通りに仕事をすべきである。

2. मी काय करावं नि काय करू नये हे तू मला सांगू नकोस.

    私が何をすべきかすべきでないか、お前は口出しするな。

3. काय! तुम्ही सुद्धा असं म्हणावं?

    何だって！　君までそんなことを言うのか？

4. तुम्हाला पस्तीस नंबरची बस पकडावी लागेल.

    あなたは 35 番のバスに乗らないといけません。

【文法 16】

1. **आवा 分詞**

आवा 分詞は義務、希望、可能性、目的、予測、習慣的過去、その他様々な意味を表すのに用いられます。述語動詞として単独

第16課　核兵器廃絶のため各国は努力すべきである。

で用いられることも、他の動詞と複合して用いられることもあります。形は形容詞のように変化します。

2．आवा 分詞の形

आवा 分詞は不定詞の語幹に आवा を付けますが、一部、語幹が変形するものがあります。

देणे（与える）→ द्यावा　　नेणे（持って行く）→ न्यावा
घेणे（取る）→ घ्यावा　　येणे（来る）→ यावा
पिणे（飲む）→ प्यावा　　भिणे（恐れる）→ भ्यावा
होणे（なる）→ व्हावा　　धुणे（洗う）→ धुवावा
लिहिणे（書く）→ लिहावा
बोलावणे（呼ぶ）→ बोलवावा
रागावणे（怒る）→ रागवावा

3．आवा 分詞の用法

一般の動詞では行為者は具格（ने 格）で表されます。与格を取る動詞の場合は与格になります。分詞の語尾は目的語構文に準じて変化します。

1) 義務的な、あるいは適切な行為「～すべきである、した方がいい」

त्याने हे काम करावं.　彼はこの仕事をした方がいい。
कोणतं पुस्तक वाचावं हे ठरवणं अवघड आहे.
どの本を読むべきかを決めるのは難しい。

これの否定形は ऊ 分詞 + नये / नयेत（単数 / 複数）とな

— 193 —

ります。

माणसाने नेहमी खरं बोलावं, खोटं कधी बोलू नये.

人は常に本当のことを言うべきだ。けっして嘘をつくべきではない。

2) 目的「～するように」。接続詞 **म्हणून** が続くことが多い。

त्याला गुण पडावा म्हणून त्याला इथं आणलं आहे.

彼が元気になるように彼をここへ連れてきた。

मुलाला यश मिळावं म्हणून त्याच्या आईने हे सगळं केलं आहे.

息子が成功するようにと母はこれらすべてのことをしたのである。

3) 要望、願望、希望

मला खूप पैसा मिळावा व एक मोटरही असावी.

うんとお金が入って、車も1台あればいい。

पत्राचं उत्तर अवश्य पाठवावं. 是非ご返事を下さい。

आपण आज आमच्याकडे यावं.

今日私どものところへおいで下さい。

इथे बसावं. ここにお掛け下さい。

4) 驚き、不信（反語的）

आता तुला काय म्हणावं ?

今更、お前に何と言ったらいいか。

अशा प्रसंगी तिने तरी काय करावं ?

こんな場面では彼女だっていかんともしがたい。

— 194 —

第16課　核兵器廃絶のため各国は努力すべきである。

5) 適任、推薦

हे पद त्यानेच म्हणावं.

この歌は彼に歌ってもらいたい。(彼が最適だ。)

पुरणाची पोळी माझ्या आईनेच करावी.

プラン・ポーリーを作るなら僕の母が一番だね。

6) 過去の習慣

रोज सकाळी लवकर उठावं, विहिरीतून पाणी आणावं व गाईची देखभाल करावी असा तिचा नित्यक्रम होता.

毎日朝早く起き、井戸から水を汲んできて、牛の世話をするのが彼女の日課だった。

7) 可能性に対する推測、期待

この用法では動詞は自動詞が多く、主語は主格で表されます。

आता तो घरी असावा.　今彼は家にいる筈です。

आज बहुधा पाऊस पडावा.

今日は恐らく雨が降るでしょう。

उद्या तिचं पत्र यावं.　明日彼女の手紙が来る筈です。

8) **आवा** 分詞 + **लागणे**

義務「～ねばならない / ならなくなる」を表します。行為者は与格になります。

सगळं काम तसंच सोडून त्याला गावी जावं लागलं.

すべての仕事をそのままにして彼は田舎へ帰らねばならなくなった。

— 195 —

त्या युद्धात तरुण मुलांनाही लढावं लागलं.

その戦争では若者達も戦わねばならなくなった。

त्याला उद्याच पैसे द्यावे लागतील.

彼は明日お金を払わねばならないでしょう。

9) आवा 分詞 + असा + वाटणे

「～したいと思う」。असा は आवा 分詞と同じように形容詞的に変化します。なお असा の अ が脱落して सा だけが直接 आवा に接続して आवासा となることもあります。

आता तुम्हाला जावं असं (जावंसं) वाटतं का ?

もう帰りたいですか？

मला कॉफी प्यावीशी वाटते. 私はコーヒーが飲みたい。

10) その他

बायकोने नोकरी करावी हे त्याला आवडलं नाही.

妻が勤めることが彼には気に入らなかった。

त्या गावाला अजून म्हणावी तशी विकासाची गंगा पोचली नाही.

その村には言及するほどの開発の波はまだ届いていない。

第16課　核兵器廃絶のため各国は努力すべきである。

【練習問題16】

आवा 分詞（否定には ऊ 分詞）を使ってマラーティー語にしなさい。

1. いつも良い友達と付き合うべきである。
2. 健康でいるために誰でも早寝早起きをすべきである。
3. 私はとても苦労してこの仕事をしました。お金を貰って当然でしょ。
4. 私はそこへ行かない方がいいとあなたはなぜ言うのですか？
5. 旅行中に歴史的な場所を見ることに我々はなぜいつも惹かれるのだろう？
6. 彼の年齢がいくつか誰にも見当はつかないだろう。
7. 彼女に再婚した方がいいと言ってください。
8. 彼は自分からは来ないでしょう。招待してあげなきゃならないでしょう。
9. 誰でも賞賛するような綺麗な声で彼女は歌い始めた。
10. 人々に道を尋ねながら先へ進もうと私は考えた。
11. 部屋に一人でいる時、しばらく目を閉じているとやがて故郷の古い家が心に浮かんでくるということが何度もあった。
12. 子供が本好きになるようにと、母は毎晩寝る前子供におとぎ話の本を読み聞かせている。

第17課　धडा सतरावा
明日映画を見に行きましょう。
उद्या सिनेमा पाहायला जाऊ या.

【学習事項】

आयला 分詞.

【基本文 17】

1. ती बाजारात भाजी आणायला गेली आहे.

   彼女は市場へ野菜を買いに行きました。

2. त्याला तयारी करायला फार वेळ लागतो.

   彼は準備にとても時間がかかる。

3. त्याला हसायला काय झालं?

   彼は何を笑うことがあるのだ?

4. बोलायला सोपं, पण करायला कठीण.

   言うは易く、行なうは難し。

【文法 17】

1. आयला 分詞

　आयला 分詞は आवा 分詞の与格形と言われるものです。本来の形は आवयाला で、他に आवयास, आयास もありますが、これ

— 198 —

第17課　明日映画を見に行きましょう。

らは現在では古い形とされます。用法としては副詞的用法が基本ですが、他の用法も少なくありません。語幹の形は **आवा** 分詞のときと同じです。**आयला** 分詞は常に不変です。

２．**आयला** 分詞の用法

1) 目的「～するために」を表します。

    मी काल त्याला भेटायला त्याच्या घरी गेलो.

    私は昨日彼に会いに彼の家に行きました。

    त्याने ही कादंबरी मला वाचायला दिली आहे.

    彼はこの小説を読むようにと私にくれました。

2) 時間の表現で「～するのに、～することにおいて」などの意味を表します。分詞の行為者は **ला** 格（与格）で表現されます。

    आज सकाळी मला उठायला थोडा उशीर झाला.

    今朝私は起きるのがちょっと遅れた。

    तुम्हाला घरी पोचायला किती वेळ लागला ?

    家に着くのにどれぐらい時間が掛かりましたか？

3) 目的語になる場合。

    त्यांनी मला चित्र काढायला शिकवलं.

    あの方が私に絵を描くことを教えました。

    गडबडीत मी त्याला फोन करायला विसरलो.

    慌てていて彼に電話するのを忘れた。

「言う、呼ぶ（招く）」などの動詞とともに用いると「～す

るように」の意味になります。

> त्याला ही खोली साफ करायला सांग.

彼にこの部屋を掃除するように言いなさい。

> त्याने परवा मला घरी जेवायला बोलावलं आहे.

彼は明後日の食事に私を招待しました。

4) आयला 分詞 + आवडणे「～するのが好きだ」。आवडणे の語尾は中性・単数形になるのが普通ですが、分詞の目的語に合わせて変化する場合もあります。

> मला सिनेमा पाहायला आवडतं (/ आवडतो).

私は映画を観るのが好きです。

> तिला स्वतः स्वयंपाक करायला आवडतं (/ आवडतो).

彼女は自分で料理をするのが好きです。

> त्याला गाणी ऐकायला आवडतं (/ आवडतात), म्हणायला नाही.

彼は歌は聴くのが好きで、歌うのは好きではありません。

5) आयला 分詞 + लावणे「使役」。使役の対象者は与格になります。

> तो मला स्टेशनवर जायला लावेल.

彼は私を駅に行かせるでしょう。

> त्याने मला लाकडं फोडायला लावली.

彼は私に薪を割らせました。

6) आयला 分詞 + लागणे「開始」。行為者は主格。

第 17 課　明日映画を見に行きましょう。

असं म्हणून तो हसायला लागला.

こう言って彼は笑い出した。

एप्रिलपासून उकाडा वाढायला लागतो.

4月から暑くなり始めます。

この構文で **आयला** 分詞の代りに **ऊ** 分詞を使っても意味は変わりません（第 15 課参照）。

7) **आयला** 分詞 + **लागणे**「義務」。行為者は与格。なお、この構文では **आवा** 分詞を使う形が一般的です（第 16 課参照）。

धाकट्या भावंडांसाठी त्याला काम करायला लागलं.

弟や妹達のために彼は働かねばならなかった。

8) **आयला** 分詞 + **पाहिजे**「義務」

この構文は「完了 **ला** 分詞 + **पाहिजे**」の構文（第 12 課参照）と意味や用法が同じになり、行為者は与格（**ला** 格）または具格（**ने** 格）で表されます。

तुला जायला पाहिजे.　君は行かねばならない。

तू जायला पाहिजेस.

君が行かねばならない。／君は行った方がいい。

मला मराठी शिकायला पाहिजे.

私はマラーティー語を勉強しないといけない。

तुम्ही हे आंबे खायला पाहिजेत.

君にぜひこれらのマンゴーを食べてもらいたい。

この構文の否定形は普通「具格 + **नाही पाहिजे**」となります。

मुलांनी शाळेत खेळणं आणायला नाही पाहिजे.

生徒は学校におもちゃを持って来てはいけない。

9) **आयला** 分詞 + **हवा**「必要」

この構文にも行為者が与格（**ला** 格）のときと具格（**ने** 格）のときの2通りあり、意味の違いは前項と同様です。**हवा** は形容詞のように変化します。

मला त्याला भेटायला हवं. 私は彼に会う必要がある。

तुम्ही ही पुस्तकं वाचायला हवीत.

君はこれらの本を読んだ方がいい。

この構文の否定形には **नको / नकोत** を使います。行為者は与格と具格ともに可能です。

आता तुम्हाला त्याच्याकडे जायला नको.

もう君は彼のところへ行かなくてもよい。

आता तुम्ही त्याच्याकडे जायला नको.

もう君は彼のところへ行かない方がいい。

तुला अभ्यास करायला नको. तुला नुसती मजा करायला पाहिजे.

おまえは勉強したくないんだな。ただ遊んでいたいんだな。

10) 形容詞とともに。判断の基準となる行為を表します。

पायरी चिरून खायला फारशी चांगली नसते, पण रसाला उत्तम असते.

第17課　明日映画を見に行きましょう。

パーイリー（マンゴーの一種）は切って食べるとあまり美味しくないが、ジュース（実を潰したもの）には最高です。

ती मुलगी दिसायला खूप सुंदर होती.

その娘は見た目はとても綺麗だった。

11) その他

निला मराठी वाचायलाही येतं.

彼女はマラーティー語を読むこともできる。

सासरवाल्यांनी सुनेला छळायला सुरुवात केली.

夫の家族は嫁をいびり始めた。

मला उद्या यायला होणार नाही.

私は明日来れないでしょう。（やや古い表現）

मांस पाहून मला ओकायला होतं.

肉を見ると私は吐き気がする。

मला झाडावर चढायला भीती वाटते.

私は木に登るのが恐い。

दिवस उगवायला आला.　夜が明けてきた。

तो मला मदत करायला तयार नव्हता.

彼は私を手伝おうとしなかった。

【練習問題17】

आयला 分詞を使ってマラーティー語にしなさい。

1．私はここに<u>投票のお願いに</u>来ているのではなく、皆さんと<u>お</u>

話するために来ているのです。

2. バスで読むために何か面白い本が欲しい。

3. 建設作業が完了するのにそれほど時間はかかりそうになかった。

4. 喫煙の癖をなくすには時間よりも強い精神力が必要です。

5. おばさんが僕達に外へ遊びに行くようにと言いました。

6. 彼女の母が彼女にピアノを習うように薦めたのだった。

7. 私はマラーティー語を話すのが好きなんです。英語は要りません。

8. 敏感であったので、彼女はとても早くから何でも分かるようになった。

9. その事件がどうして起ったか彼に説明させましょう。

10. 彼女は自分の結婚について結論を出す必要があった。

11. 彼に私を待つように言ってください。私が部屋にいないからといって帰ってもらいたくないのでね。

12. 日本でマラーティー語の読み書きができる人の数はまだ指折り数えるほどでしかない。

13. 娘達を結婚させるのに彼の人生は崩壊し始めた。

14. ニーターはあるカレッジで学んでおり、サティーシュは彼女のアパートの3階に住んでいる。

15. あの連中は自分の利益のために人に迷惑をかけることを何とも思っていない。

第18課　धडा अठरावा
マラーティー語を学びたいです。
माझी मराठी शिकायची इच्छा आहे.

【学習事項】

आयचा 分詞.

【基本文 18】

1. मुंबईला गाडीने जायची सोय आहे का ?
   ムンバイへ汽車で行く便宜がありますか？
2. आज दिवसभर झोपायचं मी ठरवलंय.
   今日は一日中寝ると決めたんだ。
3. मला हे पुस्तक वाचायचं आहे.　私はこの本を読みたい。
4. मी लहानपणी शाळेत रोज एकटाच जायचो.
   子供の頃毎日一人で学校へ行ったものだ。

【文法 18】

1. आयचा 分詞

　आयचा 分詞は आवा 分詞の属格形と言われるものです。本来の形は आवयाचा ですが、これは現在では古い形とされています。形容詞的用法が基本ですが、他の用法も少なくありません。語幹の形

は आवा 分詞のときと同じです。語尾は形容詞のように変化します。

2. आयचा 分詞の用法

2-1. 形容詞的用法

1)「AするというB」のように修飾する名詞の内容を説明するような用法です。

> मी मराठी बोलायची सवय करतोय.
>
> 私はマラーティー語を話す習慣にしています。
>
> तुमचा काय करायचा विचार आहे ?
>
> 君はどうしようという考えですか？
>
> मी त्याला भेटायचा प्रयत्न केला.
>
> 私は彼に会おうと努力した。

2)「～するための」という意味を表します。

> लिहायचा कागद (書くための紙)
>
> प्यायचं पाणी (飲み水)
>
> दाखवायचे दात वेगळे आणि खायचे वेगळे.
>
> 見せるための歯と食べるための歯は異なる。
>
> (建前と本音、表と裏。)

3) आयचा 分詞の行為者は具格で表されます。

> शाळेतून आलेल्या पत्रात विद्यार्थ्यांनी बरोबर आणायच्या सामानांची यादी होती.
>
> 学校から来た手紙には学生が持参すべき物品のリストがあった。

第18課　マラーティー語を学びたいです。

注) **आयचा** 分詞の代わりに不定詞の属格形を使うこともできます。

मराठी शिकण्याची इच्छा (マラーティー語を学ぶ希望)

लिहिण्याचा कागद (書くための紙)

पिण्याचं पाणी (飲み水)

２－２．名詞的用法

आयचा 分詞の名詞的用法は不定詞の名詞的用法と同じで、動詞の目的語や主語になる他、後置詞が接続することもあります。

मी बाजारातून तांदूळ आणायचं विसरले.

私は市場で米を買ってくるのを忘れた。

आता काय करायचं राहिलंय ?

まだ何をし残したのですか？

(もう何もできることはない。)

त्याला समज यायच्याआधी त्याची आई गेली.

彼が物心つく前に母は亡くなった。

２－３．動詞的用法

１) **आयचा** 分詞＋コピュラ動詞

行為者の意志、希望などを表します。行為者は与格で表されます。分詞の形は目的語構文または中間構文に準じます。

त्याला मराठी शिकायची आहे.

彼はマラーティー語を学びたい。

मला जेवायचं नाही.　私は食事したくない。

त्याला खोली साफ करून घ्यायची होती.

彼は部屋を掃除してもらいたかった。

तुम्हाला हे नाटक पाहायचं नव्हतं का ?

あなたはこの劇は観たくなかったのですか？

疑問詞のある疑問文になると、妥当性や必要性に対する疑念を表すことがあります。

तुला गुजराती येत नाही. तुला ही गुजराती पुस्तकं काय करायची आहेत ?

君はグジャラーティー語が分からないんだろ。君はこれらのグジャラーティー語の本をどうするんだね？
（必要ないだろ？）

त्याला एवढे पैसे काय करायचे आहेत ?

彼はこんなにたくさんのお金をどうするんですか？
（要らないでしょ？）

त्याला का काही करायचं नाही ?

彼はなぜ何もしたくないのですか？

2） **आयचा** 分詞を単独で使う用法で、行為者に対する提案、忠告、命令などの意味を表します。行為者は具格になり、目的語構文になります。

आपण आधी चहा प्यायचा, मग घरी जायचं.

我々はまずお茶を飲んで、それから家に帰りましょう。

मंडळी, तुम्ही दारू जास्त प्यायची नाही.

第18課　マラーティー語を学びたいです。

皆さん、お酒を飲みすぎないこと。

त्याने काही करायचं नाही.　彼は何もしないことだな。

मी इतक्या पैशांचं काय करायचं ?

私はこんなにたくさんのお金をどうしたらいいんですか？

理由を問う疑問文や否定疑問では妥当性や必要性に対する疑念や反語的なニュアンスを表すことがあります。

तू कशाला लहान तोंडी मोठा घास घ्यायचा ?

おまえがなぜ大口をたたくことがあるのか？

त्याने का काही करायचं नाही ?

彼がなぜ何もしてはいけないんだ？

（したっていいじゃないか。）

3) 動詞は1) と同じ（**आयचा** 分詞＋コピュラ動詞）ですが、行為者（通常3人称）が主格になる場合は未来の確定的な予定を表します。

तो उद्या मुंबईहून यायचा आहे. (= **येईल / येणार आहे**)

彼は明日ムンバイから来る予定です。

हे काम झाल्याशिवाय ती जायची नाही.

この仕事が終わらなければ彼女は帰らないでしょう。

तो यायचा कसा ?　彼はどうやって来るのでしょう？

4) 習慣過去表現

आयचा 分詞によって過去の習慣的な行為や状態を表す表現があります。行為者は主格になります。活用は次の通り

です。

		単　数	複　数
1人称	男性形	जायचो	जायचो
	女性形	जायची	
2人称	男性形	जायचास	जायचात
	女性形	जायचीस	
3人称	男性形	जायचा	जायचे
	中性形	जायचं	जायची
	女性形	जायची	जायच्या

लहानपणी मी बागेतल्या झाडावर चढून खेळायचो.

子供の頃私は庭の木に登って遊んだものだ。

पानतावणे सर खूप व्यस्त असायचे, पण दररोज भेटीसाठी वीसेक मिनिटं वेळ काढायचे.

パーンターオネー先生はとても忙しかったが、毎日面会のために20分ほど時間を割いて下さるのだった。

ती रोज सकाळ संध्याकाळ आमच्या घरी यायची.

彼女は毎日朝夕私達の家に来たものだ。

この用法は基本的に過去の習慣を表すものですが、習慣でなくても、ある時点において比較的長く続いたり繰り返されたりする行為や状態を表すことがあります。物語などでよく使われる用法で、**आयचा** 分詞の文を続けます。

第18課　マラーティー語を学びたいです。

बराच वेळ कोल्हा चोरागत बसून राहायचा. हळूच आपल्या शेपटीचा गोंडा बिळात सारायचा. बिळातला खेकडा पुढे सरकायचा आणि कोल्ह्याच्या झुबकेदार शेपटीला डसायचा.

長い間きつねは泥棒のように座っている。そっと尻尾の房を穴に差し込む。穴の中の蟹は前進してくる。そしてきつねのふさふさした尻尾を爪で挟むのだった。

【練習問題 18】

आयचा 分詞を使ってマラーティー語にしなさい。

1. 私は彼に家でお茶を飲んでから行くように強くお願いした。
2. 私が何か言う前に彼が話し始めた。
3. 私の大学には外国語を学ぶ良い便宜がある。
4. 我々は明日彼の事務所で会うことに決めた。
5. 我々の仲が悪くなってから彼は私の家に来なくなった（来るのをやめた）。
6. 君が来る予定だったと手紙で知らせてくれたらいいじゃないか？
7. 仕事が完成しなければ家に帰らないと彼は決めていた。
8. 村中のすべての人を集めて、大きなデモをしよう。
9. 最早村の古い体制は残っていません。バルテー職人らはどうやって生きていけばいいのでしょう？
10. その病気で彼は死ぬところだったが、医者の努力で何とか助

— 211 —

かった。

11. (いつも)弁当は村から州営バスでやってくる。それを取りにバス停へ行かねばならないのだった。
12. 子供の頃、私(m)は級友達とよく川へ泳ぎに行ったものだった。

アンベードカル人権闘争ゆかりの地マハードの
ツァオダール池

第19課　धडा एकोणिसावा
彼は毎日私の家に来たものだ。
तो दररोज माझ्या घरी येई.

【学習事項】

習慣過去形．習慣現在形．**पर्यंत** の用法．数詞．日時の表現．

【基本文 19 − 1】

1. मी खूप प्रयत्न केला पण तो जाईना.

   私はとても努力したが、彼はどうしても行こうとはしなかった。

2. आम्ही तुमची खूप आठवण काढत असू.

   私達はよくあなたのことを思い出していました。

3. ती अलीकडे रोज त्यांच्याकडे का जात असते ?

   彼女は最近どうして毎日あの人のところへ行くのだろう？

4. मी तीन वाजेपर्यंत तिची वाट पाहत होते.

   私は３時まで彼女を待ち続けた。

【文法 19 − 1】

1．習慣過去形

1) 過去の習慣的な行為や状態の表現に用いられる形で、多くは書き言葉で使われます。語幹の形は未来形の語幹と同じ

です。下の表は **बसणे, करणे, येणे** の変化形です。性の区別はありません。なお、習慣過去形では実際に使われるのは多くは3人称で、他に稀に1人称・単数の用法があります。2人称や1人称・複数は他の表現（**आयचा** 分詞など）で代用します。

	単　数	複　数
1人称	बसे, करे, येई	な　し
2人称	な　し	な　し
3人称	बसे, करे, येई	बसत, करीत, येत

एक होता कोल्हा. रोज संध्याकाळी तो निघे. गुपचूप उसाच्या मळ्यात जाई. पोटभर ऊस खाई. नदीवर जाऊन पाणी पिई.

1匹のきつねがいた。毎日夕方彼は出かけたものだ。こっそり砂糖黍畑に入り、腹いっぱい砂糖黍を食べたものだ。川に行って水を飲んだものだ。

2) この表現の否定形は3人称・単数形に否定語尾 **ना**（単数）または **नात**（複数）を付けたものです（単数 **बसेना** 複数 **बसेनात**）。なお、この否定形では動作主の強固な否定（どうしても〜しようとしない／しなかった）を意味し、過去の習慣の否定にはなりません。

काय करावं हे तिला समजेना.

どうしたらいいのか彼女には分からなかった。

第19課　彼は毎日私の家に来たものだ。

दोघा तिघांना विचारले मी, पण कुणीच नीट सांगेना.

二、三の人に尋ねて見ましたが、誰もちゃんと言ってくれないんです。

त्याचा हात भोकात अडकून बसला आणि काही केल्या बाहेर निघेना.

彼の手は穴にひっかかってしまい、どうしても外に出てこなかった。

この否定形にさらに **असा झाला**（形容詞的に変化）がついて「〜なくなった」という意味になります。なお、**असा** は **सा** だけになり、単数の否定形だけに付きます。

ते लोक दिसेनासे झाले.　その人々は見えなくなった。
（**दिसेनातसे झाले** とはならない。）

次は否定形を使った慣用句的表現です。（第23課参照）

फक्त एकदाच का होईना पण त्यांना भेटून मला खूप आनंद झाला.

たった一度とはいえ、彼に会って私はとても嬉しかった。

तो कुठे का जाईना मी त्याला सोडणार नाही.

彼がどこへ行こうとも、私は彼を許さない。

2．असणे を使った表現

動詞の未完了 **ता** 分詞と **असणे** の習慣過去形を組み合せて、1と同じ意味で使うことができます。また、否定形には **नसणे** を使います。（この表現は2人称には使われません。なお、これは進

— 215 —

行形と同形の習慣表現の発展した形と言えます。第 11 課参照)

	単 数	複 数
1人称	बसत असे, करत असे	बसत असू, करत असू
2人称	な し	な し
3人称	बसत असे, करत असे	बसत असत, करत असत

तो रोज आमच्याकडे खेळण्यासाठी येत असे.

彼は毎日私達のところへ遊びに来たものだ。

त्याचे वडील बँकेत काम करत असत.

彼の父は銀行で働いていたものだ。

पूर्वी मला भेंडीची भाजी मुळीच आवडत नसे.

以前私はオクラカレーは全く好きでなかった。

継続表現 (第 13 課) のうち、बसणे や जाणे を使うものはこの習慣過去表現のように言うことができます。

आजोबा सकाळी लवकर उठून आंघोळ करून गंध लावून ज्ञानेश्वरी वाचत बसत.

祖父は朝早く起き、沐浴をして、(額に) 白檀を塗り、ドゥニャーネーシュワリーを読んだものだ。

बेडेकर सर फार भराभर बोलत जात. विद्यार्थ्यांना तेवढ्या वेगाने लिहिणं जमत नसे.

ベーデーカル先生はとても早口なので、学生はそんなに早く書くことができなかった。

第 19 課　彼は毎日私の家に来たものだ。

３．習慣現在形

　２の形で **असणे** を一般活用現在形にすれば、習慣現在形となります。普通の現在形より習慣性の強さを強調する表現になります。

ते आपापसात नेहमी भांडत असतात.(= भांडतात)

　彼らは互いにいつも喧嘩している。

असली पुस्तकं मी वाचत नसते.(= वाचत नाही)

　こういう本は私は読みません。

दर वर्षी या नदीला पूर येत असतो.(= येतो)

　毎年この川は氾濫する。

４．पर्यंत の用法

　後置詞 **पर्यंत** が動詞に接続する場合、動詞の形は習慣過去形・３人称・単数と同じになります。

परीक्षा संपेपर्यंत मी अभ्यासावरून लक्ष उडू देणार नाही.

　試験が終わるまで私は勉強から気を抜かない。

घूसखोरांना पूर्णपणे हटवेपर्यंत लष्करी कारवाई सुरू राहील.

　侵入者を完全に退却させるまで軍事行動は継続されるであろう。

मुंबईत असेपर्यंत मी त्यांच्या घरी राहिलो.

　ムンバイにいる間私は彼の家に滞在した。

　この形は「各時制 + **तोपर्यंत**」の形に置き換えることもできます。

तो परत येईल. तोपर्यंत (= तो परत येईपर्यंत) मी टी.व्ही. बघत राहीन.

　彼が戻って来るまで私はテレビを観ていよう。

मी आंघोळ करतोय. तोपर्यंत (= मी आंघोळ करेपर्यंत) तुम्ही वर्तमानपत्र वाचत बसा.

私が入浴している間、新聞を読んでいてください。

त्याने पत्र लिहिलं. तोपर्यंत (= तो पत्र लिहीपर्यंत) मी थांबलो.

彼が手紙を書くまで私はとどまった。

【基本文 19 – 2】

1. माझी जन्मतारीख अठ्ठावीस ऑक्टोबर एकोणीसशे ब्याऐंशी आहे.

   私の誕生日は 1982 年 10 月 28 日です。

2. पाच वाजून दहा मिनिटं झाली.　5 時 10 分です。

3. आपण किती वाजता भेटू यात ? साडेसात किंवा पावणेआठला. चालेल का ?

   何時に会いましょう？　7 時半か 8 時 15 分前に。大丈夫ですか？

【文法 19 – 2】

1. **数詞**

   1) 基数

      数は 1 から 99 までの数が基本です。位は **शे**（百）、**हजार**（千）、**लाख**（十万）、**कोटी**（千万）、**अब्ज**（十億）というように、百の位以外は 2 桁ごとに変わります。コンマは百

第19課　彼は毎日私の家に来たものだ。

の位以外で位が変わるところに付きます。なお、शे（百）は普通直前の数に続けて1語のように書きます。また、数の100は शे でなく शंभर です。（付録 P.288, 289 参照）

1,23,45,67,890（12億3456万7890）は एक अब्ज तेवीस कोटी पंचेचाळीस लाख सदुसष्ट हजार आठशे नव्वद となります。

2) 分数、小数など

a) 分数「A分のB」は「B छेद A」と言います。1/2 एक छेद दोन、2/3 दोन छेद तीन のようになります。なお、古い言い方として分母にサンスクリット語の借用語を用いるものがあります。

　　1/2　एक द्वितीयांश　　2/3　दोन तृतीयांश
　　3/4　तीन चतुर्थांश　　4/5　चार पंचमांश　など

b) 特別な分数や数を表す語があります。

　　पाव (1/4)　　अर्धा (1/2)　　पाऊण (3/4)
　　दीड (1.5)　　अडीच (2.5)　　पाऊणशे (75)
　　दीडशे (150)　　अडीच हजार (2500)

c) 次の分数は基数の前に来て、それぞれ加減する作用があります。基数と続けて書きます。

　　सव्वा (+1/4)　　साडे (+1/2)　　पावणे (-1/4)
　　सव्वातीन (3.25)　साडेतीन (3.5)　पावणेतीन (2.75)

のようになります。साडे は3以上に使います。

— 219 —

d) 小数は「小数点」を意味する語として **पूर्णांक** を用い、小数点以下はそれぞれの数を言います。4.56 **चार पूर्णांक पाच सहा**、0.2 **शून्य पूर्णांक दोन** のようになります。なお、古い言い方として分数の言い方で言う方法があり、小数点以下1桁には **दशांश**、2桁には **शतांश**、3桁には **सहस्त्रांश** を用います。ただし、せいぜい小数点以下2桁ぐらいまでが実用的です。

 एक दशांश (0.1)　　**दोन दशांश** (0.2)
 तीन शतांश (0.03)　　**अकरा शतांश** (0.11)
 चार पूर्णांक छप्पन्न शतांश (4.56)

3) 数字

伝統的な数字は今もよく使われます。0から9までは次のように書きます。

०, १, २, ३, ४, ५, ६, ७, ८, ९,

4) 序数

序数は1番目から4番目までは基数から変形しますが、5番目以降はかなり規則的になり、基数に **वा** または **आवा** が付きます。語尾は形容詞のように変化します。

a) 1から4まで

 पहिला（1番目の）　　**दुसरा**（2番目の）
 तिसरा（3番目の）　　**चौथा**（4番目の）

b) **वा** が付くもの（5から18までと基数の末尾が **ई** または

第19課　彼は毎日私の家に来たものだ。

ए であるもの)

　　पाचवा（5番目の）　सहावा（6番目の）

　　एकोणऐंशीवा（79番目の）　ऐंशीवा（80番目の）

　　दोनशेवा（200番目の）　कोटीवा（1000万番目の）　など

c) आवा が付くもの（19 から 78 までと 89 以降で基数の末尾が ई または ए でないもの。基数の末尾が ईस であるものは इस に変わります）

　　एकोणिसावा（19番目の）　विसावा（20番目の）

　　निसावा（30番目の）　एकोणनव्वदावा（89番目の）

　　शंभरावा（100番目の）　एकशेएकावा（101番目の）

　　एकशेदोनावा（102番目の）

　　हजारावा（1000番目の）　など

　　（101番目以降の表記は、100で数を分けて書くことも、或いは数を続けて1語として書くこともできます。)

5) 倍数

a) 倍を意味する語は पट です。दुप्पट（2倍)、तिप्पट（3倍)、चौपट（4倍)、までは基数から少し変形しますが、5倍 पाचपट 以降は基数に पट が付きます。100倍は शंभरपट、200倍は दोनशेपट になります。また、पावपट（0.25倍)、निमपट（0.5倍)、पाऊणपट（0.75倍)、などもあります。

　　याच्या दुप्पट मोठा कागद पाहिजे.

— 221 —

これの2倍大きな紙が必要です。

b）重なりや折り返しの「重」に当る言い方

एकेरी（1重の）　दुहेरी（2重の）

तिहेरी（3重の）　चौपदरी（4重の）

「5重の」以後は基数 + पदरी となります。

पाचपदरी（5重の）　सहापदरी（6重の）

त्याचं दुहेरी नुकसान झालं.

彼は2重に損をした。

6）集合数

a）「五つが五つとも」のように、ある数のすべてを強調する言い方があります。基数に ही が付くものですが、2から5までは多少変形しています。

दोन्ही（二つとも）　तिन्ही（三つとも）

चारी（四つとも）　पाची（五つとも）

सहाही（六つとも）　सातही（七つとも）

आठही（八つとも）　नऊही（九つとも）

दहाही（10すべて）　अकराही（11すべて）など

b）上の言い方はすべてに使えますが、人だけの言い方に दोघे（二人とも）、तिघे（三人とも）、चौघे（四人とも）、があります（四人まで）。चौघे を例に名詞として用いる場合の語尾変化を示すと次のようになります。

第19課　彼は毎日私の家に来たものだ。

	男のみ又は男女	女
主　格	चौघे, चौघं	चौघी
後置格	चौघां	चौघीं

　形容詞として用いる場合、主格は同じですが、後置格はそれぞれ चौघा, चौघी となります。

　　चौघा जणांचं सामान चोरीला गेलं.
　　四人全員の荷物が盗まれた。
　　चौघी मुलींचे वडील आले.
　　四人の少女全員の父親達が来た。

c）漠然と数の大きさを強調する言い方として、शेकडा（何百もの）、हजारो（何千もの）、लाखो（何十万もの、とてもたくさんの）などの言い方があります。

　　तुला शेकडो वेळा सांगितलं. तुला समजत का नाही.
　　お前には何百回も言っただろ。どうして分からないんだ。

d）集合数の別の言い方として、च्या をはさんでその数を繰り返す方法があります。

　　बशीतले दहाच्या दहा मोदक त्याने एकट्यानेच खाल्ले.
　　皿の10個の団子を10個とも彼が一人で食べた。
　　（彼女が一人で…なら、तिने एकटीनेच खाल्ले となります。）

この形は数以外の語にも使われます。

खिशातले सगळेच्या सगळे पैसे त्याने भिकाऱ्याला देऊन टाकले.

財布の中のありったけのお金を彼は乞食に与えた。

खूप अभ्यास केल्यामुळे पाठ्यक्रमातली पुस्तकंच्या पुस्तकं तोंडपाठ झाली.

よく勉強したので全部の教科書が暗記できた。

7）その他の数の表現

a）数を繰り返すと「～ずつ」という意味になります。

आलेल्या प्रत्येकाला तीन तीन नारळ मिळाले.

来た人は皆三つずつココナツをもらった。

सहा सहा तासांनी दोन दोन गोळ्या घ्या.

6時間ごとに2錠ずつ飲んでください。

b）同じく、数を繰り返す表現で、話者にとっての数の多さを表す場合もあります。

मी तुला तीन तीन वेळा सांगितलं.

お前には3回も言ったんだぞ。

c）概数を表すには近くの数を並べたり、数の次に **एक** を付けたりします。

दोन तीन आठवड्यांत तो चालायला लागेल.

2、3週間で彼は歩けるようになるでしょう。

वीसेक दिवसांत हे काम पूर्ण होईल.

20日ほどでこの仕事は完成するでしょう。

第 19 課　彼は毎日私の家に来たものだ。

d）四則計算

दोन अधिक तीन बरोबर पाच.　$2 + 3 = 5$

पाच वजा दोन बरोबर तीन.　$5 - 2 = 3$

दोन गुणिले तीन बरोबर सहा.　$2 \times 3 = 6$

सहा भागिले दोन बरोबर तीन.　$6 \div 2 = 3$

２．時刻の表現

1）時刻の表現には動詞 **वाजणे**〔(時報の音が) 鳴る〕が使われます。「A時です」という時には過去形を用います。2時以上は複数扱いになります。

किती वाजले ?　何時ですか？

एक वाजला.　1時です。

दीड वाजला.　1時半です。

दोन / तीन वाजले.　2時 / 3時です。

अडीच वाजले.　2時半です。

2）「A時半です」という表現で「3時半」以上には **साडे** を使います。

साडेतीन / साडेचार वाजले.　3時半 / 4時半です。

3）「A時15分です」には **सव्वा** を用います。

सव्वा वाजला.　1時15分です。

सव्वादोन / सव्वातीन वाजले.

2時15分 / 3時15分です。

4）「A時15分前です」には **पावणे** を用います。ただし「1

時15分前」は **पाऊण** になります。

पाऊण वाजला. 1時15分前です。

पावणेदोन / पावणेतीन वाजले.

2時15分前 / 3時15分前です。

5)「A時B分です」には **ऊन** 分詞を用います。

पाच वाजून सहा मिनिटं झाली. 5時6分です。

6)「A時B分前です」には普通 **आयला** 分詞を用います。また、後置詞 **ला** を使った簡略な表現もできます。

सात वाजायला / सातला आठ मिनिटं कमी आहेत.

7時8分前です。

7)「A時に」という副詞的表現には **ता** 分詞を用います。

किती वाजता ? 何時に？ **चार वाजता** 4時に

8) 文脈で誤解がない場合、後置詞 **ला** を使った簡略な表現も多用されます。

तीनला / साडेचारला / पावणेसातला

3時に / 4時半に / 7時15分前に

तीन वाजून पाच मिमिटं असताना = तीन पाचला

3時5分に

सात वाजायला / सातला आठ मिनिटं कमी / बाकी असताना

7時8分前に

3.日付等の表現

1)日付（**तारीख**）には基数を用い、序数は使いません。

第19課　彼は毎日私の家に来たものだ。

आज कोणती तारीख आहे？　今日は何日ですか？

आज एक / दोन / तीन / तारीख आहे.

今日は 1 / 2 / 3 日です。

आज सोळा मे १९९९ (एकोणिसशे नव्याण्णव) आहे.

今日は 1999 年 5 月 16 日です。

2) 西暦年号は 100 の位で分けて、1999 年なら 19 百 99 のように、言います。ただし、2000 年から 2099 年までは 2000 と残りの数字に分けて、2003 年なら 2 千 3 として दोनहजार तीन と言います。

3) 曜日の言い方は次の通りです。

आज कोणता वार आहे？　आज गुरुवार आहे.

今日は何曜日ですか？　今日は木曜日です。

4) 日付や曜日を副詞的にする場合には後置詞 ला や処格接尾辞 ई を使います。

मागच्या महिन्याच्या १४ तारखेला या घराला आग लागली होती.

先月 14 日にこの家が火事になった。

पुढल्या सोमवारी इथे पंतप्रधान भाषण करतील.

来週月曜日にここで首相が演説するだろう。

4. 時に関するその他の表現

दिवसांमागून दिवस（何日も）　　महिनोन्महिने（何ヶ月も）

तासन्तास（何時間も）

基礎マラーティー語

दिवसेंदिवस स्थिती वाईट होत गेली.　日に日に状況が悪化した。

गेल्या कित्येक वर्षांपासून　何年も前から

गेल्या आठवड्याभरात　過去1週間あまりの間に

गेल्या काही दिवसांत पाऊस पडला नाही.

ここ数日雨が降っていない。

主格形で副詞句になることもあります。

गेले काही दिवस ती खोलीत बसून होती.

ここ数日間彼女は部屋にこもっていた。

【練習問題 19】

習慣過去時制を用いてマラーティー語にしなさい。

1. その少年達は規則正しくやってきて、一日中熱心に働くのだった。
2. 古い時代には何か重要な問題について結論を出す前に何日も話し合いが続いたものだ。
3. 私は夜遅く寝たので、朝早くにはどうしても目が覚めなかった。
4. 誰のところへ行って何と言ったらいいのか私には分からなかった。
5. 後進階級の友人達は教育を受けたことにより村での生活がいやになるのだった。
6. かつて夏にはこの村の人々は水のために随分遠くへ行かねばならかったものだ。

第 19 課　彼は毎日私の家に来たものだ。

7．はじめに先生が本のある箇所をお読みになる。その後、我々はその箇所を繰り返し音読するのだった。

8．たとえ五人でも、あの難しい試験に合格したのは大したことだ。

9．遅れたとはいえ、子供達が無事に戻ったことが分かって家人の喜びは限りなかった。

(10 ～ 12 は पर्यंत を使って)

10．夫の死後、彼女は死ぬまで一人で畑仕事をし続けた。

11．定職につくまで、彼はいろんなところでいろんな臨時の仕事をしたものだ。

12．父親が生きている間、悲しみとはどんなものか、彼には想像すらできなかった。

第20課　घडा विसावा
政府によりこの決定がなされた。
सरकारकडून हा निर्णय घेण्यात आला.

【学習事項】

受身表現．自動詞・他動詞．使役表現．自発的可能動詞．願望形．

【基本文 20 – 1】

1. शिपायाकडून चोर पकडला गेला.　警官に泥棒が捉まえられた。
2. चार जखमींपैकी तिघांना जिल्हा इस्पितळात दाखल करण्यात आले.
   四人の負傷者のうち三人が県立病院に入院した。
3. तुम्हाला या अपघातात जबाबदार धरलं जाईल.
   この事件では君に責任があるとされるだろう。
4. गाय बांधलेली होती.　牝牛が繋がれていた。

【文法 20 – 1】

1. **受身表現**

　マラーティー語の受身表現には1) 完了 ला 分詞 + जाणे、2) 不定詞の処格 (–ण्यात) + येणे の二つの形があり、同じように用いられます。動作主（〜によって）は後置詞 कडून や तर्फे など

第20課　政府によりこの決定がなされた。

で示されますが、通常、動作主は示されないか、示されるとしても不特定多数の人々とか団体とかの場合で、特定の個人を動作主とする受身表現は稀です。また、受身表現は報道文や公官庁の文書などで多用される〔特に 2) の形〕傾向があります。

1) 完了 ला 分詞 + जाणे

   यासंबंधी सर्व संबंधित अधिकाऱ्यांची चौकशी केली जाईल.

   これに関してすべての関係職員が取り調べを受けるだろう。

   या लोकांना केंद्र सरकारने जमीन द्यावी अशी मागणी केली गेली.

   この人々に中央政府が土地を与えるべきだという要求がなされた。

   注) 次のような特定の個人を動作主とする受身表現は文法的には誤りではありませんが、実際に用いられることは少なく、通常は能動態の文にします。

   त्याच्याकडून हे पुस्तक लिहिलं गेलं.

   彼によりこの本が書かれた。

   त्याने हे पुस्तक लिहिलं.　彼がこの本を書いた。

2) 不定詞の処格（-ण्यात）+ येणे

   त्या मान्यवरांचा राज्य सरकारतर्फे सन्मान करण्यात आला.

   その賓客は州政府により顕彰された。

   ＊सरकारला अडचणीत आणण्यासाठीच विरोधी पक्षांतर्फे ही खेळी खेळण्यात येत आहे असे मानले जाते.

政府を困らせるために野党によりこの策が弄されていると思われている。

मानपत्र व पुरस्कार राज्यपालांच्या हस्ते प्रदान करण्यात आला.

賞状と賞品が知事の手により授与された。

3) 完了 लेला 分詞

他動詞の完了 लेला 分詞は、動作主を明示しない場合、受身的な意味になることがあります。

दार उघडलेलं होतं.

扉は開けられていた。(= 扉は開けてあった。)

मघाशी मी उघडलेलं दार पुन्हा बंद झालेलं होतं.

先ほど私が開けた扉がまたも閉まっていた。

【基本文 20 − 2】

1. **त्यांनी आम्हाला खूप हसवलं.** 彼らは私達を大いに笑わせた。
2. **कोतवालाने शिपायांना चोर पकडायला लावला.**
   長官は警官に泥棒を捉まえさせた。
3. **आम्ही त्याच्याकडून याचा खुलासा करून घेतला.**
   我々は彼にこれを説明させた。
4. **अशा वेळी मला दारू पिववणार नाही.**
   こんな時に酒なんか飲めません。
5. ** **नवे वर्ष सुखाचे व भरभराटीचे जावो.**
   新年が幸せと繁栄の年となりますよう。

— 232 —

第 20 課　政府によりこの決定がなされた。

【文法 20 － 2】
1．自動詞・他動詞

マラーティー語の多くの自動詞は、かなり規則的に語幹を変化させることによって、他動詞に変えることができます。

1）語幹に व (अव) または आव を付加するもの。

बसणे（座る）→ बसवणे（座らせる）

चालणे（行く）→ चालवणे（行かせる）

बनणे（なる）→ बनवणे（作る）

बुडणे（沈む）→ बुडवणे（沈める）

भिजणे（濡れる）→ भिजवणे（濡らす）

हरणे（負ける）→ हरवणे（負かす）

सरकणे（ずれる）→ सरकवणे（ずらす）

समजणे（分かる）

　→ समजवणे / समजावणे（分からせる）

फितणे（裏切る）→ फितवणे（裏切らせる）

注）伝統的な綴りでは व の代わりに वि と書かれることが多く、新聞などの書き言葉では今もよく見かけます。ただし、現在では व が標準とされています。

बसविणे → बसवणे　　चालविणे → चालवणे

2）母音を変えるもの

टळणे（避けられる）→ टाळणे（避ける）

तरणे（救われる）→ तारणे（救う）

दबणे (抑えられる) → दाबणे (抑える)

मरणे (死ぬ) → मारणे (殺す)

पडणे (落ちる) → पाडणे (落す)

母音とともに後続の子音も変化するものがあります。

जुडणे (つながる) → जोडणे (つなぐ)

तुटणे (壊れる) → तोडणे (壊す)

फुटणे (破裂する) → फोडणे (破壊する)

खुपणे (刺さる) → खोवणे (刺す)

3) 様々な例外

かなり形が変わるもの

गुंतणे (巻き込まれる) → गुंतवणे / गोवणे (巻き込む)

भिणे (恐れる) → भिववणे (恐がらせる)

लागणे (つく) → लावणे (つける)

फाटणे (裂ける) → फाडणे (裂く)

पिणे (飲む) → पाजणे (飲ませる)

自動詞から発展したような形をしているが、もとの自動詞を持たないもの

पाठवणे (送る)　　भिरकावणे (放り投げる)

कमावणे (稼ぐ)　　गमावणे (なくす)

擬音語・擬態語や他の品詞から動詞を作る場合にも व (अव, आव) が語幹に利用されます。

खुळखुळ (ジャラジャラ)

第20課　政府によりこの決定がなされた。

　　→ खुळखुळणे（〜鳴る）→ खुळखुळवणे（〜鳴らす）

फडफड（パタパタ）

　　→ फडफडणे（〜鳴る）→ फडफडवणे（〜鳴らす）

कडकड（ゴロゴロ）

　　→ कडकडणे（〜鳴る）→ कडकडवणे（〜鳴らす）

खूण（印）→ खुणावणे（合図する）

राग（怒り）→ रागावणे（怒る）

वेडा（ばかな）→ वेडावणे（からかう）

दूर（遠い）→ दुरावणे（遠ざける）

4）例外的に三つの形を持つものがあります。3番目の形は使役動詞になります。

सुटणे（放れる）

　　→ सोडणे（放す）→ सोडवणे（放させる）

2．使役表現

1）使役を表す代表的な形は आयला 分詞 + लावणे です（第17課参照）。この構文では実際に行為する人は与格で、使役に介在する人は कडून, मार्फत, करवी などで表されます。

त्याने आईकरवी मला तिथं जायला लावलं.

彼は母を介して私をそこに行かせた。

मुलांना रोज अभ्यास करायला लावावा लागतो.

子供達に毎日勉強させねばならない。

संपावर गेलेल्या सगळ्या कामगारांना कामावर परतायला

लावण्यात येईल.

ストに参加した全ての労働者は現場に戻されるだろう。

2) **ऊन** 分詞 + **घेणे** も使役の意味を表すことがあります（第15課参照）。この構文では実際の行為者が **कडून** や **मार्फत** で表されます。

मी नोकराकडून सामान आणून घेतलं.

私は召使いに荷物を持って来させた。

3) 実質的に使役の意味になる他の表現もあります。

मी माझ्या बायकोला हे काम करायला सांगितलं.

私は妻にこの仕事をするように言いつけた。

मी तिला त्याला यायला सांगायला सांगेन.

彼が来るように彼女に言わせよう。

मी त्याला यायला भाग पाडलं.

私は彼を無理やり来させた。

4) 前項で説明したような自動詞から変化してできる他動詞には、実質的に使役の意味になっているものもあります。

त्याने मला बसवलं.　彼は私を座らせた。

उराशिमा तरोने मुलांपासून कासवाला सोडवलं.

浦島太郎は子供達に亀を放させた。

3. 自発的可能動詞

多くの動詞は語幹の末尾に **व** を付加すると自発的可能動詞になります。これは行為者自身の事情に起因する自発的な可能・不

第 20 課　政府によりこの決定がなされた。

可能を表現するもので、多くは否定形で用いられます。行為者は与格、具格（属格派生形）などで表現されます。

　自発的可能動詞の例

　　　　　बसणे（座る）→ बसवणे（座れる）
　　　　　चालणे（行く）→ चालवणे（行ける）
　　　　　बनणे（なる）→ बनवणे（なれる）

　　　注）前項で示した自動詞が他動詞に変わるときと同じ変化形です。ただし、用法が異なるので、違いは容易に判断できます。

　母音で終わる語幹には वव を付加します。

　　　　　जाणे（行く）→ जाववणे（行ける）
　　　　　देणे（与える）→ देववणे（与えられる）
　　　　　घेणे（取る）→ घेववणे（取れる）

काल सकाळी त्याच्याने / त्याला उठवलं नाही.

昨日の朝、彼はどうにも起きられなかった。

काश्मीरचा हिवाळा मला फारसा जाणवला नाही.

カシミールの寒さは私にはさほどに感じられなかった。

हे बघून तिला / तिच्याने राहवलं नाही.

これを見ると彼女は我慢できなくなった。

4．願望形

　願望形は 3 人称にだけ現れる形で、願望、祈願などの意味を表します。形は動詞の語幹に単数には ओ 複数には ओत という語

— 237 —

尾が付きます。母音で終わる語幹の場合はそれぞれ **वो / वोत** となります。否定には **न** を使います。(下の表は **जाणे** と **करणे** の場合)

単　数		複　数	
जावो	करो	जावोत	करोत

देव सर्वांचे बरे करो ! 神が全ての人を幸せにするように！

सगळे जण सुखरूप घरी येवोत. 皆が無事に戻って来るように。

जाणारे जावोत. मला त्यांचं काय.

去る人は去ればいい。僕はあの人達はどうでもいい。

従属節において、譲歩を表すこともあります。

तो काय करायचं ते करो, मी त्याचा इरादा पुरा होऊ देणार नाही.

彼が何でもしたいようにしようとも、私は彼の目論見は成就させない。

परवानगी मिळो न मिळो, आता तिचा निश्चय बदलणार नव्हता.

許可が得られようと得られまいと、最早彼女の決意は変らなかった。

असो は演説などで「さて、ところで」のように話題を変える時によく使われます。

第20課　政府によりこの決定がなされた。

【練習問題20】

Ⅰ．完了分詞を用いて受身形にしなさい。

1. 私は選挙で最高得票で選ばれた。
2. ある小さな暗い部屋に我々は座らされた。
3. その家のワールカリーの伝統に従ってその子はナームデーオと名付けられた。
4. それは州で最も難しいと思われている試験だった。
5. 展覧会にはたくさんの絵が展示された。

Ⅱ．不定詞の処格を用いて受身形にしなさい。

1. 試験で良い成績を修めた学生達にこの奨学金が与えられるだろう。
2. 我々は研修のためにＵＰ州のアーグラー県に送られた。
3. 数が数えられないので私は1年生に入れられた。
4. 外国人労働者の導入が奨励された。
5. このポンプは動物に水を飲ませるのに役立つように設置された。

Ⅲ．使役の表現で言いなさい。

1. 彼らは彼女を地べたに座らせた。
2. 彼は私にすぐに電話を掛けさせ、真相を確かめさせた。
3. あなたはこんな小さな子供にこんなことをさせるのですか？
4. どうしても今日中に彼にお金を持って来させよう。

5. 健康のため妻は夫に煙草を止めさせた。

Ⅳ. 自発的可能表現で言いなさい。

1. 彼に会う必要は私には感じられなかった。

2. その老婆の気の毒な様子は彼女には見ていられなかった。

3. 人々の非難がもう彼には聞いていられなくなった。

4. 我慢できなくて、彼は姉に真実を打ち明けた。

聖地ナーシクの沐浴池ラームクンドと土産物屋

第21課　धडा एकविसावा
努力する者は成功する。
जो मेहनत करतो त्याला यश मिळतं.

【学習事項】

関係詞.

【基本文21】

1. जे पुस्तक तो वाचतोय ते माझ्या बहिणीचं आहे.

    彼が読んでいる本は私の姉のです。

2. जसं करावं तसं भरावं.　自業自得。

3. त्याने थोडा संकेत दिला तेवढ्यावरून तुझी एवढी निराशा कशी झाली ?

    彼が少しほのめかしたぐらいで君はどうしてそんなに落胆したのか？

4. जिथे पाऊस खूप पडतो तिथे तांदुळाची लागवड केली जाते.

    よく雨が降る所では米が作られる。

【文法21】

1. 関係詞

従属節に関係詞を用い、主節に対応する遠称詞を用いて、一

— 241 —

つのまとまった意味を表現することができます。関係詞と遠称詞（及び近称詞、疑問詞）の対応は次のようになります。

	疑問詞	近称詞	遠称詞	関係詞
代名詞、代名形容詞 （人、もの）	कोण / काय	हा	तो	जो
形容詞、副詞（質）	कसा	असा	तसा	जसा
形容詞、副詞 （数量、程度）	किती	इतका	तितका	जितका
	केवढा	एवढा	तेवढा	जेवढा
副詞（場所）	कुठे	इथे	तिथे	जिथे
副詞（方向）	कोणीकडे	इकडे	तिकडे	जिकडे
副詞（時）	केव्हा	आता	तेव्हा	जेव्हा

　関係詞を含む文では、関係詞の節が先行するのが一般的です。また、関係詞が省略されることもよくあります。遠称詞と関係詞は対応するものを組み合せるのが普通ですが、そうならない場合もよく起ります。また、जो は तो と同じように性・数・格により変化し、जसा, जितका, जेवढा はそれぞれ形容詞変化をします。

1）जो の用法

　　जो は तो と同じように性・数・格により変化します。

第 21 課　努力する者は成功する。

	単　数			複　数		
	男性形	中性形	女性形	男性形	中性形	女性形
主　格	जो	जे	जी	जे	जी	ज्या
具　格	ज्याने, ज्याच्याशी		जिने, जिच्याशी	ज्यांनी, ज्यांच्याशी		
与格（対格）	ज्याला, ज्यास		जिला, जीस	ज्यांना		
奪　格	ज्याहून, ज्याच्याहून		जिच्याहून	ज्यांहून, ज्यांच्याहून		
属　格	ज्याचा		जिचा	ज्यांचा		
処　格	ज्यात, ज्याच्यात		जिच्यात	ज्यांत, ज्यांच्यात		

注）具格、与格、奪格、処格にはそれぞれ **ज्याच्याने, जिच्यास, ज्याच्याहून, जिच्यात** などの属格から派生した形（属格派生形 **सविकरण**）があります。

काल तुम्हाला भेटायला जो आला होता तो तुमच्या ओळखीचा आहे का ?

昨日君に会いに来た人は君の知り合いですか？

जी किल्ली मी मघाशी या टेबलावर ठेवली ती सापडत नाही.

私がさっきこの机の上に置いた鍵が見当たらない。

जो कोणी उशीर करील त्याला शिक्षा होईल.

遅れた人は罰されるだろう。

मला जे काही माहीत आहे ते तुम्हाला सांगेन.

私が知っていることはみんな君に話そう。

ज्याने अजून हे पुस्तक वाचलं नाही त्याने लवकर वाचलं

पाहिजे.
まだこの本を読んでない人は早く読むべきだ。
ज्या दिवशी ती आली त्या रात्री आम्ही पार्टी दिली.
彼女が来た日の夜、我々はパーティーを開いた。
ज्याच्यासाठी आम्ही हे सगळं केलं तो आभाराचा एक शब्दही न बोलता निघून गेला.
我々がこれらのことすべてをしてあげた人は感謝の一言も言わずに立ち去った。

関係詞を使わずに、分詞の句で表現することもよくあります。
काल तुम्हाला भेटायला आलेला माणूस तुमच्या ओळखीचा आहे का ?
昨日君に会いに来た人は君の知り合いですか？
मघाशी या टेबलावर मी ठेवलेली किल्ली सापडत नाही.
さっきこの机の上に私が置いておいた鍵が見当たらない。

2) जसा の用法
जशी अंगठी तिच्याजवळ आहे तशी मी कुणाकडेही बघितली नाही.
彼女が持っているような指輪を他の人が持っているのを見たことがない。
(जसं) तुम्ही सांगाल तसं मी करेन.
あなたがおっしゃるようにします。
जसा अचानक मागून धक्का खावा तसा तो धपकन पडला.

第 21 課　努力する者は成功する。

不意に後ろから押されたように彼はドシンと倒れた。

जसा वारा वाहील तशी पाठ फिरवावी अशी मराठीत म्हण आहे.

風が吹いたら背を向けよという諺がマラーティー語にはある。

3) जितका / जेवढा の用法

जितके आंबे मिळतील ते सगळे आण.

手に入るマンゴーをすべて買ってきなさい。

जितकी तू मेहनत करशील तितकी यशाची शक्यता वाढेल.

努力すればするほど成功の可能性が増す。

जेवढी रक्कम मिळेल तेवढी घेऊन सारे जण माघारी आले.

もらえるだけのお金をもらって皆戻って来た。

भारतात मिळतात नेवढे गोड आंबे जपानमध्ये मिळत नाहीत.

インドにあるような甘いマンゴーは日本にはない。

4) जिथे の用法

जिथे चांगला पगार मिळेल तिथे मी नोकरी धरीन.

良い給料が得られる所で勤めを持とう。

शेतात जिथे ढोर घुसलं तिथे पिकाचं मोठं नुकसान झालं.

畑の中で家畜が入った所は作物が大きな被害を受けた。

5) जिकडे の用法

जिकडे तू जाशील तिकडे मीपण जाईन.

あなたが行く方へ私も行くでしょう。

जिकडे सुई तिकडे दोरी तसं बायकोला पतीच्या मनाप्रमाणे वागावं लागतं.

針に従う糸という諺のように妻は夫の気持ちの通りに振舞わなければならない。

6) जेव्हा の用法

जेव्हा सुर्य उगवतो तेव्हा सकाळ होते.

太陽が昇れば朝になる。

(जेव्हा) मी निघालो तेव्हा पाऊस पडू लागला.

私が出発した時、雨が降りはじめた。

7) その他の用法

जो जो त्याच्याकडे पाहतो तो तो हसतो.

彼の方を見る人は皆笑う。

जो तो आपलं घोडं पुढे करतो.

誰もが自分の馬を先に進める（諺、自分を優先するの意）。

सगळं सामान ज्या त्या ठिकाणी ठेवा.

すべてのものをそれぞれの場所に置いておきなさい。

तो वेडा माणूस ज्याला त्याला मारायला धावतो.

あの狂人は誰彼かまわず叩こうとする。

सर्व वस्तू ज्याच्या त्याला परत दे.

すべてのものを元の持ち主に返しなさい。

जोपर्यंत तो माझ्या प्रस्तावाला संमती देणार नाही तोपर्यंत मी इथून हलणार नाही.

第21課　努力する者は成功する。

彼が私の提案に賛成しないうちは私はここから動きません。

जसजसा उन्हाळा वाढत गेला तसतशी रोगराईही वाढत गेली.

夏が深まるにつれて病気も増えていった。

या रोगाचा जसा जसा अधिक फैलाव होत गेला तसा तसा लोकांचा त्रासही वाढत गेला.

病気が広まるにつれて人々の困難も増大した。

जिथे जिथे धूर असतो तिथे तिथे आग असते.

煙のあるところには火がある。

जेव्हा जेव्हा वेळ मिळाला तेव्हा तेव्हा मी पुस्तक वाचायचा प्रयत्न केला.

時間がある時にはいつも本を読む努力した。

関係詞はよく省略されます。

वाटेल तसं तुम्ही करू शकता.

あなたの好きなようにしていいんです。

फार मोठा पूर आला. बघावं निकडे पाणीच पाणी.

大洪水になった。どちらを見ても水ばかり。

पाहिजे तितके दिवस तुमच्याजवळ ठेवा.

必要な間は持っていていいですよ。

जितका ~ तितका ~ などを使って比較表現もできます。

मोहन खेळण्यात जितका हुशार आहे तितका अभ्यासात नाही.

モーハンは運動ほど勉強は得意ではない。

मोहन खेळण्यात जितका हुशार आहे तितकाच अभ्यासातही आहे.

モーハンは運動と同じくらい勉強も得意である。

मोहन खेळण्यात जितका हुशार आहे त्याहूनही अभ्यासात अधिक आहे.

モーハンは運動より勉強の方が得意である。

【練習問題 21】

次の文をマラーティー語にしなさい。

1. このような非道に対して人権意識の高い人なら誰でも声を上げるだろう。
2. 君が言っていることが本当だ。
3. 人間が何年かかってもできなかった仕事をこの機械は2分で仕上げた。
4. この国に住みたい人はこの国の法律を守らねばならないでしょう。
5. 我々が立てた計画はあれやこれやの理由で中止になった。
6. あなたが思ったようにしてください。
7. ガネーシャ祭りが近づくと、商店街は賑やかになった。
8. 給料で貰えるお金の範囲内で暮らすことを学ばねばならない。
9. この山羊 (f) は呼び声がする方に走って行くだろう。
10. 私の両親が住んでいる村の近くに大きな川が流れています。

第21課　努力する者は成功する。

11. お前が盗みをするためにあの家に入った時のことをすべて隠さずに話せ。
12. 休暇で彼が村へ帰った時、叔父さんは元気だった。
13. 現状のままにしておくようにと警察は命令した。
14. 決まったように実行した方がいい。
15. 現在ある不満を書面にして彼は上司に提出した。
16. すべてのものが戸棚の元の場所にあった。
17. 「彼はどうしたんだ？」誰もが低い声で尋ねた。
18. 言ってください。どこでも必要な所で車を止めますから。

第22課　धडा बाविसावा
お茶にしますか、それともコーヒー？
तुम्ही चहा घेणार की कॉफी ?

【学習事項】

接続詞．複文表現（名詞節）．की の用法．

【基本文 22】

1. त्याने मला विचारलं की तू कोण आहेस ?

    彼は私にお前は誰だと尋ねた。

2. तुम्ही आलात हे चांगलं झालं.　君が来てくれて良かった。

3. ती आज येणार नाही असं तुम्हाला का वाटलं ?

    今日彼女が来ないと君はどうして感じたのか？

【文法 22】

1. 接続詞

    1) 並列、順接「と、そして」

        आणि, नि, नी, व, न्, अन्, आणखी（さらに）

        त्याने तीन पुस्तकं आणि दोन वह्या आणल्या.

        彼は 3 冊の本と 2 冊のノートを買ってきた。

        人とものがある場合は別々の文にする方が自然です。

— 250 —

第22課　お茶にしますか、それともコーヒー？

तिथे मी एक मोठं घर पाहिलं. त्या घरासमोर चार मुलं पाहिली.

そこで私は1軒の大きな家を見た。その家の前で四人の子供を見た。

2）逆接「しかし」

पण, परंतु, किंतु, परी, तरी (それでも)

तो आला पण ती आली नाही.

彼は来たが、彼女は来なかった。

＊मरावे परी कीर्तिरूपे उरावे. 死んでも名声が残るように。
(कीर्तिरूपे = कीर्तिरूपाने)

ती मी जाते मी जाते म्हणत होती तरी तिचे पाय दारातून हलत नव्हते.

彼女は私が行く私が行くと言っていたが、彼女の足は戸口で釘付けになっていた。

3）選択「または」

वा, किंवा, अथवा, अगर, का, की

राम किंवा सीता येईल.

ラームかスィーターが来るでしょう。

राम येईल किंवा सीता येईल

ラームが来るかスィーターが来るでしょう。

तो येणार की नाही मला ठाऊक नाही.

彼が来るかどうか私は知りません。

तो बाजारात गेला की घरी गेला ?

彼は市場へ行ったのか、それとも家に帰ったのか？

तुम्हाला कोणतं आवडतं, हे का ते ?

あなたはどちらが好きですか、これかあれか？

4) 原因・結果

म्हणून「だから」、**तसा**「すると」

तू अभ्यास केला नाहीस म्हणून नापास झालास, नाही का ?

お前は勉強しなかったから、落第したんだ。そうじゃないか？

वाऱ्याने खिडकी थाडकन बंद झाली तसं बाळ जागं झालं.

風で窓がバンと閉まった。すると赤ん坊が目を覚ました。

5) 理由「なぜなら」

कारण, कारण की, का तर, की

गोविंद आज ऑफिसला आला नाही कारण तो आजारी आहे.

ゴーヴィンドは今日オフィスに来なかった。なぜなら彼は病気だからです。

बागेतली पुष्कळ झाडं पडली आहेत कारण मागच्या आठवड्यात या शहरात वादळ आलं होतं.

公園の木がたくさん倒れています。なぜなら先週この町を嵐が襲ったからです。

हा रस्ता बऱ्याच दिवसांपासून दुरुस्त केला गेला नाही. का तर म्हणे खर्च जास्त येतो.

第22課　お茶にしますか、それともコーヒー？

この道路は長らく修理が行なわれていない。なぜなら費用が多くかかるからだそうだ。

6) 目的「～するために」

आवा 分詞 + **म्हणून**

भाजी स्वस्त मिळावी म्हणून ती रोज मंडईत जाते.

野菜が安く手に入るように彼女は毎日市場へ行きます。

否定は **ऊ** 分詞 + **नये** + **म्हणून** になります。

त्याने पुन्हा अशी चूक करू नये म्हणून मी त्याला कडक शब्दांत खडसावलं.

彼が二度とこんな失敗をしないように私はきつい言葉で彼に注意した。

7) 条件 → 条件文の項（第23課）

8) 同等「即ち、つまり」

म्हणजे, म्हणून, की

अश्व म्हणजे घोडा.　アシュヴァ即ち馬。

फार वर्षांपूर्वी या गावात राम म्हणून एक मुलगा राहत होता.

何年も前にこの村にラームという一人の少年が住んでいた。

तू परत ये म्हणून ती ओरडत होती.

戻って来てと彼女は叫んでいた。

तो म्हणाला की मी आज येणार नाही म्हणून.

彼は今日は来ないと言った。

2. 名詞節を用いる複文表現

「～と思う」とか「～と言う」などの表現において、「～」に該当する部分を引用節とし、近称詞（हे, असं など）で言い換える方法があります。この表現では普通、引用節は直接話法のようになります。近称詞は単独の場合、中性形になります。

मी उद्या येईन असं त्यांनी आम्हाला सांगितलं.

明日来ますとあの方は我々に言いました。

तू लवकर ये असं तो मला म्हणाला.

早く来なさいと彼は私に言いました。

त्या दुकानातल्या भाज्या चांगल्या नाहीत हे मला ठाऊक होतं.

あの店の野菜が良くないことを私は知っていました。

तो मला पत्र लिहिणार अशी माझी खात्री होती.

彼は私に手紙を書いてくると私は確信していました。

त्याने बरोबर यावं अशी तिची इच्छा होती.

彼がいつも来るようにと彼女は願っていました。

ती भेटेल की नाही अशी त्याला काळजी वाटली.

彼女が会ってくれるかどうか彼は心配になった。

3. की の用法

1) 接続詞の項8）で示したように、की はせりふを引用する接続詞として機能します。

कोण म्हणालं की तो चांगला माणूस नाही ?

彼は良い人間ではないと誰が言ったのか？

第22課　お茶にしますか、それともコーヒー？

2）同様に、近称詞が指す内容を **की** 以下の節で示す方法もあります。これは前頁2で説明した文の構造がほぼ前後逆になった形です。なお、近称詞はしばしば省略されます。

मला (असं) वाटतं की आज पाऊस पडेल.

今日は雨が降ると私は思う。

（注　**आज पाऊस पडेल असं मला वाटतं.**）

ऐकिवात आहे की अमेरिकेत त्याचा मृत्यू झाला.

彼はアメリカで死亡したと言われている。

राजकुमारीने असं जाहीर केलं की जो हे धनुष्य मोडेल त्याला मी माळ घालेन.

王女はこの弓を折る者と結婚すると宣言した。

ही गोष्ट खरी आहे की मी त्याला पैसे दिले.

私が彼にお金を与えたという話は本当です。

मजुरी इतकी कमी आहे की त्याला जीवनावश्यक वस्तू खरेदी करणंही परवडत नाही.

賃金がとても少ないので生活に必要なものを買うことすら彼にはできないのです。

3）時間の経過を前提に「～すると…する」のように事態が進展する様子を表します。

दिवस मावळला की पोरं आपापल्या घराकडे पळायची.

日が沈むと子供達は各自の家に向かって駆け出すのだった。

पाऊस पडायला लागला की तो गुराढोरांना गोठ्यात घेऊन

— 255 —

基礎マラーティー語

येतो.

雨が降り出したら、彼は牛たちを小屋に連れて来る。

この構文は条件文に近い表現と言えます。（条件文の項、第23課参照）

तो एकदा हट्टास पेटला की कोणीही त्याला थोपवू शकणार नाही.

彼がひとたび意固地になると誰も彼を抑えることはできないでしょう。

【練習問題22】

次の文をマラーティー語にしなさい。

1. 私は一日中歩き回ったが、結局彼の家は見付からなかった。
2. 次の選挙では公認されそうもないので、彼は党を変えた。
3. 昨日彼女は会社に行かなかった。なぜなら家に客が来ていたからです。
4. 彼は本採用の労働者でなかった。そのせいで彼は事故の補償が受けられなかった。
5. 携帯電話の声がちゃんと聞こえるように彼は友達に静かにするようにと言った。
6. 彼女は飼い犬が死なないように懸命に頑張った。
7. この肥料で大きなトマトが実るだろうと農夫は考えた。
8. 彼が時間内に到着するかどうか心配で彼女は何度も門の方を

— 256 —

第22課　お茶にしますか、それともコーヒー？

見るのだった。
9．山道はとても狭く険しかったので足をすべらしたらまっすぐ谷底に落ちそうだった。
10．カシミール問題が解決するまでにあといくつの人命が失われるか何とも言えない。

祭り用の花を売る道端の花屋

第23課　धडा तेविसावा
明日お天気ならピクニックに行きましょう。
उद्या हवा चांगली असली तर सहलीला जाऊ.

【学習事項】

条件文．譲歩表現．仮想表現．仮定表現．

【基本文 23 − 1】

1. या भागात राहायला मिळालं तर काय मजा येईल.
   こんな所に住めたら最高ですね。

2. मुंबई नीट बघायची असेल तर मुंबईदर्शन बसने जाणं उत्तम.
   ムンバイをちゃんと見物したければムンバイ市内観光バスで行くのが一番です。

3. हे औषध घेतल्याने आपण नक्कीच ब-या व्हाल, नाही तर मग डॉक्टरकडे जा.
   この薬を飲めばきっと良くなる筈ですが、もし良くならなければ病院に行ってください。

4. कितीही स्वस्त असलं तरी मी विकत घेणार नाही.
   どんなに安くても買いませんよ。

第 23 課　明日お天気ならピクニックに行きましょう。

【文法 23 － 1】

1．条件文

　現在や未来または過去の不明な事柄についての予想、推測、設定などを条件として述べる文で、例えば「もし明日雨が降れば、〜」とか「もし３本で 10 ルピーなら、〜」のようなものです。条件節の動詞により、1）過去形、2）未来形、3）コピュラ動詞 असणे を使う形、4）その他、に大別できますが、条件文として意味の違いはありません。また「もし…なら〜」には普通「जर … तर 〜」を使います。जर は省略可能ですが、तर は省略できません。

　1）過去形

　　条件節として最も普通の形です。

　　जर तो आला तर त्याला हे दाखवा.

　　もし彼が来たら、彼にこれを見せなさい。

　　जर मी वेळेवर पोचलो नाही तर तुम्ही माझी वाट न पाहता आधीच निघून जा.

　　もし僕が時間通りに到着しなかったら、君は僕を待たないで先に行ってください。

　　जर तिने ऐकलं तर फार वाईट होईल.

　　もし彼女が聞いたら、とてもひどいことになりますよ。

　　किंमत आणखी कमी केलीत तर कदाचित विकत घेईन.

　　もっと安くしてくれたら、多分買います。

— 259 —

2）未来形

तुम्हाला विशेष घाई नसेल तर माझ्याबरोबर या．

特に急いでないのなら、私と一緒にいらっしゃい。

तो पुन्हा तरुण होईल तर किती चांगलं होईल．

彼が再び若くなったらどんなにいいだろう。

शक्य असेल तर एक प्रत पाठविण्याची कृपा करावी．

できましたら、1冊お送りください。

3）コピュラ動詞 असणे を使う形

असणे を助動詞とする様々な時制や表現が条件節に使われる場合には普通 असणे が一般活用・過去形または未来形となります。（否定形には नसणे を使います。）

जर तो बाहेर खेळत असला तर त्याला जरा इथे यायला सांग．

もし彼が外で遊んでいるなら、ここへ来るように言いなさい。

जर तिने हे पुस्तक वाचलं नसलं तर हे तिने ठीक केलं नाही．

もし彼女がこの本を読んでないのなら、それは良くない。

जर तो उद्या मुंबईला जाणार असेल तर मीपण बरोबर जाईन．

もし彼が明日ムンバイへ行くのなら、私も一緒に行こう。

जर तुम्हाला मराठी शिकायचं असेल तर मी मदत करेन．

もしあなたがマラーティー語を勉強したいのなら、私がお手伝いしましょう。

जर असा कपडा पाहिजे असेल तर गावात जावं लागेल．

もしこんな服が欲しいのなら、旧市街へ行かなくちゃな

第23課　明日お天気ならピクニックに行きましょう。

りません。
4）その他
　a）完了 ला 分詞＋後置詞

　　「完了 ला 分詞＋後置詞」の形で条件の意味を表す場合には जर … तर ~ は使いません。

　　ती आल्यास ही अडचण मिटेल.

　　彼女が来ればこの問題は片付くだろう。

　　ते आले असल्यास त्यांना झटपट काही तरी जेवायला दे.

　　彼らが来ているのなら、彼らに急いで何か食事を出しなさい。

　　जमल्यास चार वाजेपर्यंत यावं.

　　できるなら4時までにおいでください。

　　बहीण आल्याने त्याला आनंद होईल.

　　姉が来れば（来ることによって）彼は喜ぶでしょう。

　　कायद्याचा कीस काढल्यावर सुटण्याच्या अनेक वाटा सापडतील.

　　法律を細かく調べたら逃げる道はたくさん見付かりますよ。

　　त्याने विचारल्याशिवाय मी त्याला काही सांगणार नाही.

　　彼が尋ねなければ何も言ってあげません。

　b）接続詞 म्हणजे, की を使う形

　　この構文にも जर … तर ~ は使われません。

　　तुम्ही एकदा जपानला या म्हणजे तुम्हाला साके पाजीन.

　　一度日本にいらっしゃい、そしたら酒を飲ませるから。

सुट्टी सुरू झाली म्हणजे तो एक दिवससुद्धा इथे रेंगाळत राहणार नाही.

休暇になったら彼は一日たりともこんな所にうろうろしてないよ。

पुष्कळ काम केलं की थकवा येतो.

いっぱい仕事をしたら疲れるものです。

c) 現在の事実を前提とする条件文

現在の事実を前提とし「(もし)…であるのなら、～であるのだから」などの意味の条件にする場合、条件節には現在進行形や現在完了形が用いられます。

जर तू बाजारात जातोयस तर जरा दूध घेऊन ये.

市場に行くんだったら、ちょっと牛乳買って来て。

जर आबा रागावले आहेत तर रागावू द्या.

おじいさんが怒ってるんなら、怒らせておけばいい。

जर मी तुम्हाला हे देतोय तर तुम्ही का घेत नाही ?

僕が君にこれをあげるっていうのに、君はどうして受け取らないんだ？

d) その他の動詞形や分詞を使う場合

जर किल्ली लवकर हवी असेल तर तू माझ्याबरोबर ये.

鍵が早く要るのなら、私と一緒に来なさい。

जमिनीखाली हाइवे बनवायचा तर कोट्यावधी रुपये ओतावे लागतील.

第23課　明日お天気ならピクニックに行きましょう。

地下にハイウェイを建設するとなると莫大なお金を注ぎ込まねばならないでしょう。

5）他の表現との比較

परीक्षा जवळ आली म्हणजे मी अभ्यास सुरू करेन.

試験が近づいたら勉強を始めます。

परीक्षा जवळ आली की मी अभ्यास सुरू करेन.

試験が近づいたら勉強を始めます。

परीक्षा जवळ आल्यावर मी अभ्यास सुरू करेन.

試験が近づいたら勉強を始めます。

परीक्षा जवळ येईल तेव्हा मी अभ्यास सुरू करेन.

試験が近づいたら勉強を始めます。

परीक्षा जवळ आली म्हणून मी अभ्यास सुरू केला.

試験が近づいたので勉強を始めた。

2．譲歩表現

1）जरी … तरी ~

「…でも」とか「…だけれども」など譲歩を表現するのに、「जरी … तरी ~」を使う方法があります。動詞は現在形、過去形、未来形のどれでも自由に使えます。तरी の直後に सुद्धा や ही などが続くこともあります。また जरी は省略可能です。

त्याला भेटायची आपली खूप इच्छा आहे हे मला माहीत आहे तरीसुद्धा मी आपल्याला जाऊ देणार नाही.

あなたが彼にとても会いたがっていることは私にはわ

かっていますが、私はあなたを行かせる訳にはいかないのです。

जरी त्याच्याजवळ पैसे नव्हते तरी त्याने कुणाकडे पैसे मागितले नव्हते.

彼はお金を持っていなかったけれど、誰にもお金を求めなかった。

2) किती ~ का - ना (पण)

「どんなに～であろうとも」という意味で使う形です。普通 किती（又は कितीही）の次には形容詞や副詞がきます。動詞の形は習慣過去時制の3人称・単数形と同じものに ना がつきます。पण は省略可能です。（第19課参照）なお、通常「どんなに～であろうとも」の部分は3人称に関することになります。日常会話では किती का ~ という語順になることもあります。

तो कितीही हुशार का असेना पण त्यालादेखील हा अवघड प्रश्न सोडवता येणार नाही.

彼がどんなに賢くても、彼にだってこの難しい問題は解けないだろう。

तो कितीही भरभर का चालेना संध्याकाळपर्यंत तिथे पोचू शकणार नाही.

彼がどんなに急いで歩いても、夕方までにはそこに到着できないでしょう。

第23課　明日お天気ならピクニックに行きましょう。

3）その他の譲歩的表現

पुस्तक वाचूनही मला काही कळलं नाही.

本を読んでもまったく分からなかった。

खूप कडक कॉफी पिउनसुद्धा तो झोपून गेला.

とても強いコーヒーを飲んだのに彼は寝てしまった。

3．たとえを表す仮想表現

「（まるで）〜（の／である）ように」という意味を表すいくつかの表現があります。

1）「まるで〜のように」という意味を表す語は जणू です。

जणू は語や節にかなり自由に付きます。また省略されることもあります。動詞は普通の現在形や過去形（直接法）などです。なお、節では असं वाटणे（〜のように感じる）などの表現としばしば併用されます。

आता चोरी करणं हा मणूच्या कुटुंबाचा जणू व्यवसायच झाला.

今や盗みをすることがマヌーの家族のまるで商売のようになってしまった。

तिला बघून मला असं वाटलं जणू एखादं सुंदर फूल फुललं.

彼女を見て私はまるで何か美しい花でも咲いたように感じた。

पायाखालची जमीन कापायला लागली. जणू कोणीतरी तांडव नृत्य करत आहे असा भास झाला.

足元の大地が揺れ始めた。まるで誰かが末世の踊りを

踊っているかのように感じられた。

2) 完了 ला 分詞に सारखा, गत などの後置詞を付ける仮想表現。सारखा は修飾する名詞に応じて形容詞的に変化します。

त्याला एका तीरात दोन पक्षी गवसल्यासारखा आनंद झाला.

彼は1本の矢で2羽の鳥が手に入ったように嬉しくなった。

जेव्हा ती उंच इमारत ढासळली तेव्हा आभाळ कोसळल्यागत आवाज झाला.

その高い建物が崩れた時、空が落ちてきたような音がした。

3) आवा 分詞 + तसा による表現。तसा は主語などに応じて形容詞的に変化します。

तिचं काळीज तापल्या तव्यावर तेलाचे थेंब चरकावेत तसं चरकून गेलं.

彼女の心は熱した鉄板の上で油がはねるように激しく動揺した。

जादूची कांडी फिरावी तसा एका रात्रीत शहराचा कायापालट झाला.

魔法の杖が振られたように一晩で町はすっかり生まれ変わった。

【基本文 23 – 2】

1. **जर गांधीजी आज जिवंत असते तर काय म्हणाले असते ?**

   もしガーンディーさんが今日生きていたら何とおっしゃった

第23課　明日お天気ならピクニックに行きましょう。

でしょうね？

2．जर भारतात जातिभेद नसता तर भारताचा इतिहास वेगळा झाला असता．

もしインドにカースト差別がなかったら歴史が変わっていたでしょう。

3．जर तुम्हीही काल आला असता तर मजा आली असती．

君も昨日来ていたら楽しかったのに。

4．तीही आली असती, पण तिची आई आजारी पडली．

彼女も来ていた筈なんだが、彼女のお母さんが病気になってしまってね。

【文法23－2】

1．事実に反する仮定表現

　現在または過去の事実に反する仮定を表す場合、「コピュラ動詞 असणे の仮定形」が使われます。「असणे の仮定形」は次のようになります。否定は नसणे を使います。

	単数			複数		
	男性形	女性形	中性形	男性形	女性形	中性形
1人称	असतो	असते	なし	असतो		なし
2人称	असतास	असतीस	なし	असता		なし
3人称	असता	असती	असतं	असते	असत्या	असती

— 267 —

仮定表現の条件節には「असणे の仮定形」を単独で使うものと、分詞と組み合わせて使うものの2種類があります。「जर … तर ~」の用法は条件文の場合と同じです。また帰結節は通常、「完了ला 分詞 + असणे の仮定形」になります。

1－1.「असणे の仮定形」を単独で使うもの

コピュラ動詞のみで表現できる内容が条件節になる場合、असणे の仮定形が単独で使われる形になります。

जर तुम्ही माझ्या जागी असता तर काय केलं असतं ?

もしあなたが私の立場だったら、どうしていたでしょうね?

त्याच्याजवळ पैसे असते तर तो टॅक्सीने आला असता.

もし彼にお金があったなら、タクシーで来ていたでしょうに。

1－2.「分詞 + コピュラ動詞 असणे の仮定形」の形になるもの

1）過去の事実に反する仮定表現で、一般動詞を使って表現する内容が条件節になる場合、通常「完了ला 分詞 + コピュラ動詞 असणे の仮定形」の形になります。

जर तुम्ही उशीर केला नसता तर आपण वेळेवर स्टेशनवर पोचलो असतो.

もし君が遅れてなければ、我々は時間通りに駅に着いていただろうに。

जर मी बसने गेले असते तर चार तासांपेक्षा जास्त वेळ लागला असता.

もしバスで行っていたなら、4時間以上かかっていたで

第23課　明日お天気ならピクニックに行きましょう。

しょう。

2)「未完了 त 分詞＋コピュラ動詞 असणे の仮定形」の場合、過去に進行中の事実や過去の習慣に反する仮定表現になります。

जर मला मराठी चांगलं लिहिता येत असतं तर मी तुम्हाला मराठीतच पत्र लिहिलं असतं.

もしマラーティー語がちゃんと書けたなら、君にマラーティー語で手紙を書いたでしょうに。

जर त्या वेळी बर्फ पडत असतं तर हा देखावा आणखी मनोहर झाला असता.

もしその時雪が降っていたら、この景色はもっと魅力的になっていたでしょう。

3) 未来分詞や आयचा 分詞を असणे の仮定形と組み合せて条件節にする場合、その時点での予定や意志について、それに反することを仮定として述べることになります。

जर तो जाणार असता तर आधीच निघून गेला असता.

もし彼が行く予定だったなら、とっくに出発している筈だ。

त्याला यायचं असतं तर तो आला असता.

彼に来る気があったなら、来ているだろうに。

2．条件文や仮定表現の変則的な形

条件文や仮定表現が条件節または帰結節の一方のみで表現される場合があります。条件節のみの場合は語尾に必ず तर を付けます。

जर त्याला उशीर झाला तर? もし彼が遅れたら？

अजूनही कधीकधी वाटतं की जर मी त्या बसमधे चढले असते तर.
もしあのバスに乗っていたらと今でも時々思います。

खबरदार एक शब्दही बोलशील तर.
いいか、もし一言でもしゃべってみろ。

मी निघालो असतो, पण त्याच क्षणी तो टपकला.
私は出かけていた筈でしたが、ちょうどその時彼が現れたのです。

【練習問題 23】

次の文を指定の文・表現を用いてマラーティー語にしなさい。

Ⅰ. 条件文

1. この仕事が終わったらどこか旅行したい。
2. 1週間以内に攻撃を開始しなければすべての計画が無駄になりそうだった。
3. ここで就職できるという噂が広まればたくさんの人が集まるでしょう。
4. 今すぐ出掛けなければ、あの方には二度と会えないでしょう。
5. 村議会で決まったことが実施されれば人々のためになるでしょう。
6. もう二、三人いればどうにかなるのだが。
7. このような田舎に暮らすとなればいろいろな不便に耐えね

第23課　明日お天気ならピクニックに行きましょう。

ばならないでしょう。
8．郵便局に行くんだったら、この手紙出してくれませんか？
（9〜11は「完了हा分詞＋後置詞」の形で）
9．彼が戻らなければ私には何も言えません。
10．小川の水がなくなれば、魚たちはとても難儀するだろう。
11．そんなに食べたら気分が悪くなりますよ。

Ⅱ．譲歩表現
1．彼ははっきり約束はしなかったけれど、この仕事をする気は見せた。
2．まわりの状況は悪くなったが、彼女は挫けなかった。
3．汗を流して働いたけれど、その貧しい労働者達の生活は良くならなかった。
4．私の命がなくなっても構わない。しかし私は戦争を起こさせない。
5．彼にどんなに言っても、彼は自分の子供に父親らしいことを何もしない。

Ⅲ．仮想表現
1．これはのら犬でしたが、今ではまるで自分の家のように大きな顔で私の家に暮らしています。
2．彼は何でも分かっているかのように話す。
3．海の底まで見えるほど綺麗な水だった。
4．空が破れたかというほど激しい雨が降った。

5．途中で彼が憚りなくしゃべったので、彼女はご飯の中に石が入っていたような不快感を感じた。

6．腹が破裂しそうになるほど食べる人がありますか。

7．壁の色を変えれば、部屋がまったく新しくなったように感じるでしょう。

Ⅳ．仮定表現

1．この本が僕のなら君に上げていたでしょう。

2．もし僕が魔法使いなら水の上を走って逃げたことだろう。

3．もし夫がしっかりしていれば彼女は家を出る羽目にはならなかったでしょう。

4．もしこのことが前もって分かっていたなら、あなたに話していたでしょう。

5．君が友人の忠告を聞いていたらよかったのに。

6．その素朴な村人は日本がどこにあるか地図で見せても分からなかっただろう。

7．息子は父親に赤の他人でも言わないほどひどいことを言った。

第 24 課　धडा चोविसावा
行っても行かなくても同じです。
गेला न गेला सारखाच.

【学習事項】

否定辞. असणे, नसणे の諸用法.

【基本文 24 － 1】

1. बरं का, हे तुमचं घर नव्हे.

　　いいですか、これは君の家ではないんですよ。

2. त्या दिवसांत प्रेमविवाह नव्हता असा नव्हे, पण हा प्रकार खूप मर्यादित प्रमाणात होता.

　　当時恋愛結婚がなかった訳ではないが、そういうものはとても限られていた。

3. त्याने मामांचं पत्र वाचलं नसावं.

　　彼はおじさんの手紙を読まなかったのだろう。

4. तिला बिस्किटं नको असावीत.

　　彼女はビスケットは要らないのでしょう。

【文法 24 − 1】

1. 様々な否定辞

1 − 1. नाही, नाहीस, नाहीत

否定文で動詞を否定する नाही（及びその変化形）が否定の副詞なのか否定のコピュラ動詞 नसणे の変化形なのかを区別するのは場合により微妙です。基本的には肯定形で असणे が使われる動詞形において、否定形でその असणे が नाही と置き換えられている場合、その नाही はコピュラ動詞 नसणे と見なすことができます。

1）否定のコピュラ動詞 नसणे。肯定形の असणे と入れ替わるもの。

(1) 　肯定形　**तो मास्तर आहे.**　彼は先生だ。
　　　　　　　（等位のコピュラ動詞）
　　　否定形　**तो मास्तर नाही.**　彼は先生ではない。

(2) 　肯定形　**मला ही कामं करायची आहेत.**
　　　　　　　私はこれらの仕事をしたい。
　　　　　　　（आयचा 分詞の用法。希望）
　　　否定形　**मला ही कामं करायची नाहीत.**
　　　　　　　私はこれらの仕事はしたくない。

2）否定の副詞 नाही

a）肯定形の असणे が否定形でも保持され「नाही + असणे」となるもの。

— 274 —

第24課　行っても行かなくても同じです。

(3)　肯定形　**ती गेली आहे.**　彼女は行った。

　　　　　　（完了形・現在）

　　　否定形　**ती गेली नाही आहे / नाहीय.**

　　　　　彼女は行っていない。

(4)　肯定形　**तो जात आहे.**　彼は行くところである。

　　　　　　（進行形・現在）

　　　否定形　**तो जात नाही आहे / नाहीय.**

　　　　　彼は行くところではない。

(5)　肯定形　**तो सध्या शाळेत जात आहे.**

　　　　　彼は最近は学校へ行っている。

　　　　　（現在習慣表現）

　　　否定形　**तो सध्या शाळेत जात नाही आहे / नाहीय.**

　　　　　彼は最近は学校へ行っていない。

(6)　肯定形　**तुम्ही हे वाचणार आहात.**

　　　　　君はこれを読む予定です。(未来形Ⅱ型)

　　　否定形　**तुम्ही हे वाचणार नाही आहात / नाहीयात.**

　　　　　君はこれを読む予定ではありません。

　　　　　（または、読んではいけません）

b）肯定形に **असणे** のない文の否定形に使われる **नाही**（とその変化形）。

(7)　肯定形　**ते माझं ऐकतात.**

　　　　　彼らは私の言うことを聞きます。(現在形)

否定形 **ते माझं ऐकत नाहीत.**

彼らは私の言うことを聞きません。

(8) 肯定形 **तू काल गेलास.** 君は昨日行った。

（過去形）

否定形 **तू काल गेला नाहीस.**

君は昨日行かなかった。

(9) 肯定形 **आमच्या घरी त्याची चर्चा व्हायची.**

我が家ではその話題がよく出た。

（**आयचा** 分詞の用法。習慣過去）

否定形 **आमच्या घरी त्याची चर्चा कधी व्हायची नाही.**

我が家ではその話題は決して出なかった。

(10) 肯定形 **तुम्ही हे वाचाल.**

君はこれを読むでしょう。(未来形Ⅰ型)

否定形 **तुम्ही हे वाचणार नाही.**

君はこれを読まないでしょう。

注) b）の用法の **नाही** をコピュラ動詞 **नसणे** の助動詞用法とする解釈もあります。

1-2. नव्हता

नसणे の基礎活用・過去形。

ती बरी नव्हती. 彼女は元気じゃなかった。

त्या वेळी तो माझ्याकडे बघत नव्हता.

その時彼は私の方を見ていなかった。

第 24 課　行っても行かなくても同じです。

मी अजून घडलेल्या गोष्टीबद्दल कुणाला काही सांगितलं नव्हतं.

私はまだ起こった出来事について誰にも何も言ってなかった。

तिला असे कपडे घालायचे नव्हते.

彼女はこんな服を着たくなかった。

1−3．नव्हे

नसणे の基礎活用・現在形 **नाही** の強調形。

तो अध्यापक नव्हे.　彼は教授ではない。

मला ते पाहिजे, हे नव्हे.

私はあれが欲しいんだ。これじゃない。

तो माझ्याशी काही बोलला नाही, इतकंच नव्हे तर सभेतून निघून गेला.

彼は私と全く話をしなかったばかりじゃなく、会議の場から出ていった。

1−4．नसणे の一般活用

उत्तरेकडे उंच डोंगर असल्यामुळे या भागात फारसं बर्फ नसतं.

北側に高い山があるのでこの地域は雪はあまり多くありません。

सरांच्या विरोधात जायला कोणा मुलाची तयारी नसे.

先生に盾突くような気はどの生徒にもなかった。

तू ते सांगितलं नसतंस तर वाद झाला नसता.

君があのことを言わなかったら、もめごとは起こらなかったのに。

त्या काळात गरिबीमुळे शाळा सोडलेल्यांची संख्या काही कमी नसावी.

当時貧しさゆえに学校をやめた人の数は決して少なくなかっ

— 277 —

ただろう。

1−5. नको, नकोत

हवा の否定形。

> त्याला यायला सांगायला नको ना ?

彼に来るように言わなくていいでしょ？

> त्याला कुठे तरी पाठवून दे म्हणजे मला रोज रोज त्याचं तोंड बघायला नको.

彼をどこかへやってくれ。そうしたら毎日毎日彼の顔を見なくて済むから。

> तो मला भेटायला येईल. मी घरी नाही म्हणून तो परत जायला नको.

彼が私に会いに来ます。私が留守だからといって彼に帰ってもらいたくない。

1−6. नकोस, नको, नका

命令形の否定形。

> घाबरू नका. सगळं काही ठीक होईल.

心配しないで。何もかもうまくいくから。

> तू रडू नकोस / नको. 泣くなよ。

1−7. नये, नयेत

आवा 分詞の否定形「ऊ 分詞 + नये / नयेत」として。

> असं आईला उलटून बोलू नये.

そんなふうに母親に口応えするものじゃない。

> जे घडू नये नेमकं तेच घडलं.

第24課　行っても行かなくても同じです。

起こってほしくないことが起こってしまった。

1-8. न

基本的に分詞と共に用いられます。

मला न कळवता तो निघून गेला.

私に知らせないで彼は去っていった。

ती कधी न हसणारी मुलगी आज हसली.

あの滅多に笑わない娘が今日笑った。

त्याचं म्हणणं मुळीच न ऐकलेलं बरं.

彼の言うことはまったく聞かない方がいい。

तिचं अमेरिकेला न जाणं मला रुचलं.

彼女がアメリカに行かないのは私は良かったと思う。

काल रात्रभर न झोपल्याने आज माझं डोकं दुखतंय.

昨日一晩中寝なかったので今日は頭が痛い。

मी घरी पोचतो न पोचतो तोच परत ऑफिसमधे ये म्हणून फोन आला.

家に帰るとすぐ、事務所に戻るようにと電話がかかってきた。

1-9. ना

1) 二つ以上の語、句、節などを全体否定する場合に用いられます。

त्याला कोणी नाही, ना पोटचा ना पाठचा.

彼には誰もいない。子も兄弟もない。

तिने सांगितलेल्या जागेवर ना ती होती ना तिचं घर.

彼女が言った場所には彼女もいなかったし、彼女の家もなかった。

2) **ना** を挟んで同じ語を繰り返す熟語的な用法があります。

कधी ना कधी कोणी ना कोणी येईल.

いつか誰かが来るでしょう。

तिथं रोज कुणाच्या ना कुणाच्या बातम्या ऐकायला मिळायच्या.

そこでは毎日誰かしらの消息が聞けるのだった。

3) 虚辞として文末に用いられ、確認、勧誘、忠告などの意味を表します。

तुम्हीही आमच्याबरोबर जेवण कराल ना ?

君も我々と一緒に食事するでしょ？

4) 動詞の否定辞になる場合もあります。

काय करावं ते मला समजेना.

どうしていいのか私には分からなかった。

【基本文 24 − 2】

1. * **तो परिसरात आला असता त्याला प्राध्यापक भेटले.**

   彼が構内に入って来たとき教授と出会った。

2. **ती रस्त्याने जात असताना गाणं म्हणत होती.**

   彼女は道を行きながら歌を歌っていた。

3. * **या टप्प्यात लोकसभेसाठी १२३ उमेदवार रिंगणात असून त्यापैकी आठ महिला आहेत.**

第 24 課　行っても行かなくても同じです。

今回は下院議会に 132 名の候補者が立候補し、うち 8 名は女性である。

4．＊ आरोपी परवानगी न घेता त्याच्या खोलीत शिरला असल्याचे कळते.

被告は許可を得ずに彼の部屋に侵入したことが分かっている。

【文法 24 − 2】

1．असणे の様々な分詞的用法

　コピュラ動詞 असणे（नसणे も）が単独で、または他の分詞との組み合せで（助動詞として）使われることはすでに見た通りです。ここでは、コピュラ動詞が分詞になる場合の（主に助動詞としての）いくつかの用法を取り上げます。

　1）असता（ता 分詞）

　　असता は多くは完了 ला 分詞に続けて用いられ、「〜すると、〜した時」の意味になります。असता の形は変わりません。普通、書き言葉（新聞や公文書）で使われます。

　　＊ त्यांना या संदर्भात विचारले असता त्यांनी उत्तर द्यायला नाकारले.

　　彼らにこれに関して尋ねると彼らは答えることを拒否した。

　　＊ संबंधितांचा जबाब घेतला असता ही झाडे कोणी तोडली हे त्यांना सांगता आले नाही.

　　関係者に回答を求めると、これらの木を誰が切ったのか

彼らは答えられなかった。

* मृणाल घरी येत असता बागेजवळ प्रकाशने तिला अडविले.

ムルナールの帰宅途中に公園のそばでプラカーシュが彼女をさえぎった。

（行き来を表す動詞のとき未完了 त 分詞になることがあります。その場合は「〜している時」という意味になります。）

2）असताना（ताना 分詞）

助動詞的用法としては、多くは未完了 त 分詞、完了 ला 分詞、完了 लेला 分詞などに続けて用います。基本的に「〜時に」の意味を表します。असतानाही となると「〜でありながら」の意味になります。否定形は नसताना です。

a）「未完了 त 分詞 + असताना」は「〜している時に」の意味を表します。

* खरा प्रश्न हा की, शेकडोंच्या संख्येने आदिवासींची मुले मरत असताना या भागातील सरकारी यंत्रणा आणि तेथील लोकप्रतिनिधी काय करीत होते ?

本当の問題は、何百人という単位で先住民の子供達が死につつある時に、その地域の政府の機関と住民の代表達は何をしていたのかということだ。

* देशाच्या वतीने खेळत असताना प्रत्येक खेळाडूची काय मनःस्थिती असते याची त्याला पुरेपूर कल्पना होती.

国を代表して競技している時に選手それぞれがどんな

第24課　行っても行かなくても同じです．

気持ちであるか、このことを彼は十分に理解していた。
b)「完了ला 分詞 + असताना」は基本的に「～した時に」の意味を表しますが、原因や譲歩などの意味合いを含むこともよくあります。

＊सर्वसमावेशक अणुचाचणी बंदी कराराचा मसुदा स्वीकारण्यात भारताच्या नकारामुळे अपयश आले असतानाही अमेरिकेने या कराराच्या मंजुरीसाठी संयुक्त राष्ट्रसंघाचे दरवाजे ठोठाविण्याचा पवित्रा घेतला आहे.

包括的核実験禁止条約の原案受け入れがインドの拒否により失敗したにも拘らず、アメリカはこの条約の承認を国連に訴える姿勢を取った。

＊उत्तर प्रदेशाच्या पूर्वीच्या दोन विधानसभांनी उत्तरांचल हे स्वतंत्र राज्य निर्माण करण्याच्या मागणीचा ठराव दोन वेळा संमत केला असताना, विधानसभेचे मत तिसऱ्यांदा घेण्याची गरज काय?

ウッタル・プラデーシュの過去2回の州議会がウッタラーンチャルという独立した州を創設する要求を二度も決議したのだから、州議会が三度目の決議をする必要があろうか？

＊गव्हाच्या आयातीस अन्न महामंडळाने लेखी विरोध केला असतानाही सरकारने आयात चालूच ठेवली.

小麦の輸入に穀物協議会は書面による抗議を行なった

— 283 —

が政府は輸入を継続した。

c)「完了 लेला 分詞 + असताना」は基本的に「(すでに) 〜している時に」の意味を表します。この形も b)と同様に原因や譲歩などの意味合いを含むことがよくあります。

＊ कामगारांनी संपाचा इशारा दिलेला असतानाही व्यवस्थापकमंडळाने कामगारांची मागणी मान्य केली नाही.

労働者がストライキの意向を示しているのに、経営者側は労働者の要求を認めなかった。

＊ संस्थेच्या सर्वसाधारण सभेने ठराव केलेला नसतानाही अध्यक्षाने व इतर सदस्यांनी अनधिकृतपणे करारावर सह्या केल्या हे सारे बेकायदेशीर आहे.

協会の総会が決定していないのに、議長と他の委員らが権限もなく条約に署名したことはすべて法に違反している。

d)助動詞的用法の他に、名詞や形容詞に対応する本来のコピュラ動詞的な用法もあります。

＊ ठेवण्यास गोदामे अपुरी पडतील एवढा गव्हाचा साठा असताना सरकारने आयात का केली ?

保管するのに倉庫が不十分なほど小麦の備蓄があるのに政府はなぜ輸入したのか？

＊ जगात नागरीकरणाची प्रक्रिया चालू असताना या प्रक्रियेला भारत तरी कसा अपवाद राहील ?

世界に都市化が進行している時に、インドがその現象

第 24 課　行っても行かなくても同じです。

の例外でありえようか？

3) **असून** (**ऊन** 分詞)

असून は先行時制分詞として用いられ、普通、原因や理由などを表します。

＊त्या आगीत ते वृद्ध भाजले असून रुग्णालयात त्यांच्यावर उपचार करण्यात येत आहेत.

その火事でその老人達が火傷したので病院で彼らに治療が行なわれている。

＊भारत सरकारने अशी मागणी केली असून त्यामुळे पाकिस्तानला मोठा धक्का बसला आहे.

インド政府がこういう要求をしたので、パキスタンは大きな衝撃を受けている。

＊गेल्या पाच दिवसांत हा तिसरा प्रकार असून यामुळे भयभीत झालेले लोक तिथून पळून गेले.

過去五日のうちにこれが三度目であるので、恐れた人々はそこから逃げ出した。

4) **असला** (完了 **ला** 分詞)

一般の完了 **ला** 分詞の用法（第 14 課参照）のように、後置詞との組み合わせで様々な意味を表します。助動詞的用法としては未完了 **त** 分詞、完了 **ला** 分詞、未来 **णार** 分詞などに多く接続しますが、完了 **लेला** 分詞や **आयचा** 分詞などにも接続します。

* विद्यमान राज्यपालाने राजीनामा दिला असल्यामुळे नवीन राज्यपालाची नियुक्ती करण्यात आली आहे.

現在の知事が辞表を提出したので、新しい知事が任命された。

  * पंतप्रधानांनी या विषयी मंत्र्यांचा सल्ला घेतला नसल्याचे दिसते.

首相はこの件で大臣達と相談しなかった模様である。

  * अधिवेशनात श्रीमती गांधी उपस्थित राहणार असल्याचे पक्षाच्या ज्येष्ठ नेत्यांनी सांगितले.

大会にガーンディー夫人が参加する予定であることを党の有力者が語った。

5) असलेला (完了 लेला 分詞)

助動詞的用法としては普通未完了 त 分詞に接続します。他に名詞や形容詞に対応するコピュラ動詞的な用法もあります。一般の完了 लेला 分詞のように、形容詞的用法もあります (第14課参照)。

  * उस्मानाबाद जिल्ह्याच्या विविध भागात चालत असलेल्या गावठी दारू-विक्री, जुगार, मटका आदी अवैध धंद्यांना परिणामकारक आळा घालण्यासाठी पोलिसांनी धडक मोहीम हाती घेतली.

ウスマーナーバード県の各地に行なわれているどぶろくの販売、賭け事、マトカーくじなど非合法の商売を効果的に封じ込めるために警察は抜き打ち的な手入れを行なった。

第24課　行っても行かなくても同じです。

जवळ असलेली सारी दौलत त्याने एका अनाथ मुलाला देऊन टाकली.

持っているすべての財産を彼はある身寄りのない子に与えてしまった。

शेजारी उभ्या असलेल्या मित्राकडे त्याने बघितलं.

となりに立っている友人の方を彼は見た。

【練習問題 24】

次の文章を日本語に訳しなさい。

1. ＊शहरातील फूटपाथावर व्यवसाय करणारे तीन लाखांहून अधिक फेरीवाले आहेत. फेरीवाल्यांना मुळात सर्व ठिकाणी व्यवसायास परवानगी नसताना त्यांच्या संख्येत वाढ होते याचा अर्थ त्यांना प्रतिबंध केला जात नाही आणि त्यांना शिक्षाही केली जात नाही असाच होतो. ज्या प्रमाणात या फेरीवाल्यांची वाढ होत आहे ते बघितल्यावर सामान्य नागरिकांना यात नक्कीच काहीतरी गोलमाल किंवा भ्रष्टाचार होत असला पाहिजे अशी शंका आली तर वावगे नाही.

2. ＊सोनेगावला सवर्णांच्या जमावाने दलित वस्तीवर ज्या बेछूट पद्धतीने हल्ले केले, ते गंभीर असून शासकीय यंत्रणा असे हिंसाचार रोखण्यास अपुरी पडते, हेच चित्र त्यातून पुढे आले आहे. नगर जिल्ह्याच्या जामखेड तालुक्यातील हा प्रकार पूर्वनियोजित होता. या पूर्वी सात जुलैला अशा आक्रमक घटना घडल्या असताना त्यांची वेळीच दखल घेऊन पुरेशी कुमक ठेवली असती तर हा निर्घृण प्रसंग कदाचित टळला असता.

付録　数詞

　11 から 99 までの基数はすべて、先に一の桁を言い、次に十の桁を言います。一の桁や十の桁の言い方は数により異なりますから、注意が必要です。

　例）　छप्पन्न (56) = सहा (6) + पन्नास (50)

　　　शहात्तर (76) = सहा (6) + सत्तर (70)

　一の桁が 9 の数（99 を除く）はすべて एकोण（1 少ない、－1）とその次の数から成り立っています。

　例）　एकोणतीस (29) = एकोण (－1) + तीस (30)

	－1	0	＋1	＋2	＋3
		शुन्य	एक	दोन	तीन
＋10	नऊ	दहा	अकरा	बारा	तेरा
＋20	एकोणीस	वीस	एकवीस	बावीस	तेवीस
＋30	एकोणतीस	तीस	एकतीस	बत्तीस	तेहतीस
＋40	एकोणचाळीस [c]	चाळीस [c]	एक्केचाळीस [c]	बेचाळीस [c]	त्रेचाळीस [c]
＋50	एकोणपन्नास	पन्नास	एक्कावन्न	बावन्न	त्रेपन्न
＋60	एकोणसाठ	साठ	एकसष्ट	बासष्ट	त्रेसष्ट
＋70	एकोणसत्तर	सत्तर	एक्काहत्तर	बहात्तर	व्याहत्तर
＋80	एकोणऐंशी	ऐंशी	एक्याऐंशी	ब्याऐंशी	त्र्याऐंशी
＋90	एकोणनव्वद	नव्वद	एक्याण्णव	ब्याण्णव	त्र्याण्णव
＋100	नव्याण्णव	शंभर			

付録　数詞

101. एकशेएक　　102. एकशेदोन

1,000. (एक) हजार [z]

1,001.　एक हजार एक　　10,000. दहा हजार [z]

1,00,000. (एक) लाख　　10,00,000. दहा लाख

1,00,00,000. (एक) कोटी

10,00,00,000. दहा कोटी

1,00,00,00,000. (एक) अब्ज [j]

+4	+5	+6	+7	+8
चार [c]	पाच [ts]	सहा	सात	आठ
चौदा [ts]	पंधरा	सोळा	सतरा	अठरा
चोवीस [c]	पंचवीस [c]	सव्वीस	सत्तावीस	अठ्ठावीस
चौतीस [ts]	पस्तीस	छत्तीस	सदतीस	अडतीस
चव्वेचाळीस [ts,c]	पंचेचाळीस [ts,c]	सेहेचाळीस [c]	सनेचाळीस [c]	अट्ठेचाळीस [c]
चोपन्न [c]	पंचावन्न [ts]	छप्पन्न	सत्तावन्न	अठ्ठावन्न
चौसष्ट [ts]	पासष्ट	सहासष्ट	सदुसष्ट	अडुसष्ट
चौऱ्याहत्तर [ts]	पंच्याहत्तर [c]	शहाहत्तर	सत्त्याहत्तर	अठ्ठ्याहत्तर
चौऱ्याऐंशी [ts]	पंचाऐंशी [c]	शहाऐंशी	सत्त्याऐंशी	अठ्ठ्याऐंशी
चौऱ्याण्णव [ts]	पंचाण्णव [c]	शहाण्णव	सत्त्याण्णव	अठ्ठ्याण्णव

—289—

練習問題解答

【練習問題 1】

1. a) हे काय आहे ?　　　b) हे पुस्तक आहे.
   c) हे पुस्तक आहे का ?　d) हो, हे पुस्तक आहे.
   e) नाही, हे पुस्तक नाही.　f) हे पुस्तक कसं आहे ?
   g) हे पुस्तक चांगलं आहे.　h) हे पुस्तक फारसं चांगलं नाही.

   A) 1) फळ (n)　2) फूल (n)　3) घड्याळ (n)
   　　4) टेबल (n)　5) खुर्ची (f)　6) खिडकी (f)
   　　7) दार (n)　8) खोली (f)　9) पडदा (m)
   　　10) गालिचा (m)　11) भिंत (f)

   B) 1) मोठा　2) लहान　3) सुंदर　4) महाग
   　　5) स्वस्त

2. a) ते काय आहे ?　　　b) ती पेन्सिल आहे.
   c) ती पेन्सिल नाही का ?　d) हो, ती पेन्सिल आहे.
   e) नाही, ती पेन्सिल नाही. ते पेन आहे.
   f) ती पेन्सिल कशी आहे ?　g) ती पेन्सिल खूप चांगली आहे.

   A 1) 1) शब्दकोश (m)　2) पिशवी (f), बॅग (f)
   　　　3) रबर (n)　　4) कागद (m)
   A 2) 1) वही (f)　　2) पाकिट (n)
   　　　3) कात्री (f)　4) रुमाल (m)

3. a) प्राणिसंग्रहालय कुठे आहे ?
   b) प्राणिसंग्रहालय तिथे आहे.

練習問題解答

A) 1) डाकघर (n)　　2) रुग्णालय (n), इस्पितळ (n)
　　3) कचेरी (f)　　4) कारखाना (m)
　　5) विद्यापीठ (n)　6) वर्ग (m)
B) 1) इथे　　2) इकडे　　3) तिकडे

【練習問題2】

1. 1) घडे　　2) पुस्तकं　　3) वह्या　　4) आंबे
　　5) डाळिंबं　6) नासपती　7) इमारती　8) घड्याळं
　　9) पपया　10) फळं　　11) सफरचंद　12) गाई
　　13) मुलं, मुलगे　14) मुली　15) फुलं　16) खुर्च्या
　　17) खिडक्या　18) दारं　19) भिंती　20) काट्या
　　21) विद्यापीठं

2. 1) देऊळ　2) चेंडू　3) चूक　4) राजा　5) पाखरू
　　6) बहीण　7) पान　8) बँक　9) डोकं　10) म्हैस
　　11) पोरगी, पोर　12) सासू　13) ऊ　14) बायको, बाई
　　15) शाळा　16) मासा　17) केळं　18) मूल, मुलगा
　　19) गाय　20) बाग　21) कचेरी

3. a) हे कोणतं फळ आहे ? (कुठलं も可)
　　b) हे केळं आहे.
　　c) हे केळं गोड आहे का ? हो, छान गोड आहे.
　　A) फळ (n)　B) 1) अननस (m)　2) डाळिंब (n)
　　3) द्राक्ष (n)　4) संत्रं (n)　　C) छान गोड
　　A) भाजी (f)　B) 1) वांगं (n)　　2) गाजर (n)
　　3) बटाटा (m)　4) कोबी (m)　　C) खूप ताजा

4. a) तिथे किती मुलं आहेत ?

— 291 —

b) तिथे तीन मुलं आहेत.

c) तिथे मुली पण आहेत का ?

d) हो, मुली पण आहेत. तिथे चार मुली आहेत.

A) पुरुष (m) → पुरुष　　B) पाच

C) स्त्री (f) → स्त्रिया　　D) सहा

A) 1) गाय (f) → गाई　　2) हत्ती (m) → हत्ती

3) पोपट (m) → पोपट　　B) सात

C) 1) म्हैस (f) → म्हशी　　2) उंट (m) → उंट

3) कबुतर (n) → कबुतरं　　D) आठ

副詞) 1) बाहेर　2) आतमध्ये　3) वर / वरती　4) खाली

5) जवळ　6) समोर　7) पुढे　8) मागे　9) शेजारी

【練習問題3】

1. a) हे कोण आहेत ?

   b) हे साठेसाहेब आहेत. साठेसाहेब शिक्षक आहेत.

   A) 1) ह्या, आपटेबाई　2) मोहनराव　3) डॉक्टर चित्रे

   B) 1) प्राध्यापक (m), प्राध्यापिका (f)

   2) डॉक्टर (m), डॉक्टरीण (f)

   3) वकील (m)

   〔(f) にも可。なお、(f) には **वकीलीणबाई** という語もある〕

   4) लेखक (m), लेखिका (f)

   5) ग्रंथपाल (m) 〔(f) にも〕

2. a) तुम्ही भारतीय आहात का ? हो, मी भारतीय आहे.

   b) तोपण / तीपण भारतीय आहे का ? नाही, तो / ती जपानी आहे.

   1) नेपाळी　2) चिनी　3) इंग्रज　4) जर्मन

練習問題解答

  5) बंगाली   6) कानडी   7) तामीळ   8) गुजराथी

【練習問題 4】

1. 1) धडे, धड्या, धड्यां   2) डाळिंबं, डाळिंबा, डाळिंबां
  3) साड्या, साडी, साड्यां   4) गाई, गाई, गाई
  5) मुलं / मुलगे, मुला, मुलं   6) खोल्या, खोली, खोल्यां
  7) केळी, केळ्या, केळ्यां   8) घोडे, घोड्या, घोड्यां
  9) देवळं, देवळा, देवळां   10) पोरी, पोरी, पोरीं
  11) प्राणी, प्राण्या, प्राण्यां   12) बाजू, बाजू, बाजूं
  13) भाषा, भाषे, भाषां   14) म्हशी, म्हशी, म्हशीं

2. 1) ह्या मोठ्या नदीत   2) त्या जुन्या वर्तमानपत्रांमध्ये
  3) त्या लहान बेटात   4) या उंच डोंगरावर
  5) त्या नव्या पलंगावर   6) या जड सामानाखाली
  7) कोणत्या गाडीसमोर   8) त्या काळ्या लॉरीमागे
  9) त्या लांब पुलाजवळ

3. 1) या वर्गात किती विद्यार्थी आहेत ?
  2) त्या मोठ्या खोलीत किती टेबलं आहेत ?
  3) त्या जुन्या गोदामाजवळ दोन उंच झाडं आहेत.
  4) नव्या दवाखान्यासमोर बसस्टॉप आहे.
  5) या पांढऱ्या इमारतीमागे लहान गल्ली आहे.

【練習問題 5】

1. तुमची नवी गाडी कशी आहे ?
  बऱ्यापैकी आहे. / पुष्कळच चांगली आहे.
2. या कपाटात कुणाची पुस्तकं आहेत ?

ही माझ्या वडिलांची पुस्तकं आहेत.
3. माझ्या घराजवळ फळांचं चांगलं दुकान आहे.
4. त्याच्या खोलीत कोणी आहे का ? नाही, त्या खोलीत कोणी नाही.
5. तुमच्या घरात किती लोक आहेत ?
   आमच्या घरात / आमच्याकडे सहा जण आहेत.
   कोण कोण आहे ? आजीआजोबा, आईवडील, मी आणि धाकटी बहीण.
6. या खोलीची किल्ली कुणाकडे आहे ? माझ्या धाकट्या भावाकडे आहे.
7. माझ्या आईजवळ सुती साड्या पुष्कळ आहेत, पण रेशमी साड्या फारशा नाहीत.
8. तिच्या चुलत्यांजवळ दोन दोन गाड्या आहेत.
9. ती माझ्यापेक्षा उंच आहे.
10. केळी आंब्यांपेक्षा स्वस्त आहेत.
11. ही बाग त्या बागेपेक्षा मोठी आहे आणि झाडंही जास्त आहेत.
12. महाराष्ट्रात सगळ्यात मोठं शहर कोणतं ? मुंबई.
13. फलटण महाराष्ट्रात सगळ्यात जुनं शहर आहे का ?
14. भारतात सगळ्यात महत्त्वाचा उद्योग काय ?
15. मंत्रींचे बरेच जपानी मित्र आहेत.

【練習問題６】
1. इथे बसा. इथे बसू नका.
2. लवकर जा. लवकर जाऊ नका.
3. हळूहळू चाला. हळूहळू चालू नका.
4. बाहेर जा. बाहेर जाऊ नका.
5. आत या. आत येऊ नका.
6. तेथपर्यंत धावा. तेथपर्यंत धावू नका.

7. संध्याकाळी परत या. संध्याकाळी परत येऊ नका.
8. मराठी शिका. मराठी शिकू नका.
9. ते ओढा. ते ओढू नका.
10. खिडकी उघडा. खिडकी उघडू नका.
11. माझ्याबरोबर जेवा. माझ्याबरोबर जेवू नका.
12. त्याची गोष्ट नीट ऐका. त्याची गोष्ट ऐकू नका.
13. हळू बोला. (हलक्या आवाजात~) हळू बोलू नका.
14. मोठ्याने वाचा. (मोठ्या आवाजात~) मोठ्याने वाचू नका.
15. स्पष्ट सांगा. स्पष्ट सांगू नका.
16. आईला मराठीत पत्र लिहा. आईला मराठीत पत्र लिहू नका.
17. उद्या सकाळी लवकर या. उद्या सकाळी लवकर येऊ नका.
18. (किंमत) आणखी कमी करा. (स्वस्तात द्या.) आणखी कमी करू नका.
19. त्याला थंड पाणी द्या. त्याला थंड पाणी देऊ नका.
20. तो पिवळा कुडता दाखवा. तो पिवळा कुडता दाखवू नका.
21. जरा त्याला मदत करा. त्याला मदत करू नका.
22. मला वारंवार / कितीही वेळा / पुन्हापुन्हा विचारा.
    मला वारंवार विचारू नका.
23. माझ्या ऐवजी तुम्ही जा. माझ्या ऐवजी तुम्ही जाऊ नका.
24. ही खोली साफ करा. ही खोली साफ करू नका.
25. हे कपडे धुवा. हे कपडे धुवू नका.

【練習問題 7】

1. 1） मी उद्या येईन – येणार नाही.　तू येशील – येणार नाहीस.
    तो येईल – येणार नाही.　आम्ही येऊ – येणार नाही.
    तुम्ही याल – येणार नाही.　ते येतील – येणार नाहीत.

2) मी परवा जाईन – जाणार नाही.
3) मी आज संध्याकाळी गोखल्यांना भेटेन – भेटणार नाही.
   तू भेटशील – भेटणार नाहीस.
4) मी पुढल्या आठवड्यात त्याला पत्र लिहीन – लिहिणार नाही.
   तू लिहिशील – लिहिणार नाहीस.
5) मी पुढच्या (आठवड्यात) बुधवारी पुण्याला पोचेन – पोचणार नाही.
6) मी पुढच्या महिन्यात दहा तारखेला तिच्याशी लग्न करेन / करीन
   – करणार नाही. तू करशील – करणार नाहीस.
7) मी उद्या पुन्हा याबद्दल तुम्हाला विचारेन / विचारीन
   – विचारणार नाही.

2. ही गाडी मुंबईला कधी पोचेल ? उद्या सकाळी.
3. उद्या आपण शाळेत जाऊ आणि मुख्याध्यापकांना भेटू.
4. त्याचं नवं घर कधी तयार होईल ?
   पुढच्या वर्षी पूर्ण तयार होईल. / बांधकाम पूर्ण होईल
5. हे रॉकेट पृथ्वीवर कधी परतेल ? पुढल्या सोमवारी.
6. आपलं उत्तर कधी मिळेल ?
   दोन आठवड्यांत नक्कीच उत्तर देईन.
7. पुढची विश्वचषक फुटबॉल स्पर्धा दोन हजार सहामध्ये जर्मनीत होईल.
8. मी ऑगस्टमध्ये भारताला जाणार आहे.
9. पाऊस उद्या सकाळपर्यंत थांबेल का ?
   हो, थांबेल की. आजच्या रात्रीतच थांबेल.
10. यानंतर जपानची आर्थिक स्थिती सुधारेल का ?
    कदाचित सुधारणार नाही.

練習問題解答

【練習問題 8】

1. याला मराठीत काय म्हणतात ?
2. सूर्य पूर्वेला उगवतो आणि पश्चिमेला मावळतो.
3. ती म्हातारी रोज सकाळी देवळात जाते व देवाला फूल / फुलं वाहते.
4. माझा मोठा भाऊ आईवडिलांबरोबर ठाण्यात राहतो.
5. ती नेहमी तिच्या नवऱ्याबद्दल तक्रार करते.
6. शताब्दी एक्सप्रेस मुंबईहून दिल्लीपर्यंत किती तास घेते ?
7. तुमच्या घरी कोण स्वयंपाक करतं ?
8. तुमची आई हा पदार्थ कसा / कशी बनवते / करते ?
   (कसा は हा पदार्थ に焦点を当てた時、कशी は आई に焦点を当てた時)
9. खेडेगावात आजही स्त्रिया दह्यापासून लोणी बनवतात.
10. साधारणपणे भारतात लग्नसमारंभात वधू लाल साडी नेसते.

【練習問題 9】

1. आज सकाळी फार जोराचा पाऊस पडला.
   रस्त्यात इकडे तिकडे खड्डे पडले.
2. त्या वेळी दुर्दैवाने माझ्याजवळ थोडेच पैसे होते / फार कमी पैसे होते.
3. परीक्षा कशी झाली ? चांगली झाली.
4. त्या काळातील जनतेला विधवांच्या समस्यांबाबत फारशी आस्था नव्हती.
5. हिंदू आणि मुसलमान यांच्यात तणाव वाढला.
6. राष्ट्रीय सभेच्या धोरणात मोठं परिवर्तन झालं. / मोठा बदल झाला.
7. सुरुवातीला दोघांचे संबंध चांगले नव्हते, पण नंतर दोघे जिवलग मित्र झाले.
8. आंबेडकर नेहरूंच्या मंत्रिमंडळात / नेहरू सरकारमध्ये कायदे मंत्री होते.
9. मराठे राजकीय दृष्ट्या बळकट झाले आणि त्यांच्या जातीचा दर्जापण

उंचावला.
10. त्या नव्या औषधामुळे तो पुन्हा बरा झाला.

【練習問題 10】
1. त्या वेळी अचानक ती उभी राहिली व तिने माझ्याकडे बघितलं.
2. त्याच्या मैत्रिणीने मुंबईहून मला पत्र पाठवलं.
3. त्याने तो सुंदर कोट लक्ष्मी रोडवरच्या दुकानातून विकत घेतला.
4. त्यांनी आम्हा पर्यटकांचं उत्साहाने स्वागत केलं.
5. ते सामना / सामन्यात जिंकले की हरले ?
6. तिने तिच्या वडिलांची आज्ञा आज्ञाधारकपणे पाळली.
7. रुग्णाने दुधाबरोबर हे औषध घेतलं.
8. तिच्या धाकट्या भावाने तिची सगळी पुस्तकं लपवली का ?
9. तो मूर्ख मुलगा इतक्या सोप्या प्रश्नाचं उत्तरही विसरला.
10. आईने ती धक्कादायक बातमी मुलांना सांगितली नाही.
11. तिने पुष्कळ श्रोत्यांच्या समोर आत्मविश्वासाने पियानो वाजवला.
12. काल संध्याकाळी मुख्यमंत्र्यांनी राज्यपालांची तातडीने भेट घेतली.
    काल संध्याकाळी मुख्यमंत्री राज्यपालांना तातडीने भेटले.
13. परवा मी त्याच्याशी फोनवर बोलले.
14. मतदारांनी सत्ताधारी पक्षाला पाठिंबा दिला.
15. मी माझ्या चुकीबद्दल त्याची क्षमा मागितली.
16. त्याने कशाचीही पर्वा केली नाही.
17. नातेवाइकांनी त्याचं खूप कौतुक केलं.
18. अशा तऱ्हेने त्या धूर्त वाण्याने भोळ्या गावकऱ्यांची फसवणूक केली.

練習問題解答

【練習問題 11】

I. 1. तुम्ही आता काय करताय ? मराठीचा अभ्यास करनोय.
    तुम्ही आता काय करत आहात ? मराठीचा अभ्यास करत आहे.
  2. त्या वेळी ती काय करत होती ?
     स्वतःच्या खोलीची सफाई करत होती.
  3. रामकुंडामधे पुष्कळ लोक स्नान करत होते.
  4. काही वेळापासून आकाशात काळे ढग दिसतायन. दिसत आहेत.
  5. शाळेच्या मैदानात मुलं मजेत काही तरी खेळ खेळतायन.
     खेळत आहेत.
  6. ते दोघे या वेळी नव्याच्या काठी फिरत असतील.

II. 1. तो उद्या कोल्हापूरला जाणार असेल.
   2. मजूर दुपारपर्यंत कारखान्याला पोचणार होते.
   3. ती आता मुंबईमध्ये सुखात राहत असेल.
   4. मागच्या वर्षी तुम्ही कुठे काम करत होतात ?
   5. ते आतापर्यंत औरंगाबादला पोचले असतील.
   6. ती कधी अजंठ्याला गेली आहे का ?
   7. तू काही चूक केली नाहीस.
   8. तुम्ही ते पुस्तक वाचलं आहे का ?
   9. त्या वेळी या पुलाजवळ मी तिला भेटलो होतो.
   10. तुम्ही अजून तुमच्या वडिलांना परीक्षेच्या निकालाबद्दल सांगितलं नाहीत का ?

【練習問題 12】

1. त्या म्हातारीला एक मुलगा होता, पण आता तिला त्याच्याबद्दल काही आठवत नाही.

2. त्रिकोणाला तीन बाजू असतात.
3. या जातीच्या हरिणाला मोठी शिंगं असतात.
4. त्याबाबत मला खात्री नव्हती.
5. त्याचा कुणाला फायदा होणार नव्हता.
6. रात्री बाळाला खूप ताप आला.
7. त्याला तिच्यापेक्षा जास्त उशीर होईल.
8. माझ्या मुलीला तिच्या आईपेक्षा चांगला स्वयंपाक येतो.
9. काल रात्री उकाड्यामुळे मला झोप लागली नव्हती.
10. खरं तर त्या वेळी मला तिचं तोंड नीट दिसलं नव्हतं.
11. मला आठ रुपये पन्नास पैशांची पाच निकिटं हवीत.
12. मला महाराष्ट्राच्या इतिहासावरचं एखादं चांगलं पुस्तक पाहिजे.
13. मला फक्त तुझं प्रेम हवंय. दुसरं काहीच नको.
14. उद्या तुम्हाला / तुम्ही आलंच पाहिजे.
15. आम्हाला त्यांनाही बोलावलं पाहिजे का ?
16. तुम्हाला / तुम्ही त्या बसमध्ये चढलं नाही पाहिजे होतं.

[練習問題 13]

I. 1. त्याच्या सांगण्याप्रमाणे मी माझा निश्चय घरच्यांसमोर जाहीर केला.
   2. बोलणं सोपं आहे, परंतु करणं कठीण.
   3. सिगारेट ओढणं / धूम्रपान करणं आरोग्याला चांगलं नसतं.
   4. माझ्याजवळ हॉटेलात राहण्याइतके पैसे नव्हते.
   5. तो तरुण शहरात वाढला होता, त्यामुळे सुरुवातीला त्याला गावात राहणं कठीण गेलं.
   6. भारताच्या लोकसंख्येच्या समस्येचा समाजशास्त्रीय दृष्ट्याही अभ्यास करणं गरजेचं आहे.

7. अणुबाँब बनवण्याने भारताला काय फायदा मिळाला ?
8. सध्याची लोकशाही परिणामकारक होण्यासाठी अनेक सुधारणांची आवश्यकता आहे.
9. त्या घटनेबद्दल त्याला कळवण्याशिवाय गत्यंतर नव्हतं.
10. महाराष्ट्रात सर्वसामान्य लोकांशी संपर्क ठेवण्यासाठी तुम्हाला मराठी शिकणं भाग आहे.

II. 1. हातातला ऊस खात मी रस्त्यावर चालत होतो.
2. ते अधिकारी गावकऱ्यांना एकामागून एक प्रश्न विचारत गेले.
3. स्वतःच्या मनाविरुद्ध मी त्याला पैसे देत राहिले.
4. दोघांनी रात्री नऊ वाजता घर सोडलं.
5. हिरवा रंग माझा आवडता रंग आहे.
6. शालेय शिक्षण संपताच घर सोडण्याचा तिचा निश्चय होता.
7. असं फूल सहजासहजी न पोचता येण्याऱ्या डोंगरातच आढळतं.
8. तुम्ही कधी मांजराला उंदीर पकडताना पाहिलं आहे का ?
9. नदीत पडणाऱ्या पावसाकडे बघत चालताना मला शाळेतले दिवस आठवले.
10. मी पुण्यात असताना माझी बायको मुलीबरोबर पुण्याला आली होती.

III. 1. कदाचित माझ्या आजूबाजूला याची माहिती असणारं कोणी नव्हतं.
2. वडिलांनी मला लागणारे पैसे अगोदरच माझ्या आत्याकडे सोपवले होते.
3. कोसळणाऱ्या पावसात रात्री बारा वाजता आम्ही पुण्यात पोचलो.
4. खेडेगावातल्या जीवनातील ही वस्तुस्थिती डोळे उघडणारी होती.

【練習問題 14】

I. 1. तो म्हातारा वाणी भरल्या डोळ्यांनी तारुण्यातला स्वतःचा फोटो टक लावून पहात होता.

2. गेली काही वर्षं मी नेहमी याचा विचार करतोय.

3. म्हातारीने दमल्या आवाजात आपली आत्मकथा सांगितली.

4. जेवण झाल्यावर आपण लगेच निघू.

5. मी मोठी झाल्यानंतर आम्ही घर बदललं नाहीय.

6. निला माहेरी परत आल्यासारखं वाटलं.

7. असं फूल पाहिल्याचं मला आठवत नाही.

8. या दोन वस्तूंत काही फरक असल्याचं दिसत नाही.

II. 1. सरकारने ठरवलेल्या धोरणाचा विपक्षांनी जोरदार विरोध केला.

2. सुंदर किमोनो घातलेली जपानी तरुणी पावसामुळे त्रासिकपणे चालत होती.

3. परवा त्याच्याकडून आलेल्या पत्राचं मी अजून उत्तर दिलेलं नाही.

4. मागच्या वर्षी या जिल्ह्यात शाळा सोडलेल्यांची संख्या फार कमी झाली.

5. खेडेगावांत स्त्रियांवरचे अत्याचार अजून कमी झालेले नाहीत.

6. तो परत येण्यापूर्वीच आजोबांचं निधन झालेलं.

7. तुला पैसे देण्यापेक्षा गटारात फेकलेले बरे.

8. त्याला न भेटलेलं बरं.

9. सामना सुरू झालेला दिसतो. / दिसतोय.

10. त्याने कपड्यांवर एवढे पैसे खर्च केलेले मला आठवत नाहीत.

【練習問題 15】

I. 1. स्टेशनच्या गर्दीत तो मित्राला शोधू लागला.

2. डॉक्टरच्या सल्ल्याप्रमाणे मी रोज नियमितपणे व्यायाम करू लागलो.

3. तुम्ही एकट्याने विद्यापीठापर्यंत जाऊ शकाल का ?

4. तब्येत बरी नसल्यामुळे मी शाळेतल्या वक्तृत्व स्पर्धेत भाग घेऊ

शकलो नाही.
5. ती मुलगी आई वडिलांनासुद्धा तिच्या खोलीत येऊ देत नव्हती.
6. जाऊ द्या. असा गैरसमज नेहमी होत असतो.
7. चोर पळू पहात होता, पण आम्ही त्याला पळू दिलं नाही.
8. मी दिवाळीला गावी जाऊ इच्छित होतो, पण शहरात दंगा झाल्यामुळे घराबाहेर निघू शकलो नाही.
9. मुलांसाठी शाळेची फी न देऊ शकणाऱ्या गरीब लोकांसाठी ही योजना सुरू झाली आहे.
10. आमची रुची सारखी असल्याचं ऐकल्यावर मला ती जवळची वाटू लागली.

II. 1. त्याचे वडील जाऊन दोन वर्ष झाली आहेत.
2. तिने पहाटे पहाटे मला फोन करून ही माहिती दिली.
3. त्याने ऑफिसच्या कामांतच अडकून न राहता कुटुंबियांसाठीही वेळ काढला पाहिजे.
4. दुकानदार दुकानासमोर उभा राहून रस्त्यावर जाणाऱ्यांकडे पहात होता.
5. ती कादंबरी वाचण्याचा निश्चय करूनही वेळ नसल्यामुळे अजून जमलं नाही.
6. इंग्रजी सत्ता संपून कित्येक वर्ष उलटून गेली, पण तिच्या प्रभावातून देश अजून सुटला नाही.
7. मंदी सुरू असल्यामुळे व्यवस्थापकांनी दहा टक्के कामगारांना काढून टाकलं.
8. त्यांना काय वाटलं हे मी विचारून घेईन.
9. त्याने माझ्याकडून सक्तीने हे काम करून घेतलं.
10. तो चुकूनही इकडे डोकावत नाही.

11. तो तुझी वाट बघत माझ्या पुढ्यात तब्बल दोन तास बसून होता.
12. कसंही करून त्याच्याकडून हे काम करून घेतलं पाहिजे.

【練習問題 16】

1. नेहमी चांगल्या मित्रांच्या संगतीत राहावं.
2. निरोगी राहण्यासाठी सगळ्यांनी रात्री लवकर झोपावं आणि सकाळी लवकर उठावं.
3. मी बरेच कष्ट सोसून हे काम केलं आहे. मला पैसे का मिळू नयेत ?
4. मी तिथे जाऊ नये असं तुम्ही का म्हणता ?
5. प्रवासात ऐतिहासिक ठिकाणं बघण्याची ओढ आपल्याला सदैव का बरं वाटावी ?
6. त्याचं वय किती आहे याचा खरा अंदाज कुणालाच नसावा.
7. तिने दुसरं लग्न केलेलं बरं असं तिला सांगावं.
8. तो स्वतः होऊन येणार नाही. त्याला बोलावून घ्यावं लागेल.
9. सगळ्यांना कौतुक वाटावं अशा सुंदर आवाजात ती गाणं म्हणू लागली.
10. लोकांना रस्ता विचारत पुढे जावं असा मी विचार केला.
11. खोलीत एकटंच असताना थोडा वेळ डोळे मिटावेत आणि नेवढ्यात गावातलं माझं जुनं घर मनात दिसून यावं असं कितीदा तरी झालं होतं.
12. आपल्या मुलाला पुस्तकांची आवड लागावी म्हणून आई दर रोज झोपण्यापूर्वी मुलाला परीकथेचं पुस्तक वाचून दाखवते.

【練習問題 17】

1. मी इथे मत मागायला आलेलो नाही, तर आपल्याशी संवाद साधायला आलेलो आहे.
2. बसमध्ये वाचायला एखादं चांगलं पुस्तक हवंय.

練習問題解答

3. बांधकाम पूर्ण व्हायला फारसा वेळ लागणार नव्हता.
4. सिगारेट ओढण्याचं व्यसन घालवायला वेळापेक्षा दृढ मानसिक बळाची आवश्यकता आहे.
5. काकूंनी आम्हाला बाहेर खेळायला जायला सांगितलं.
6. तिच्या आईने तिला पियानो शिकायला उत्तेजन दिलं.
7. मला मराठी बोलायला आवडतं.
8. संवेदनशील असल्याने तिला फार लवकर सगळ्या गोष्टी कळायला लागल्या.
9. तो प्रसंग कसा घडला याचा खुलासा त्याला करायला लावू.
10. तिला आपल्या लग्नाबद्दल निर्णय घ्यायला हवा होता.
11. त्याला माझी वाट बघायला सांगा. मी खोलीत नाही म्हणून परत जायला नको.
12. जपानमध्ये मराठी लिहायला वाचायला येणाऱ्यांची संख्या अजून बोटावर मोजण्याइतकीच आहे.
13. मुलींची लग्नं करण्यात त्याच्या आयुष्याची नासाडी व्हायला सुरुवात झाली.
14. नीता एका महाविद्यालयात शिकायला आहे आणि सतीश तिच्या अपार्टमेंटच्या तिसऱ्या मजल्यावर राहायला आहे.
15. त्या लोकांना आपल्या फायद्यासाठी दुसऱ्यांना त्रास द्यायला काही वाटत नाही.

【練習問題 18】
1. मी त्यांना घरी जाण्यापूर्वी चहा घ्यायचा आग्रह केला.
2. मी काही तरी बोलायच्याआत तो बोलायला लागला.
3. माझ्या विद्यापीठात विदेशी भाषा शिकायची चांगली सोय आहे.

4. आम्ही उद्या त्याच्या कचेरीत भेटायचं ठरवलं.
5. आमच्यात तेढ पडल्यापासून त्याने माझ्या घरी यायचं बंद केलं.
6. तुम्ही यायचे होतात हे पत्राने कळवायचं नाही का ?
7. काम पुरं झाल्याशिवाय घरी जायचं नाही असा त्याचा निर्णय होता.
8. गावातली सगळी माणसं गोळा करायची व प्रचंड मोर्चा काढायचा.
9. आता जुना गावगाडा राहिलेला नाही. बलुत्यांनी कसं जगायचं ?
10. त्या आजारात तो मरायचाच, पण डॉक्टरांच्या प्रयत्नाने कसाबसा वाचला.
11. जेवणाचा डबा गावाहून एस्. टी. ने यायचा. तो आणायला स्टँडवर जायला लागायचं.
12. लहानपणी मी वर्गमित्रांबरोबर नदीत पोहायला जायचो.

【練習問題 19】

1. ती पोरं नियमित येत आणि दिवसभर मन लावून काम करत.
2. जुन्या काळात एखाद्या महत्त्वाच्या विषयावर निर्णय घेण्याआधी कित्येक दिवस चर्चा चाले.
3. मी रात्री उशिरा झोपलो, त्यामुळे सकाळी लवकर जाग येईना.
4. कुणाकडे जावं आणि काय बोलावं हे मला सुचेना.
5. मागासवर्गीय मित्रांना शिकल्यामुळे गावातलं जिणं नको वाटे.
6. पूर्वी उन्हाळ्यात या गावातल्या लोकांना पाण्यासाठी खूप लांब जावं लागत असे.
7. आधी गुरुजी पुस्तकातला एखादा भाग वाचून दाखवत. मग आम्ही तोच भाग घोकत असू.
8. फक्त पाच जण का होईनात पण त्या कठीण परीक्षेत पास झाले ही मोठी गोष्ट.

練習問題解答

9. उशिराने का होईना पण मुलं सुखरूप परत आली हे कळून घरच्यांचा आनंद गगनात मावेना.
10. नवरा गेल्यानंतर ती मरेपर्यंत एकटीच शेताच्या कामात राबत राहिली.
11. पक्की नोकरी मिळेपर्यंत तो पुष्कळ जागी तऱ्हेतऱ्हेची तात्पुरती कामं करत असे.
12. वडील असेपर्यंत दुःख काय असतं याची त्याला कल्पनाही नव्हती.

【練習問題 20】

I. 1. मी निवडणुकीत सर्वाधिक मतांनी निवडला गेलो.
   2. एका लहानशा अंधाऱ्या खोलीत आम्हाला बसवलं गेलं.
   3. त्या घरातल्या वारकरी परंपरेनुसार त्या मुलाला नामदेव असं नाव ठेवलं गेलं.
   4. ती राज्यभरात सगळ्यात कठीण मानली जाणारी परीक्षा होती.
   5. प्रदर्शनात पुष्कळ चित्रं मांडली गेली.

II. 1. परीक्षेत उत्तम गुण मिळवलेल्या विद्यार्थ्यांना ही शिष्यवृत्ती देण्यात येईल.
    2. आम्हाला प्रशिक्षणासाठी उत्तर प्रदेशातील आगरा जिल्ह्यात पाठवण्यात आलं.
    3. अंक मोजता येत नसल्यामुळे मला पहिलीत प्रवेश देण्यात आला.
    4. विदेशी मजुरांना येऊ देण्यास प्रोत्साहन देण्यात आलं.
    5. हा पंप जनावरांना पाणी पाजायला उपयोगी व्हावा म्हणून बसवण्यात आला.

III. 1. त्यांनी तिला जमिनीवर बसवलं / बसवून घेतलं / बसायला लावलं.
     2. त्याने मला लगेच फोन करायला लावला व खऱ्या गोष्टीची खात्री करून घेतली / करायला लावली.
     3. तुम्ही अशा लहान मुलाला असं काम करायला लावता ?

4. काही असो आजच्या आज त्याला पैसे आणायला लावू.

5. स्वास्थ्यासाठी बायकोने नवऱ्याला सिगारेट सोडायला लावली.

IV. 1. त्याला भेटायची गरज मला जाणवली नव्हती.

2. त्या म्हातारीची केविलवाणी स्थिती तिला बघवेना.

3. लोकांचा टोमणा आता त्याला ऐकवेनासा झाला.

4. न राहवून त्याने बहिणीला खरी गोष्ट सांगितली.

【練習問題 21】

1. अशा अन्यायाविरुद्ध ज्याला मानवाधिकारांची स्पष्ट जाणीव आहे असा कोणताही माणूस आवाज उठवणारच.

2. तुम्ही जे बोलताय तेच खरं आहे.

3. जे काम माणसाला कित्येक वर्षांत जमलं नाही ते या मशीनने दोन मिनिटांत केलं.

4. ज्याला या देशात राहायचं असेल त्याला या देशातले कायदे पाळावे लागतील.

5. जी योजना आम्ही बनवली ती या ना त्या कारणाने रद्द झाली.

6. तुम्हाला जसं वाटेल तसं करा.

7. गणेशोत्सव जसा जवळ आला तशी बाजारात लोकांची गजबज वाढली.

8. पगारात जेवढे पैसे मिळतात नेवढ्यात राहणं शिकलं पाहिजे.

9. ही शेळी जिकडून हाक येईल तिकडे धावत जाईल.

10. जिथे माझे आई वडील राहतात त्या गावाजवळून एक मोठी नदी वाहते.

11. जेव्हा नू चोरी करायला त्या घरात शिरलास तेव्हा काय काय झालं ते सगळं न लपवता सांग.

12. सुट्टीत जेव्हा तो गावी गेला तेव्हा काका बरे होते.

13. सध्या जशी स्थिती आहे तशीच ठेवायची आज्ञा पोलिसांनी दिली.

14. ठरवलंय तसं अमलात आणलेलं बरं.
15. होत्या त्या तक्रारी त्याने लेखी स्वरूपात साहेबांना दिल्या.
16. सगळ्या वस्तू कपाटात जिथल्या तिथं होत्या.
17. "त्याला काय झालं ?" ज्याने त्याने दबक्या आवाजात विचारलं.
18. तुम्ही सांगा. मी तुम्हाला हवी तिथे गाडी थांबवेन.
    (...जिथे तुम्हाला गाडी थांबवायला हवी तिथे...)

【練習問題 22】

1. मी दिवसभर हिंडत राहिलो, पण शेवटी त्याचं घर सापडलं नाहीच.
2. आगामी निवडणुकीत पक्षाचं तिकीट मिळायची शक्यता नाही म्हणून त्याने पक्ष बदलला.
3. काल ती ऑफिसला गेली नाही, कारण तिच्या घरी पाहुणे आलेले होते.
4. तो कामगार म्हणून कायम झाला नव्हता या कारणाने त्याला अपघाताची भरपाई मिळाली नाही.
5. मोबाइलवर नीट ऐकू यावं म्हणून त्याने मित्रांना गप्प राहायला सांगितलं.
6. पाळलेला कुत्रा मरू नये म्हणून तिने जिवाचा आटापिटा केला.
7. या खताने मोठे टोमॅटो पिकतील / मिळतील असा शेतकऱ्याने विचार केला.
8. तो वेळेत पोचेल की नाही या काळजीने ती पुन्हापुन्हा फाटकाकडे बघायची.
9. डोंगरातला रस्ता येवढा अरुंद व बिकट होता की पाय घसरला की सरळ दरीत पडू की काय असं वाटलं.
10. काश्मीरचा प्रश्न सुटेपर्यंत आणखी किती लोकांचा जीव जाईल माहीत नाही.

【練習問題 23】

I. 1. हे काम संपल्यावर कुठं तरी प्रवासाला जावं म्हणतो.
2. एका आठवड्यात हल्ला सुरू केला नाही तर साऱ्या बेतांवर पाणी पडणार होतं.
3. इथे नोकरी मिळेल अशी अफवा पसरली तर पुष्कळ लोक गोळा होतील.
4. आताच निघाला नाहीस तर त्यांना पुन्हा भेटू शकणार नाहीस.
5. ग्रामपंचायतीत जे ठरलं ते अमलात आणण्यात आलं तर लोकांचं कल्याण होईल.
6. आणखी दोन तीन जण असले की काम भागेल.
7. अशा खेडेगावात राहायचं झालं तर नव्हेतव्हेच्या गैरसोई सोसाव्या लागतील.
8. तुम्ही पोस्टात जात आहात तर हे पत्र टाकून द्या, हां ?
9. तो परतल्याशिवाय मला काही सांगता येणार नाही.
10. ओढ्यातलं पाणी नाहीसं झाल्यास माशांची फार पंचाईत होईल.
11. एवढं खाल्लं तर तब्येत बिघडेल.

II. 1. त्याने स्पष्ट वायदा केला नसला तरी हे काम करायचा इरादा दाखवला.
2. भोवतालची स्थिती बिघडली तरी ती हिंमत हरली नाही.
3. घाम गाळून मेहनत केली तरी त्या गरीब मजुरांची दशा सुधारली नव्हती.
4. माझा जीव गेला तरी चालेल पण मी युद्ध होऊ देणार नाही.
5. त्याला कितीही सांगितलं तरी तो स्वतःच्या मुलाशी वडिलांसारखं वागत नाही.

III. 1. हा रस्त्यावरचा कुत्रा होता पण आता माझ्या घरी एवढ्या आरामात

राहतो जणू हे त्याचं स्वतःचं घर आहे.
2. तो असं बोलतो जणू त्याला सगळं काही ठाऊक आहे.
3. समुद्राचा तळसुद्धा दिसावा एवढं स्वच्छ पाणी होतं.
4. एवढ्या जोराचा पाऊस पडला जणू आभाळ फाटलं की काय.
5. मध्येच तो बिनदिक्कत बोलला. तिला भातात खडा लागल्यासारखं वाटलं.
6. पोट फुटावं इतकं खायचं का माणसाने ?
7. भिंतीचा रंग बदलला तर खोली एकदम नवीन झाल्यासारखी वाटेल.

IV. 1. हे पुस्तक माझं असतं तर तुम्हाला दिलं असतं.
2. जर मी जादूगार असतो तर पाण्यावर धावत पळून गेलो असतो.
3. जर नवरा ठाम असता तर तिला घर सोडावं लागलं नसतं.
4. जर ही गोष्ट मला अगोदर कळली असती तर तुम्हाला सांगितली असती.
5. तुम्ही मित्रांचा सल्ला ऐकला असता तर बरं झालं असतं.
6. त्या भोळ्या गावकऱ्याला जपान कुठे आहे हे नकाशावर दाखवूनसुद्धा समजलं नसतं.
7. मुलगा त्याच्या वडिलांना परका माणूसदेखील बोलला नसता इतकं टोचून बोलला.

【練習問題24】

1. 都会の歩道で商売をする30万人以上の屋台商がいる。屋台商は元々どこでも商売することが許可されていないのだから、彼らの数が増えるということは彼らが禁止されておらず、罰も与えられていないということになる。屋台商の増え方を見ると、一般市民がこれにはきっと何か不正或いは汚職が行なわれているに違いないと怪しんで

も無理はない。
2. ソーネーガーオ村で上位カーストの集団が被差別民の居住区に無差別的な襲撃をしたことは重大な問題であって、行政機関がこうした暴力行為を阻止するのに不充分であるという構図がそこから浮かび上がってくる。アフマドナガル県のジャームケード郡で起こったこの事件は計画的であった。これより前の7月7日にこうした襲撃事件が起こったのだから、その時にその事件を考慮に入れて十分な救援隊を配備していれば今回の残酷な事件は恐らく避けられたであろう。

語 彙 集

主な略語

(慣) 慣用句、慣用的表現

(助) 助詞

(準動) 準動詞

(変) 語尾が活用することに注意

(変則) 変則動詞

(不変) 語形が変化しない語

末尾の ( ) の数字は初出の箇所

マラーティー語の部分の略語

‒ 見出し語と結合して一語になる

○ 見出し語の後置格形

~ 見出し語 (主格形, 単独で)

अ

अंक (男) 数 (練 20)

अकरा (数) 11、11 の (11-1)

अकरावा (形) 11 番目の (11-1)

अग, ग [əgə, gə] (間) 女性への呼び掛け語 (6-2)

अंग (中) 体 (14-2)

अंगठी (女) 指輪 (21)

अगदी (副) とても、全く (15-2)

अगर (接) または (22)

अगोदर (副) 前もって (練 13)

अचंबितपणे [c] (副) 驚いて (13-2)

अचानक [c] (副) 突然、不意に (練 10)

अच्छा [c] (間) ああ、なるほど、そうですか (同意、確認など) (3-1)

अजंठा [j] (中) アジャンター (練 11)

अजिबात [j] (副) (普通、否定語とともに) まったく (~ない) (8-3)

अजून [z] (副) まだ (1-3)

अठरा (数) 18、18 の (18)

— 313 —

基礎マラーティー語

अठरावा（形）18番目の (18)
अठ्ठावीस（数）28、28の (19-2)
अडकणे（自）つかえる、止められる (練15)
अडखळणे（自）よろける、行き詰まる (13-2)
अडचण [ts]（女）困難 (20-1)
अडवणे（他）止める、邪魔する (24-2)
अडीच [ts]（数）2.5 (19-2)
अणुचाचणी [ts]（女）核実験 (24-2)
अणुबाँब（男）原子爆弾 (練13)
अण्वस्त्र（中）核兵器 － मुक्ती ~廃絶 (16)
अत्याचार [c]（男）非道な行ない (練14)
अथवा（接）または (22)
अंदाज [z]（男）推測 (練16)
अंधार（男）暗がり、暗闇 (13-2)
अंधारा（形）暗い (練20)
अधिक（形）より多い、（算数）足す (19-2)
अधिकारी（男）役人 (練13)
अधिवेशन（中）大会 (24-2)
अध्यक्ष（男）議長 (24-2)
अनधिकृतपणे（副）権限なしに (24-2)
अननस [ənənəs]（男）パイナップル (練2)
अनाथ（形）身寄りのない (24-2)
अनुभव（男）経験 (13-2)
अन्न（中）穀物 (24-2)
अन्याय（男）不正義、非道 (練21)
अपघात（男）事故 (20-1)
अपयश（中）失敗 (24-2)
अपवाद（男）例外 (24-2)
अपार्टमेंट（男・女）アパート (練17)
अपुरा（形）不十分な (練24)
अफवा（女）噂 (14-1)
अब्ज [j]（数）十億、十億の (19-2)
अभ्यास（男）勉強 (練11)
अमल（男）実行 ०न आणणे 実施する (練21)
अमेरिका（女）アメリカ (5-3)
अरुंद（形）狭い (練22)
अरे, रे（間）主に男性への丁寧でない呼び掛け語 (6-2)
अर्थ（男）意味 (13-1)
अर्धा（数）1/2 (19-2)
अलीकडे（副）最近 (8-1)

— 314 —

語 彙 集

अवघड（形）難しい (13-1)
अवश्य（副）きっと (6-2)
अवैध（形）非合法の (24-2)
अश्रू（男）涙 (2-1)
अश्व（男）馬 (22)
असणे（自）〜である、〜がある、〜がいる（コピュラ動詞）(1-1)
असा（形）このような (6-2)
असो（間）さて、ところで (20-2)
अस्वस्थ（形）不安な (15-2)
अहो, हो（間）男性や女性への丁寧な呼び掛け語 (6-2)
अळणी（形）塩気のない、水臭い (13-2)

आ

आई（女）母 (5-1)
आकाश（中）空 (練11)
ऑक्टोबर（男）10月 (19-2)
आक्रमक（形）攻撃的な (練24)
आग（女）火、火事 (19-2)
ऑगस्ट（男）8月 (練7)
आगामी（形）次の、次回の (練22)
आग्रह（男）お願い (練18)
आंघोळ（女）沐浴 (15-2)

आज [z]（副）今日 (7-2)
आजार [z]（男）病気 (8-3)
आजारी [z]（形）病気の (22)
आजी [j]（女）祖母（父方母方とも） (練5)
आजूबाजू [z]（女）周辺、付近 (練13)
आजोबा [z]（男）祖父（父方母方とも） (5-2)
आज्ञा（女）命令、言いつけ (練10)
आज्ञाधारकपणे（副）忠実に (練10)
आटापिटा（男）懸命な努力、苦労 (練22)
आठ（数）8、8つの (練2)
आठवडा（男）週 (練7)
आठवण（女）記憶、思い出 (13-2)
आठवणे（自）思い出される、記憶される (12-2)
आठवा（形）8番目の (8-1)
आढळणे（自）見出される (練13)
आणखी（副）さらに、もっと (練6)
आणणे（他）持って来る (6-2)
आणि（接）と、そして (2-1)
आत（副・後）中に (6-2)
आत, आत्या（女）おば（父の姉妹）

— 315 —

基礎マラーティー語

आतमध्ये (副) 中に	(1-4)	आमचा (代) 私達の（話し相手を含まない）	(5-1)
आता (副) 今、もう	(7-2)	आम्ही (代) 私達（話し相手を含まない）	(3-1)
आत्मकथा (女) 自伝	(練14)	आयात (女) 輸入	(24-2)
आत्मविश्वास (男) 自信	(練10)	आयुष्य (中) 人生	(練17)
आदिवासी (男) 先住民	(24-2)	आराम (男) 休息	(15-1)
आधार (男) 支え、基盤	(13-2)	आरोग्य (中) 健康	(練13)
आधी (副・後) すでに、先に	(14-2)	आरोप (男) 非難	(13-1)
आनंद (男) 喜び	(練19)	आरोपी (男) 被告	(24-2)
आनंदित (形) 喜んだ	(14-1)	आर्थिक (形) 経済的な	(練7)
आपण (代) あなた（達）、私達（話し相手を含む）	(3-1)	आवड (女) 愛好、好み	(練16)
आपला (代)（1人称）私達の（話し相手を含む）、（2人称）あなた(達)の	(5-1)	आवडणे (自) 好まれる、好きである	(12-2)
आपापसात (副) 互いに	(19-1)	आवर्जून [z] (副) ぜひとも	(15-2)
ऑफिस (中) 事務所	(15-2)	आवश्यकता (女) 必要性	(練13)
आंबट (形) 酸っぱい	(8-1)	आवाज [z] (男) 声 हलक्या ○त, हळू ○त 小さい声で	(練6)
आबा (男) 目上の男性を指す語	(23-1)	आसू (中) 涙	(2-1)
आंबा (男) マンゴー	(1-2)	आस्था (女) 関心、興味	(練9)
आंबेडकर (男) アンベードカル	(練9)	आहे (自) コピュラ動詞 असणे の基礎活用・3人称・単数・現在形	(1-1)
आभार (男) 感謝	(21)	आळा (男) 禁止、抑止	(24-2)
आभाळ (中) 空	(23-1)		

語　彙　集

इ

इकडे（副）こちらの方　　　　（練1）
इंग्रज [z]（男）イギリス人　　（練3）
इंग्रजी [j]（女）英語　（形）イギリスの、英語の　　　　　（12-2）
इंग्लंड（中）イギリス　　　　（5-3）
इच्छा [c]（女）希望　　　　　（18）
इच्छिणे [c]（他）望む　　　（15-1）
इटली（女）イタリア　　　　（5-3）
इतका（後）〜と同じほど　（形）これだけの　　　　　　　（5-3）
इतिहास（男）歴史　　　　　（練12）
इथे（副）ここに　　　　　　（1-4）
इमारत（女）建物　　　　　　（1-3）
इरादा（男）意図、目論見　（20-2）
इशारा（男）意向、合図　　（24-2）
इस्पितळ（中）病院　　　　　（練1）

ई

उ

उकाडा（男）暑さ　　　　　（練12）
उगवणे（自）（太陽などが）昇る、現れ出る　　　　　　　　（練8）
उघडणे（自・他）開く、開ける（練6）
उंच [ts]（形）高い　　　　　（1-3）
उंचावणे [ts]（自）上昇する　（練9）
उच्चार [c]（男）発音　　　（12-2）
उंट（男）らくだ　　　　　　（練2）
उठणे（自）起きる、立ちあがる（6-1）
उठवणे（他）上げる、起こす　（練21）
उडणे（自）飛ぶ　　　　　　（9-2）
उतरणे（自）下がる、降りる　（9-2）
उत्तम（形）最良の　　　　　（13-1）
उत्तर（中）答え、返事　　　（練7）
उत्तर（女）北　　　　　　　（24-1）
उत्तर प्रदेश（男）ウッタル・プラデーシュ州　　　　　　　（練20）
उत्तरांचल（男）ウッタラーンチャル州　　　　　　　　　（24-2）
उत्तेजन [j]（中）奨励　　　（練17）
उत्साह（男）熱意、心の高揚　○ने心を込めて、温かく　　（練10）
उंदीर（男）鼠　　　　　　（練13）
उद्या（副）明日　　　　　　（6-2）
उद्योग（男）産業　　　　　（練5）
उन्हाळा（男）夏　　　　　（練19）
उपचार [c]（男）治療　　　（24-2）

— 317 —

उपयोग (男) 利用、有用性 (15-2)
उपयोगी (形) 有用な (練20)
उपस्थित (形) 出席した (24-2)
उभा (形) 立って (4-1)
　~राहणे 立つ (練10)
उमेदवार (男) 立候補者 (24-2)
उरणे (自) 残る (22)
उर्दू (女) ウルドゥー語 (5-2)
उलटणे (自) 過ぎ去る (練15)
उलटून (副) 返して、無礼に (24-1)
उशिरा (副) 遅れて、遅くに (8-3)
उशीर (男) 遅れ (練12)

ऊ

ऊ (女) 虱 (2-1)
ऊन, ऊन्ह (中) 暑い日差し (14-2)
ऊस (男) 砂糖黍 (練13)

ऋ

ए

ए (間) 目下の男性・女性への呼び掛け語 (6-2)
एक (数) 1、1つの (2-1)
एकटा (形・副・変) 1人の、1人で (練15)
एकत्र (副) 一緒に (6-2)
एकविसावा (形) 21番目の (21)
एकवीस (数) 21、21の (21)
एकाएकी (副) 突然 (13-2)
एकामागून एक 次から次へと (練13)
एकेरी (形) 1重の (19-2)
एकोणिसावा (形) 19番目の (19-1)
एकोणीस (数) 19、19の (19-1)
एखादा (形) なにか、或る (5-2)
एप्रिल (男) 4月 (17)
एवढा (後) ~と同じほど、(形) これだけの (5-3)
एस्. टी. (女) 州営バス (State Transport) (練18)

ऐ

ऐकणे (他) 聞く (6-1)
ऐकीव (形) 聞いている、耳にした
ऐकिवात असणे (慣) ~と言われている (22)
ऐतिहासिक (形) 歴史的な (練16)
ऐवजी (副・後) (~の) 代りに (練6)

語彙集

ओ

ओ (間)(呼び掛けに対する応答の言葉) はい (6-2)
ओकणे (変則自) 吐く (10)
ओढ (女) 興味 (練16)
ओढणे (他) 引っ張る、煙草を吸う (練6)
ओढा (男) 小川 (練23)
ओतणे (他) 注ぐ (23-1)
ओरडणे (自) 叫ぶ (22)
ओळख (女) 面識、紹介 (15-2)

औ

औषध (中) 薬 (5-1)
~घेणे 薬を飲む (練10)

क

कचेरी [c] (女) 事務所 (練1)
कच्चा [ts] (形) 未熟な (1-3)
कठीण (形) 難しい (12-2)
कडक (形) 厳しい、きつい (22)
कडकड (擬音)(雷など) ゴロゴロ
　कडकडणे ~鳴る　कडकडवणे ~鳴らす (20-2)
कडकडून (副) 激しく (15-2)
कडू (形) 苦い (2-2)
कडून (後) ~を介して (15-2)
कडे (後) ~の方に (5-2)
कदाचित [c] (副) 多分 (7-1)
कधी (副) いつ (7-1)
कधीकधी (副) 時々 (23-2)
कप (男) カップ (12-3)
कपडा (男) 服 (2-2)
कपाट (男) 戸棚 (練5)
कबुतर (中) 鳩 (練2)
कमावणे (他) 稼ぐ (20-2)
कमी (形) 少ない (練6)
करणे (他) する (6-2)
करवी (後) ~を介して (20-2)
करार (男) 条約 (24-2)
कल्पना (女) 想像、考え (練19)
कशाचा [ts] (代) 何の (कायの属格) (5-1)
कष्ट (男) 苦難 (練16)
कसा (形) どのような (1-3)
　　 (副) どのように (練習8)
कळणे (自) 分かる (12-2)
कळवणे (他) 知らせる (13-2)
का (副) (~です) か (1-2)

— 319 —

基礎マラーティー語

(接) または (22)
काका (男) おじ (父の兄弟) おじさん (年長や目上の男性に対して) (2-1)
काकू (女) おばさん (6-2)
कागद (男) 紙 (1-1)
काँग्रेस (女) インド国民会議派 (13-1)
काच [ts] (女) ガラス (15-2)
काठ (男) 岸辺 (練11)
काठी (女) 杖 ~ टेकणे 杖をつく (13-2)
काडी (女) 草や藁の切れ端 (13-2)
कांडी (女) 杖、棒切れ (23-1)
काढणे (他) 外へ出す、引き出す (8-3)
का तर (接) なぜなら (22)
कात्री (女) はさみ (練1)
कादंबरी (女) 長編小説 (5-2)
कान (男) 耳 (8-3)
कानडी (男) カルナータカ人 (女) カンナダ語 (形) カルナータカ (人)の、カンナダ語の (練3)
कापड (中) 布、服 (1-3)
कापणे (自) 震える (23-1)

कॉफी (女) コーヒー (12-2)
का बरं (副詞句) 一体なぜ (練16)
काम (中) 仕事 (6-2)
कामगार (男) 労働者 (練15)
कामा नये (慣) (ता分詞に続けて) ～すべきでない (13-2)
का म्हणून (副詞句) なぜ (15-2)
काय (代) 何 (1-1)
कायदा (男) 法律 (練21)
कायदे मंत्री (男) 法務大臣 (練9)
कायम (形) 永続的な、本採用の (15-2)
कायापालट (男) 変身 (23-1)
कारखाना (男) 工場 (練1)
कारण (中) 理由 (接) なぜなら ~ की (22)
कारवाई (女) 措置 (19-1)
कार्यक्रम (男) 計画、行事 (15-1)
काल (副・中) 昨日 (9-1)
कॉलेज [j] (中) カレッジ (8-1)
काश्मीर (男) カシミール (20-2)
कासव (男・中) 亀 (20-2)
काही (形) いくつかの、少しの (否定形で) なにも (ない) (1-4) (代) なにか (3)

語彙集

काहीतरी (代) なにか (3)
काळ (男) 時代 (練9)
काळजी [j] (女) 心配 (12-1)
काळा (形) 黒い (1-3)
　- कुट्ट 真っ黒い (2-2)
काळीज [z] (中) 肝臓、心 (23-1)
किती (形・副) いくつ (数) どれぐらい (量) (2-1)
किंतु (接) しかし (22)
कित्येक (形) いくつもの (練15)
किंमत (女) 値段　~ कमी करणे 値を下げる、安くする (練6)
किल्ली (女) 鍵 (練5)
किंवा (接) あるいは (22)
की (副) 命令形を強調する言葉 (6-2)
की (接) それとも (練10)
　即ち、なぜなら (22)
कीर्ती (女) 名声　कीर्तिरूपे〔名声の形を持って (古形)〕 (22)
कीस (男) すりおろした粉　~ काढणे 重箱の隅を楊枝でほじくる (23-1)
कुंकू (中) クンクー (女性が額に付ける赤い粉) (4-1)
कुटुंबीय (男) 家族の人 (練15)
कुठे (副) どこに (1-4)
कुडता (男) クルター (練6)
कुणा = कोणा (5-2)
कुत्रा (男) オス犬、犬 (総称として) (2-1)
कुत्रं (中) 犬 (オスメスを問わない) (2-1)
कुमक (女) 救援隊、応援隊 (練24)
कृपा (女) 親切 (23-1)
केंद्र (中) 中央 (20-1)
केवढा (形・副) どれほどの、どれほど (21)
केविलवाणा (形) 哀れな (練20)
केव्हा (副) いつ (21)
केळं (中) バナナ (2-1)
कैदी (男) 囚人 (15-1)
कोट (男) 上着 (練10)
कोटी (数) 千万、千万の (19-2)
कोट्यावधी (形) 何千万の、莫大な (23-1)
कोण (代) どれ、どの、誰 (2-1)
कोणता (代) 何というどれ、どちらの (1-3)

— 321 —

कोणाचा [ts] (代) 誰の (कोण の属格)、だれかの (कोणी の属格) (5-1)
कोणी (代) 誰か (3)
कोणीतरी (代) 誰か (3)
कोतवाल (男) 警察長官 (20-2)
कोबी (男) キャベツ (練2)
कोलाहल (男) 喧騒 (15-1)
कोल्हा (男) 狐 (18)
कोसळणे (自) 崩れ落ちる、激しく落ちる (練13)
कौतुक (中) 賞賛 (練10)
क्षण (男) 瞬間 क्षणी 瞬間に (13-2)
क्षमा (女) 許し …ची ~ मागणे …に許しを請う (練10)

ख

खचणे [ts] (自) 打ちひしがれる (15-2)
खच्चून [ts] (副) ぎゅっと (詰まって) (15-2)
खडसावणे (他) 叱る (22)
खडा (男) 小石 (練23)
खड्डा (男) (道の) 穴ぼこ、水溜り ~ पडणे 穴ぼこができる (練9)
खत (中) 肥料 (練22)
खबरदार (間) 注意しろ! (23-2)
खरा (形) 本当の खरं तर 実は (練12)
खरेदी (女) 買物 ~ करणे 買物をする (11-1)
खर्च [ts] (男) 出費 (練14)
खाणे (他) 食べる
खात्री (女) 確信 (練12)
खाली (後) ~の下に (副) 下に (練2)
खास (副) 特に (練9)
खिडकी (女) 窓 (練1)
खिसा (男) 財布、ポケット (19-2)
खुणावणे (他) 合図する (20-2)
खुपणे (自) 刺さる (20-2)
खुर्ची [c] (女) 椅子 (練1)
खुलासा (男) 説明 (練17)
खुळखुळ (擬音) (おもちゃなど) カラカラ、ジャラジャラ
खुळखुळणे ~鳴る
खुळखुळवणे ~鳴らす (20-2)
खूण (女) 印 (20-2)
खूप (副) とても (1-3)
खेकडा (男) 蟹 (18)

語 彙 集

खेडेगाव (中) 田舎　　　　　(練8)
खेळणे (変則自) 遊ぶ、競技する
　　　　　　　　　　　　　(10)
खेळणं (中) おもちゃ　　　(5-1)
खेळाडू (男・女) 選手　　(24-2)
खेळी (女) 遊び、策略　　(20-1)
खोटा (形) 嘘の　　　　　　(10)
खोली (女) 部屋　　　　　(練1)
खोवणे (他) 刺す　　　　(20-2)

ग

ग [gə] (間) 女性への呼び掛け語
　　　　　　　　　　　　　(6-2)
गगन (中) 空　　　　　　(練19)
गंगा (女) ガンジス川　　(14-1)
गजबज [z] (女) 人出、混雑
　　　　　　　　　　　　(練21)
गटार (中) どぶ　　　　　(練14)
गडबड (女) 混乱　　　　(13-2)
गणित (中) 算数　　　　(11-1)
गणेशोत्सव (男) ガネーシャ祭
　　　　　　　　　　　　(練21)
गत (後) ～のように　　(11-1)
गत्यंतर (中) 他の方法　(練13)
गंध (中) すり下ろした白檀 (19-1)

गप्प (形) 黙った　　　　(練22)
गंभीर (形) 深刻な　　　(練24)
गमावणे (他) なくす　　(20-2)
गरज [z] (女) 必要　　　(12-1)
गरजेचा [z, ts] (形) 必要な (練13)
गरम (形) 暑い、暖かい　(12-3)
गरिबी (女) 貧しさ　　　(24-1)
गरीब (形) 貧しい　　　(練15)
गर्दी (女) 人ごみ　　　(練15)
गल्ली (女) 路地、小道　(練4)
गवसणे (自) 得られる　(23-1)
गहू (男) 小麦　　　　　(4-1)
गाजर [z] (中) にんじん　(練2)
गाडी (女) 車　　　　　(練4)
गाडीवान (男) 御者　　　(8-3)
गाणं (中) 歌 ~ म्हणणे 歌を歌う
　　　　　　　　　　　　(13-2)
गाय (女) メス牛、乳牛　(1-4)
गालिचा [c] (男) カーペット (練1)
गाव (男・中) 村　　　　(5-1)
　旧市街　　　　　　　(23-1)
गावकरी (男) 村人　　　(練10)
गावगाडा (男) 村の機構　(練18)
गावठी (形) 田舎の　　(24-2)
गाळणे (他) (汗、涙を) 流す

गुण (男) 特質、良い影響、点数 (16)
गुणिले (分詞)（掛け算）掛けられた (19-2)
गुजराथी / ती [z] (男) グジャラート人 (女) グジャラート語 (形) グジャラート（人、語）の (練3)
गुंतणे (自) 巻き込まれる (20-2)
गुंतवणे (他) 巻き込む (20-2)
गुपचूप [ts] (副) 黙って (19-1)
गुरू (男) 師匠、先生 (11-1)
गैरसमज [z] (男) 誤解 (練15)
गैरसोय (女) 不便 (練23)
गोठा (男) 牛小屋 (22)
गोड (形) 甘い (1-3)
गोंडा (男) 房 (18)
गोदाम (中) 倉庫 (練4)
गोंधळ (男) 騒ぎ (13-2)
गोरा (形) 色白の －पान (肌が) 真っ白い (2-2)
गोल (形) 丸い (8-1)
गोलमाल (男) 不正 (練24)
गोवणे (他) 巻き込む (20-2)
गोष्ट (女) こと、話、もの (練6)
गोळा (形) 集まった (練18)
गोळी (女) 錠剤 (19-2)
ग्रंथपाल (男・女) 図書館司書 (練3)
ग्रामपंचायत [c] (女) 村議会 (練23)

घ

घटना (女) できごと (練13)
घडणे (自) 起こる (13-2)
घड्याळ (中) 時計 (1-3)
घर (中) 家 (4-1)
घरचा [ts] (形) 家庭の、家庭的な (5-1)
(男) 家の人 (練13)
घसरणे (自) すべる (練22)
घाई (女) 急ぎ (12-1)
घाण (形) 汚い (女) ごみ、悪臭 (15-2)
घाबरणे (自) 動転する、動揺する (13-2)
घाम (男) 汗 (練23)
घालणे (他) つける、注ぐ、かける (8-1)
घालवणे (他) 退ける、追いやる (練17)

語　彙　集

घास (男) 一口分の食べ物　(18)
घुसणे (自) 侵入する　(21)
घूसखोर (男) 侵入者　(19-1)
घेणे (他) 取る　(6-1)
घोकणे (他) 繰り返し音読する　(練19)
घोडा (男) オス馬、馬（総称として）　(2-1)
घोडी (女) メス馬　(2-1)
घोडं (中) 馬（オスメスを問わない）　(2-1)

च

चढणे [ts] (自) 上がる、乗る (9-2)
चरणे [ts] (自)（動物が草地で）草を食べる　(13-2)
चरकणे [ts] (自) 慌てふためく　(23-1)
चर्चा [c] (女) 話し合い、議論　(練19)
चहा [c] (男) お茶、紅茶　(6-1)
चा [ts], चं [ts], ची [c], चे [ts], च्या [c] (後・変) 属格の後置詞 (5-1)
चांगला [ts] (形) 良い　(1-3)
चाबूक [ts] (男) 鞭　(8-3)

चार [c] (数) 4、4つの　(2-1)
चारा [ts] (男) 餌、まぐさ　(8-3)
चारी [c] (数) 4つとも　(19-2)
चालणे [ts] (自) 歩く、行く (6-1)
चालवणे [ts] (他) 運転する (12-2)
चालू [ts] (形) 継続中の　(15-1)
चावणे [ts] (変則自) 噛む、(蚊が) 刺す　(10)
चिडणे [c] (自) 腹を立てる、怒る　(9-2)
चित्र [c] (中) 絵　(8-2)
　~ काढणे 絵を描く　(17)
चिनी [c] (男) 中国人 (女) 中国語 (形) 中国(人、語)の (練3)
चिरणे [c] (他) 切る　(17)
चीन [c] (男) 中国　(5-3)
चुकणे [ts] (変則自) 失敗する
　रस्ता ~ 道に迷う　(10)
चुलता [ts] (男) おじ（父の兄弟）　(5-1)
चूक [ts] (女) 失敗、間違い (2-1)
चेंडू [c] (男) ボール　(2-1)
चैन [c] (女) 安堵　(14-1)
चोर [ts] (男) 泥棒　(13-2)
चोरी [ts] (女) 盗み、盗難 (14-2)

基礎マラーティー語

चोविसावा [c]（形）24番目の (24-1)
चोवीस [c]（数）24、24の (24-1)
चौकशी [ts]（女）調査 (20-1)
चौघे [ts]（男・形・変）4人、4人とも (19-2)
चौथा [ts]（形）4番目の (4-1)
चौदा [ts]（数）14、14の (14-1)
चौदावा [ts]（形）14番目の (14-1)
चौपट [ts]（形）4倍の (19-2)

छ

छत्री（女）傘 (5-1)
छप्पर（中）屋根 (4-1)
छळणे（他）いじめる (17)
छान（副）とても（形）素敵な、良い （練2）
छेद（男）（分数）〜分の (19-2)

ज

जखमी [z]（男・形）怪我人、怪我した (20-1)
जग [j]（中）世界 (24-2)
जगणे [z]（自）生きる （練18）
जड [z]（形）重い （練4）
जण [z]（男・中・女）人（人数を数えるときの語） (2-1)
जणू [z]（接）まるで〜のように (23-1)
जनता [j]（女）大衆 （練9）
जन्मतारीख [j]（女）誕生日 (19-2)
जपान [j]（男）日本 (5-3)
जपानी [j]（男）日本（女）日本語（形）日本（人、語）の（練3）
जबरदस्ती [z]（女）強制 (15-2)
जबाब [z]（男）答え (24-2)
जबाबदार [z]（形）責任ある (20-1)
जमणे [z]（自）（ことが）うまく進展する、まとまる、できる (12-2)
जमाव [z]（男）集団 （練24）
जमीन [z]（女）土地、陸地 (5-1)
जर [z]（接）もし (23-1)
जरा [z]（副）少し (6-2)
जरी [z]（接）たとえ（〜でも）(23-1)
जर्मन [j]（男）ドイツ人（女）ドイツ語（形）ドイツ（人、語）の （練3）
जर्मनी [j]（女）ドイツ （練7）
जवळ [z]（後）〜の近くに（副）

— 326 —

語彙集

近くに　　　　　　　　（練2）
जवळपास [z]（副）近くに　（練2）
जसजसा [z]（関係詞）〜すればするほど　　　　　　　　（21）
जसा [z]（関係詞）そのような（21）
जळणे [z]（自）燃える　　（13-2）
जाग [z]（女）目覚め　　（練19）
जागा [z]（女）場所　　　（練19）
जागा [z]（形）目覚めた　　（22）
जाणवणे [z]（自）感じられる（20-2）
जाणीव [z]（女）意識　　（練21）
जाणून बुजून [z]（副詞句）わざと　　　　　　　　　　（15-2）
जाणे [z]（自）行く　　　（6-1）
जात [z]（女）カースト、種類（練9）
जादू [j]（男）魔法　　　（23-1）
जादूगार [j]（男）魔法使い（練23）
जास्त [j]（副・形）より多く、より多い　　　　　　　　（5-3）
जाहीर [j]（形）明らかな、明言した　　　　　　　　　（練13）
जिकडे [j]（関係詞）その方向に　　　　　　　　　　（21）
जिंकणे [j]（変則自他）勝つ　（10）
जिणे [j]（自）生きる、生活する　　　　　　　　　（練19）
जितका [j]（関係詞）それほどの　　　　　　　　　　（21）
जिथे [j]（関係詞）そこに　（21）
जिल्हा [j]（男）県（district）　　　　　　　　　　（練14）
जिवंत [j]（形）生きている（23-2）
जिवलग [j]（形）親密な、肝胆相照らす　　　　　　　　（練9）
जीव [j]（男）命　जिवाचा आटापिटा करणे 一生懸命になる（練22）
जीवन [j]（中）生活　　（練13）
जीवनावश्यक [j]（形）生活に必要な　　　　　　　　　（22）
जुगार [z]（男）賭け事　（24-2）
जुडणे [z]（自）つながる（20-2）
जुना [z]（形）古い　　　（4-1）
जेवढा [j]（関係詞）それほどの（21）
जेवण [j]（中）食事　~ करणे 食事する　　　　　　　　（6-2）
जेवणे [j]（変則自）食事する（練6）
जेव्हा [j]（関係詞）その時　（21）
जो [z]（関係詞）それ、その人（21）
जोडणे [z]（他）つなぐ　（20-2）
जोरदार [z]（形）激しい、力強い

— 327 —

基礎マラーティー語

(練14)

ज्ञानेश्वरी (女) ドゥニャーネーシュワリー (13世紀末の宗教書) (19-1)

ज्येष्ठ [j] (形) 最高の、最良の (24-2)

झ

झटपट [z'] (副) 素早く (15-2)
झाकणे [z'] (他) 覆い隠す (14-1)
झाड [z'] (中) 木 (4-1)
झुबका [z'] (男) 房　झुबकेदार 房々した (18)
झोप [z'] (女) 眠り、眠気 (練12)
झोपणे [z'] (自) 寝る (8-1)

ट

टक (女) 見詰めること　~लावणे 見詰める (練14)
टॅक्सी (女) タクシー (23-2)
टक्का (男) パーセント (練15)
टपकणे (自) 不意に現れる (23-2)
टपाल (中) 郵便　-वाला 郵便配達夫 (14-2)
टप्पा (男) 段階、回 (24-2)
टळणे (自) 逃れる、避けられる (20-2)
टाकणे (他) 投げる、投げ落とす、投げ入れる (6-1)
　(複合動詞) 〜してしまう (15)
टाळणे (他) 避ける (20-2)
टाळाटाळ (女) 言い逃れ (15-1)
टी.व्ही. (女) テレビ (5-2)
टेकडी (女) 丘 (15-2)
टेकणे (他) 支えとする (13-2)
टेनिस (中) テニス (10)
टेबल (中) 机 (練1)
टोचणे [ts] (他) 刺す　टोचून बोलणे 刺すように厳しく言う (練23)
टोमॅटो (男) トマト (練22)
टोमणा (男) 非難 (練20)

ठ

ठरवणे (他) 決める (練14)
ठराव (男) 決定 (24-2)
ठाऊक (形) 知られた (12-1)
ठाणे (中) ターネー (地名) (練8)
ठाम (形) しっかりした (練23)
ठिकाण (中) 場所 (6-2)
ठीक (形) 正しい、良好な (3-1)
ठेवणे (他) 置く、保つ (練13)

語 彙 集

ठोठावणे（他）ノックする　(24-2)

ड

डबा（男）箱、弁当箱　(練18)
डसणे（変則自）刺す、(蛇が) 噛む　(10)
डाकघर（中）郵便局　(練1)
डॉक्टर（男・女）医者　(練3)
डॉक्टरीण（女）女医、医者の妻　(3-1)
डास（男）蚊　(2-1)
डाळिंब（中）ざくろ　(1-2)
डोकावणे（自）覗き込む、顔を出す　(練15)
डोकं（中）頭　(2-1)
डोंगर（男）山　(練4)
डोळा（男）目　(8-3)

ढ

ढग（男）雲　(練11)
ढासळणे（自）崩れる　(23-1)
ढोर（中）牛（種類、オスメスを問わない）　(2-1)

त

त（格接尾辞・後）〜の中に　(4-1)
तक्रार（女）苦情　…बद्दल ~ करणे …について苦情を言う　(練8)
तणाव（男）緊張　~वाढणे 緊張が高まる　(練9)
तंबाकू（女）噛み煙草　(10)
तब्बल（形・副）たっぷり　(練15)
तब्येत（女）体調、気分　(練15)
तयार（形）用意できた　(練7)
तयारी（女）準備、用意　(17)
तर（接）〜ならば　(23-1)
तरणे（自）救われる　(20-2)
तरी（接）それでも　(22)
तरुण（男）青年　(練13)
तरुणी（女）娘　(練14)
तर्फे（後）〜の側から　(13-1)
तऱ्हा（女）方法　(練10)
तऱ्हेतऱ्हेचा [ts]（形）いろいろな　(練19)
तवा（男）(料理用) 鉄板　(23-1)
तसतसा（形・副）(関係詞 जसजसा を受ける) ますます　(21)
तसा（形・副）そのような　(21)

(接・変) すると (22)
तहान (女) 喉の渇き (12-2)
तळ (男) 底 (練23)
तळं (中) 湖 (練11)
ताजा [z] (形) 新鮮な (1-3)
तांडव नृत्य (中) (シヴァ神の) 末世の踊り (23-1)
तातडी (女) 緊急 。ने 緊急に (練10)
तात्पुरता (形) 臨時の (練19)
तांदूळ (男) 米 (18)
ताप (男) 熱 ~ येणे 熱が出る (12-2)
तापणे (自) 熱くなる (23-1)
तामीळ (男) タミル人 (女) タミル語 (形) タミル (人、語) の (練3)
तारणे (他) 救う (20-2)
तारीख (女) 日付 (8-3)
तारुण्य (中) 青年時代 (練14)
तालुका (男) 郡 (練24)
तास (男) 1時間 (8-3)
तिकडे (副) あちらの方 (練1)
तिकीट (中) 切手 (練12)
　公認 (練22)
तिखट (形) 辛い (12-2)
तिघे (男・形・変) 3人、3人とも (19-2)
तितका (形) それほどの (12-2)
तिथे (副) そこに、あそこに (1-4)
तिन्ही (数) 3つとも (19-2)
तिप्पट (形) 3倍の (19-2)
तिसरा (形) 3番目の (3-1)
तिहेरी (形) 3重の (19-2)
तीन (数) 3、3つの (2-1)
तीर (男) 矢 (23-1)
तुझा [zʼ] (代) おまえの、君の (5-1)
तुटणे (自) 壊れる (20-2)
तुमचा [ts] (代) 君 (達) の (5-1)
तुम्ही (代) きみ (達)、あなた (達)、おまえ達 (3-1)
तुरुंग (男) 牢獄 (15-1)
तू (代) おまえ、君 (3-1)
तेढ (女) 仲たがい (練18)
तेथपर्यंत (副) あそこまで (練6)
तेरा (数) 13、13の (13-1)
तेरावा (形) 13番目の (13-1)
तेल (中) 油 (23-1)
तेवढा (形・副) それほどの (21)
तेविसावा (形) 23番目の (23-1)
तेवीस (数) 23、23の (23-1)

語 彙 集

तेव्हा（副）その時 (21)
तो, ते, ती（代）あれ、それ (1-1)
　　複数形 ते, ती, त्या (2-1)
तोंड（中）顔 (練12)
तोडणे（他）壊す (20-2)
तोंडपाठ（形）暗記した (19-2)
तोपर्यंत（副）それまでに (14-2)
त्याचा, तिचा, त्यांचा [ts]（代）
　　3人称（遠称詞）の属格 (5-1)
त्रास（男）困難、苦難 (12-2)
त्रासिकपणे（副）困って (練14)
त्रिकोण（男）三角形 (練12)

थ

थकवा（男）疲れ (23-1)
थंड（形）冷たい (練6)
थंडी（女）寒さ (13-2)
　～भरून येणे 寒気がする (15-2)
थाडकन（副・擬音）バンと (22)
थांबणे（自）止まる (練7)
थांबवणे（他）止める (練21)
थायलंड（中）タイ (5-3)
थुंकणे（変則自他）唾を吐く (10)
थेंब（男）滴 (23-1)
थोडा（形）わずかな (練9)

थोपवणे（他）抑える、止める (22)

द

दक्षिण（女）南 (12-1)
दखल（女）考慮、参考 …ची～घेणे
　　…を考慮に入れる (練24)
दगड（男）石 (1-3)
दंगा（男）暴動 (練15)
दबका（形）抑えた (練21)
दबणे（自）抑えられる (20-2)
दमणे（自）疲れる (練14)
दमदाटी（女）脅し、厳しく叱ること (13-2)
दर（形）各、それぞれの (13-1)
दरवाजा [z]（男）扉 (24-2)
दरी（女）谷間、谷底 (練22)
दर्जा [j]（女）地位 (練9)
दर्शन（中）観光 (23-1)
दलित（形）虐げられた、「不可触民」の (練24)
दवाखाना（男）医院 (4-1)
दशा（女）状態 (練23)
दहा（数）10、10の (10)
दहावा（形）10番目の (10)
दही（中）ヨーグルト (2-1)

दा (助) 回、回数（数を表す語とともに用いる）	(13-1)	दुर्दैव (中) 不運　दुर्दैवाने 運悪く	(練9)
दाखल (形)（病院など）入れられた	(20-1)	दुसरा (形) 2番目の	(2-1)
दाखवणे (他) 見せる	(6-1)	दुहेरी (形) 2重の	(19-2)
दागिना (男) 装身具	(15-2)	दूध (中) 牛乳	(練10)
दात (男) 歯	(18)	दूर (形・副) 遠い、遠くに	(20-2)
दादा (男) 兄	(2-1)	दृढ (形) しっかりした	(練17)
दाबणे (他) 抑える	(20-2)	दृश्य (中) 景色、光景	(12-2)
दार (中) 戸	(練1)	दृष्ट्या (副) 〜の観点から	(練13)
दारू (女) 酒	(10)	देऊळ (中) 寺院	(2-1)
दिवस (男) 日	(7-1)	देखभाल (女) 世話	(16)
दिवाळी (女) ディワーリー祭	(練15)	देखावा (男) 風景	(23-2)
		देणे (他) 与える	(6-1)
दिसणे (自) 見える	(練11)	देणं (中) 借金	(13-1)
दीड (数) 1.5	(19-2)	देव (男) 神	(6-2)
दुकान (中) 店	(4-2)	देवनागरी लिपी (女) デーウナーグリー文字	(12-2)
दुकानदार (男) 店主	(練15)	देश (男) 国	(15-2)
दुखणे (自) 痛む	(24-1)	दोघे (男・形・変) 2人、2人とも	(練9)
दुःख (男) 不幸、悲しみ	(12-2)		
दुपारी (副) 昼に	(7-1)	दोन (数) 2、2つの	(2-1)
दुप्पट (形) 2倍の	(19-2)	दोन्ही (数) 2つとも	(19-2)
दुरावणे (他) 遠ざける	(20-2)	दोरी (女) 糸	(21)
दुरुस्त (形) 修理された	(22)	दौलत (女) 財産	(24-2)
दुरुस्ती (女) 修理	(5-1)	द्राक्ष (中) ぶどう	(練2)

語彙集

ध

धक्का (男) 衝撃 (15-2)
धक्कादायक (形) ショッキングな (練10)
धडक (女) 衝撃、急襲 (24-2)
धडा (男) (教科書での) 課、レッスン (1-1)
धंधा (男) 商売、職業 (24-2)
धनुष्य (中) 弓 (22)
धपकन (副) ドシンと (21)
धरणे (他) 摑む、持つ (8-3)
　　　考える (20-1)
धाकटा (形) 年下の (家族について) (練5)
धावणे (自) 走る (練6)
धुणे (他) 洗う (6-1)
धूम्रपान (中) 喫煙 (6-2)
धूर (男) 煙 (21)
धूर्त (形) ずるい (練10)
धोबी (男) 洗濯屋 (6-2)
धोरण (中) 政策、方針 (練9)
ध्वज [j] (男) 旗 (5-1)

न

न (副) 否定辞 (24-1)
नऊ (数) 9、9つの (練13)
नकळत (分詞・慣) 知らないうちに (13-2)
नकार (男) 否定、拒否 (24-2)
नकाशा (男) 地図 (練23)
नको (副) (否定辞) だめ、要りません (6-2)
नको, नकोस, नका (準動) 命令形の否定辞 (6-2)
नको, नकोत (準動) 要らない (単独または他の分詞と併用する) (12-3)
नक्की (副) きっと、必ず (練7)
नगर (中) 都市、アフマドナガル (練24)
नंतर (副・後) 後で、〜の後で (時間) (練7)
नदी (女) 川 (練4)
नमस्कार (男) あいさつ全般の言葉 (3-1)
नये, नयेत (準動) (ऊ 分詞と共に用いて) 〜すべきでない (16)

— 333 —

基礎マラーティー語

नर (男) 牡、オス	(2-1)	नाही (副) いいえ	(1-2)
नवरा (男) 夫	(練8)	नाही (自) 否定のコピュラ動詞 नसणे	
नववा (形) 9番目の	(9-1)	の基礎活用・3人称・単数・現在	
नवा (形) 新しい	(4-2)	形	(1-2)
नवीन (形) 新しい	(14-2)	निकाल (男) 結果、決定	(練11)
नव्हे (自・不変) 否定のコピュラ動詞形 नाही の強調形	(24-1)	निघणे (自) 出る	(練6)
		नित्यक्रम (男) 日課	(16)
नसणे (自) 〜ではない、〜はない、いない (否定のコピュラ動詞)		निधन (中) 死亡	(練14)
		नियमित, नियमितपणे (副)	
	(1-2)	規則的に	(練15)
ना (副) 〜よ、ね	(6-2)	नियुक्ती (女) 任命	(24-2)
否定辞	(24-1)	निराशा (女) 落胆	(21)
नाइलाजाने [z] (副) 仕方なく	(13-2)	निराळा (形) 異なる、別の	(13-2)
नाकारणे (他) 拒否する	(24-2)	निरोगी (形) 健康な	(練16)
नागरीक (男) 市民	(練24)	निर्घृण (形) 残虐な	(練24)
नागरीकरण (中) 都市化	(24-2)	निर्णय (男) 決定	(練17)
नाटक (中) 劇	(18)	निर्माण (中) 創造	(24-2)
नाणं (中) 硬貨	(2-1)	निवडणूक (女) 選挙	(4-1)
नातेवाईक (男) 親戚	(練10)	निवडणे (他) 選ぶ	(練20)
नापास (形) 不合格の	(22)	निश्चय [c] (男) 決定、決意	
नारळ (男) ココナッツ	(19-2)		(練13)
नाव (中) 名前	(5-1)	नी (接) そして	(22)
नावडणे (自) 好まない	(13-2)	नीट (副) ちゃんと、よく	(練6)
नासपती (女) 梨	(1-2)	नुकसान (中) 損害	(19-2)
नासाडी (女) 崩壊	(練17)	नुसता (副・変) 単に	(17)

— 334 —

語 彙 集

नेणे (他) 持って行く (6-1)
नेता (男) 指導者、政治家 (24-2)
नेपाळ (中) ネパール (5-3)
नेपाळी (男) ネパール人 (女) ネパール語 (形) ネパール (人、語) の (練3)
नेसणे (変則自他) 着る (練8)
नेहमी (副) いつも (8-3)
नेहरू (男) ネルー (練9)
नोकर (男) 召使い (8-3)
नोकरी (女) 勤め (15-2)

प

पकडणे (他) 摑む、持つ (8-2)
पक्का (形) 安定した、正規の (練19)
पक्ष (男) 政党 (13-1)
पक्षी (男) 鳥 (総称として) (2-1)
पगार (男) 給料 (21)
पंचाईत [c] (女) 難儀、困難 (練23)
पट (接尾辞・数) 倍数を示す語 (19-2)
पटणे (自) 納得される (13-1)
पडणे (自) 落ちる、倒れる、横たわる (7-1)
पडदा (男) カーテン (練1)
पडसं (中) 風邪、鼻風邪 (12-1)
पण (助) 〜も (通常、〜の部分の語につけて書く) (練2)
(接) しかし (練9)
पंतप्रधान (男) 総理大臣 (19-2)
पत्ता (男) 住所 (15-2)
पत्र (中) 手紙 (6-1)
पत्रपेटी (女) ポスト (6-1)
पद (中) 歌 (16)
पदरी (接尾辞・数) 重なりを示す語 (19-2)
पदार्थ (男) 料理、調理品 (5-1)
पद्धत (女) 方法 (練24)
पंधरा (数) 15、15の (15-1)
पंधरावा (形) 15番目の (15-1)
पन्नास (数) 50、50の (練12)
पंप (男) ポンプ (練20)
पपई (女) パパイヤ (1-3)
परका (形) 他人の (練23)
परत (副) 戻って 〜 येणे 帰って来る (練6)
परतणे (自) 戻る (練7)
परंतु (接) しかし (練13)

— 335 —

基礎マラーティー語

परदेशी (形) 外国の	(12-2)	पाउण (数) 3/4	(19-2)
परंपरा (女) 伝統	(練20)	पाउस (男) 雨 ～पडणे 雨が降る	
परवडणे (自) 買える、余裕がある			(7-1)
	(12-2)	पाकिट (中) 財布	(練1)
परवा (副) 明後日、一昨日	(7-1)	पाकिस्तान (男) パキスタン	(5-3)
परवानगी (女) 許可	(20-2)	पाखरू (中) 鳥、小鳥	(2-1)
परिणामकारक (形) 有効な	(練13)	पाच [ts] (数) 5、5つの	(2-1)
परिवर्तन (中) 変化	(練9)	पाचवा [ts] (形) 5番目の	(5-1)
परिसर (男) 構内	(24-2)	पाजणे [z] (他) 飲ませる	(20-2)
परिस्थिती (女) 状況	(13-1)	पाठ (女) 背中	(21)
परी (接) しかし	(22)	पाठचा [ts] (形) 実の兄弟の	(24-1)
परीकथा (女) おとぎ話	(練16)	पाठवणे (他) 送る	(15-2)
परीक्षा (女) 試験	(練9)	पाठिंबा (男) 支持 …ला～देणे	
पर्यटक (男) 旅行者	(練10)	…を支持する	(練10)
पर्यंत (後) ～まで	(練7)	पाठ्यक्रम (男) 教育課程	(19-2)
पर्वा (女) 心配、気遣い	(練10)	पाडणे (他) 落す、倒す	(20-2)
पर्स (女) ハンドバッグ	(2-1)	पाणी (中) 水	(2-1)
पलंग (男) ベッド	(4-1)	～पडणे 台無しになる	(練23)
पवित्रा (男) 姿勢	(24-2)	पान (中) 葉	(2-2)
पश्चिम [c] (女) 西 पश्चिमेला 西に	(練8)	पाय (男) 足、脚	(12-1)
पसरणे (自) 広がる	(練23)	पायरी (女) パーイリー (マンゴーの一種)	(17)
पहाटे (副) 早朝に	(練15)	पार्टी (女) パーティー	(21)
पहिला (形) 1番目の	(1-1)	पाव (数) 1/4	(19-2)
पळणे (自) 走る、逃げる	(8-3)	पावणे (数) －1/4の	(19-2)

— 336 —

語彙集

पावणे（変則自）得る (10)
पावसाळा（男）雨期 (14-2)
पाहणे（他）見る (6-1)
　　（助動）〜しようとする (15-1)
पाहिजे [j]（準動）必要である (12-3)
पाहुणा（男）客（家などの） (6-1)
पाळणे（他）守る (練10)
पिकणे（自）実る (練22)
पिणे（変則自他）飲む (6-1)
पियानो（男）ピアノ (練10)
पिवळा（形）黄色い – धमक 真っ
　　黄色の (2-2)
पिशवी（女）袋、鞄 (練1)
पिसू（女）蚤 (2-1)
पीक（中）作物 (21)
पीठ（中）粉、席 (2-1)
पुढचा [ts], पुढला（形）先の、次の
　　 (練7)
पुढे（後）〜の前方に （副）前方
　　に (練2)
पुन्हा（副）再び (練9)
पुरण（中）甘い詰め物、餡 (16)
पुरस्कार（男）賞 (20-1)
पुरा（形）完全な (練18)
　　पुरेसा 十分な (練24)

पुरुष（男）男 (2-1)
पुरेपूर（副）十分に (24-2)
पुष्कळ（形）多くの (4-1)
पुस्तक（中）本 (1-1)
पूर（男）洪水 (19-1)
पूर्ण（形）完全な （副）完全に (練7)
पूर्णपणे（副）完全に (15-2)
पूर्णांक（男）整数、小数点（「以下
　　小数」という意味から）(19-2)
पूर्व（女）東　पूर्वेला 東に (8-3)
पूर्वनियोजित [j]（形）前もって計
　　画された (練24)
पूर्वी（副）以前 (11-1)
पूल（男）橋 (練4)
पृथ्वी（女）地球 (練7)
पेक्षा（後）〜よりも (5-3)
पेंगणे（自）まどろむ (13-2)
पेटणे（自）燃える (22)
पेन（中・男）ペン (練1)
पेन्सिल（女）鉛筆 (1-1)
पैकी（後）〜の中で (5-3)
पैसा（男）パイサ、お金 (練9)
पोचणे, पोहोचणे [ts]（自）到着す
　　る (練7)
पोट（男）腹 (5-1)

— 337 —

基礎マラーティー語

०शी धरणे 懐に抱く	(8-3)	प्रयत्न (男) 努力	(16)
पोटचा [ts] (形) 実の、血を分けた	(5-1)	प्रवास (男) 旅行	(練16)
पोटदुखी (女) 腹痛	(12-1)	प्रवेश (男) 入学、登場	(練20)
पोपट (男) おうむ	(2-1)	प्रशिक्षण (中) 研修	(練20)
पोर (男・女) 子供	(2-1)	प्रश्न (男) 問題、質問	(練10)
पोरगी (女) 少女	(2-1)	प्रसंग (男) 出来事、場面	(14-1)
पोरगं (中) 子供	(2-1)	प्रसिद्ध (形) 有名な	(3-1)
पोलीस (男) 警察	(13-2)	प्रस्ताव (男) 提案	(21)
पोस्ट (中) 郵便局	(練23)	प्राण (男) 命	(10)
पोळी (女) パンの一種	(16)	प्राणिसंग्रहालय (中) 動物園	(練1)
प्रकरण (中) 事件、関連	(7-1)	प्राणी (男) 動物	(2-1)
प्रकार (男) 種類、類例	(24-1)	प्राध्यापक (男) 教授	(練3)
प्रक्रिया (女) 過程	(24-2)	प्राध्यापिका (女) 教授(女性)	(練3)
प्रचंड [c] (形) 巨大な	(練18)	प्रेम (中) 愛	(練12)
प्रत (女) コピー、冊(本)	(23-1)	प्रेमविवाह (男) 恋愛結婚	(24-1)
प्रतिबंध (男) 禁止	(練24)	प्रोत्साहन (中) 奨励	(練20)
प्रत्यक्ष (副) 直接に	(14-2)		
प्रत्येक (形) それぞれの	(16)	**फ**	
प्रदर्शन (中) 展覧会	(練20)	फक्त (副) 〜だけ	(2-1)
प्रदान (中) 授与	(20-1)	फजिती [j] (女) 不名誉、辱しめ	(15-2)
प्रभाव (男) 影響	(練15)	फडफड (擬音) パタパタ फडफडणे 〜鳴る फडफडवणे 〜鳴らす	
प्रमाण (中) 量	(24-1)		(20-2)
प्रमाणे (後) 〜の通りに、〜に従って	(練13)	फरक (男) 違い	(練14)

— 338 —

語 彙 集

फसवणूक（女）騙すこと　（練10）
फसवणे（他）騙す　（15-1）
फळ（中）果物　（1-3）
फाईल（女）ファイル　（2-1）
फाटक（中）門　（練22）
फाटणे（自）裂ける　（14-2）
फाडणे（他）裂く　（20-2）
फायदा（男）利益　（練12）
फारसा（नाही）（副・変）あまり（～ない）　（1-3）
फितणे（自）裏切る　（20-2）
फितवणे（他）裏切らせる　（20-2）
फिरणे（自）散歩する、回る　（練11）
फिरून（副）再び　（15-2）
फी（女）授業料　（練15）
फुटणे（自）割れる　（15-2）
फुलणे（自）花が咲く　（23-1）
फुलदाणी（女）花瓶　（8-3）
फूटपाथ（男）歩道　（練24）
फूल（中）花　（練1）
फेकणे（他）投げ捨てる　（練14）
फेरीवाला（男）行商人　（練24）
फैलाव（男）広がり　（21）
फोटो（男）写真　（2-1）
फोडणे（他）割る　（17）
फोन（男）電話　~ करणे 電話する　（7-1）

ब

बँक（女）銀行　（2-1）
बॅग（女）鞄　（練1）
बंगलादेश（男）バングラデシュ（5-3）
बंगाली（男）ベンガル人　（女）ベンガル語　（形）ベンガル（人、語）の　（練3）
बघणे（他）見る　（6-1）
बटाटा（男）じゃがいも　（練2）
बंद（形）止まった　（13-1）
बदल（男）変化　（練9）
बदलणे（自・他）変わる、変える　（練14）
बंदी（女）禁止　（24-2）
बंदूक（女）鉄砲　（4-1）
बद्दल（後）～について　（練7）
बनणे（自）なる　（20-2）
बनवणे（他）作る　（練8）
बरा（形）良好な　（3-1）
बराच [ts]（形）たくさんの　（練5）
बरं का？（慣）いいですか？　（6-2）

बरोबर (後・副) いっしょに (練6)
　　　(算数) イコール (19-2)
　　　いつも (22)
बय्यापैकी (副) かなり良く (練5)
बलुतं (中) バルター職人、村抱え職人 (練18)
बशी (女) 皿 (19-2)
बस (女) バス (2-1)
बसणे (自) 座る (6-1)
बसवणे (他) 座らせる、据え付ける (20-2)
बसस्टॉप (男) バス停 (練4)
बहीण (女) 姉妹 (2-1)
बळ (中) 力 (練17)
बळकट (形) 強い (練9)
बाई (女) (大人の) 女性 (敬称語にも) (2-1)
बाकी (形) 残った (19-2)
बाग (女) 庭 (2-1)
बाजार [z] (男) 市場、商店街 (11-1)
बाजू [z] (女) 側面、横、辺 (2-1)
बाण (男) 矢 (15-2)
बातमी (女) ニュース (練10)
बांधकाम (中) 建築作業 (練7)
बांधणे (他) 建てる (15-2)
　　　つなぐ (20-1)
बाबत (後) ～に関して (練9)
बाबा (男) 父、お父さん (2-1)
बायको (女) 妻 (複) 妻、女性 (2-1)
बारा (数) 12、12の (12-1)
बारावा (形) 12番目の (12-1)
बाविसावा (形) 22番目の (22)
बावीस (数) 22、22の (22)
बाहेर (後) ～の外に (副) 外に (1-4)
बाळ (中・男) 赤ん坊、幼児 (2-1)
बिकट (形) 険しい (練22)
बिघडणे (自) 悪くなる (練23)
बिनदिक्कत (副) 憚りなく (練23)
बिस्कीट (中) ビスケット (24-1)
बीळ (中) 巣穴 (18)
बुडणे (自) 沈む (13-2)
बुडवणे (他) 沈める (20-2)
बुधवार (男) 水曜日 (練7)
बेकायदेशीर (形) 法律違反の (24-2)
बेछूट (形) 無差別な、勝手放題の (練24)
बेट (中) 島 (練4)
बेत (男) 計画 (練23)

語 彙 集

बैल (男) オス牛 (2-1)
बोट (中) 指 (練17)
बोलणे (変則自) しゃべる、声を出す (6-2)
बोलावणे (他) 呼ぶ (6-1)
ब्याऐंशी (数) 82、82の (19-2)

भ

भयभीत (形) 恐れた (24-2)
भर (助) 〜いっぱい (14-2)
भरणे (自・他) 満ちる、満たす (14-1)
　返済する (21)
भरपाई (女) 補償、弁償 (練22)
भरपूर (副・形) たくさん (5-1)
भरभर, भराभर (副) 速く (19-1)
भरभराट (女) 繁栄 (20-2)
भरवसा (男) 信用 (9-1)
भाऊ (男) 兄弟 (4-1)
भाग (男) 義務 ~होणे / पडणे ~
　ねばならない (13-1)
　部分 ~घेणे 参加する (15-1)
　場所 (23-1)
भागणे (自) うまく進む (練23)
भागिले (分詞) (割り算) 割られた (19-2)

भाजणे [z] (自) 火傷する (24-2)
भाजी [j] (女) 野菜、野菜カレー (2-2)
भांडणे (自) 喧嘩する (19-1)
भारत (男) インド (5-1)
भारतीय (男) インド人 (形) インド(人)の (練3)
भावंड (中) 兄弟姉妹 (12-1)
भाषण (中) 演説 (19-2)
भाषा (女) 言語 (2-1)
भास (男) 印象 (23-1)
भिकारी (男) 乞食 (19-2)
भिजणे [z] (自) 濡れる (20-2)
भिजवणे [z] (他) 濡らす (20-2)
भिणे (変則自) 恐れる (6-1)
भिंत (女) 壁 (練1)
भिरकावणे (他) 放り投げる (20-2)
भिववणे (他) 恐がらせる (20-2)
भीती (女) 恐れ (12-2)
भेट (女) 面会 …ची~घेणे …と面会する (練10)
भेटणे (変則自) 会う …ला~ …と会う (7-1)
भेंडी (女) オクラ (19-1)
भेद (男) 差別 (23-2)

基礎マラーティー語

भोक (中) 穴、隙間 (19-1)
भोवतालचा [ts] (形) 周りの (練23)
भोळा (形) 素朴な (練10)
भ्रष्टाचार [c] (男) 汚職 (練24)

म

मग (副) では、それから、しばらく後に (8-2)
मघा (副) 先程 -शी, -पासून 先程から (13-2)
मजला [z] (男) 階 (練17)
मजा [j] (女) 楽しみ (練11)
मजुरी [z] (女) 賃金 (22)
मंजुरी [z] (女) 承認 (24-2)
मजूर [z] (男) 肉体労働者 (練11)
मटका (男) 壷、宝くじの一種 (24-2)
मंडई (女) 市場 (22)
मॅडम (女) 先生(女性) (5-1)
मंडळी (女) 仲間、集団 (9-1)
मत (中) 意見、票 (練17)
मतदार (男) 有権者 (練10)
मंत्रिमंडळ (中) 内閣 (練9)
मदत (女) 手助け …ला ~ करणे …を手助けする、手伝う (練6)
मंदी (女) 不況 (練15)
मधे, मध्ये (後) 〜において (5-3)
मन (中) 心、気持ち (練13)
~ लावून 熱心に (練19)
मनःस्थिती (女) 心理状態 (24-2)
मनोहर (形) 魅力的な (23-2)
मरण (中) 死 (10)
मरणे (自) 死ぬ (9-2)
मराठा (男) マラーター(カースト) (練9)
मराठी (女) マラーティー語 (5-2)
मर्यादित (形) 限られた (24-1)
मशीन (中) 機械 (machine) (練21)
मसुदा (男) 原案 (24-2)
महत्त्वाचा [ts] (形) 重要な (練5)
महाग (形) 高価な (1-3)
महामंडळ (中) 協議会 (24-2)
महाराष्ट्र (男) マハーラーシュトラ州 (練5)
महाविद्यालय (中) カレッジ (練17)
महिना (男) 月(暦の) (練7)
मळा (男) 畑 (19-1)
मागणी (女) 要求 (20-1)

— 342 —

語 彙 集

मागणे（他）要求する　　　　(8-3)
मागासवर्गीय（形）後進階級の
　　　　　　　　　　　　　(練19)
मागाहून（副）あとで　　　(12-2)
मागे（後）～の後ろに（副）後ろ
　に　　　　　　　　　　　(練2)
माघारी（副）戻って　　　　(21)
मांजर [z]（中）猫　　　　(4-1)
माझा [z']（代、変）私の　(5-1)
मांडणे（他）並べる、飾り付ける
　　　　　　　　　　　　　(練20)
माणूस（単数で男・中、複数で中）
　男、人　　　　　　　　　(2-1)
मादी（女）牝、メス　　　　(2-1)
मान（女）首（頭部）　　　(13-2)
मानणे（他）思う、認める　(20-1)
मानपत्र（中）表彰状　　　 (20-1)
मानवाधिकार（男）人権　　(練21)
मानसिक（形）精神的な　　(練17)
मान्य（形）認めるべき　~ करणे
　認める　　　　　　　　　(24-2)
मान्यवर（形・男）敬うべき、賓客
　　　　　　　　　　　　　(20-1)
मामा（男）おじ（母の兄弟）(2-1)
मारणे（他）叩く、殺す　　(6-1)

मार्फत（後）～を介して　　(20-2)
मावणे（自）収まる、入りきる
　　　　　　　　　　　　　(練19)
मावळणे（自）（太陽などが）沈む
　　　　　　　　　　　　　(練8)
मांस（中）肉　　　　　　　(17)
मासा（男）魚　　　　　　(2-1)
माहिती（女）情報　　　　(13-2)
माहीत（形）知られた　　(12-1)
माहेर（中）実家　　　　　(練14)
माळ（女）花輪　　　　　　(22)
मिटणे（自・他）閉まる、閉める
　　　　　　　　　　　　　(練16)
　片付く　　　　　　　　(23-1)
मिठाई（女）甘い菓子　　(6-1)
मित्र（男）友達　　　　　(6-2)
मिनिट（中）分　　　　　(12-1)
मिरवणूक（女）デモ行進　(4-1)
मिळणे（自）得られる　　(練7)
मिळवणे（他）得る　　　　(練20)
मी（代）私　　　　　　　(3-1)
मीठ（中）塩　　　　　　(13-2)
मुकणे（変則自）失う、なくす (10)
मुक्काम（男）滞在　　　 (13-1)
मुक्ती（女）解放、自由　　(16)

— 343 —

基礎マラーティー語

मुख्यमंत्री (男) 州首相 (練10)
मुख्याध्यापक (男) 校長 (練7)
मुलगा (男) 少年 (1-4)
मुलगी (女) 少女 (1-4)
मुसलमान (男) イスラーム教徒 (練9)
मुळीच [ts] (副) (主に否定形で) 根本的に、全く (〜ない) (→ मूळ) (14-2)
मूठ (女) 拳 (14-1)
मूर्ख (形) 愚かな (練10)
मूर्ती (女) 像 (2-1)
मूल (中) 子ども (2-1)
मूळ (中) 根 मुळात 元々 (練24)
मृत्यू (男) 死 (22)
मेहनत (女) 努力、勤労 (21)
मैत्री (女) 友情 (15-2)
मैत्रीण (女) 女友達 (5-2)
मैदान (中) 広場 (練11)
मैना (女) 九官鳥 (2-1)
मैल (男) マイル (mile) (5-1)
मोजणे [z] (他) 数える (練17)
मोटर (女) 車 (16)
मोठा (形) 大きい (練1)
मोती (中) 真珠 (2-1)

मोदक (男) 団子 (19-2)
मोबाइल (男) 携帯電話 (13-2)
मोर्चा [c] (男) デモ行進、攻撃拠点 (練18)
मोलकरीण (女) 女中 (8-3)
मोहीम (女) 攻撃 (24-2)
म्हण (女) 諺 (21)
म्हणजे [j] (接) 即ち、そうすれば (22)
म्हणणे (変則自他) 言う、思う (7-1)
म्हणून (分詞・慣) 〜として (8-3) 〜という、それゆえに (15-2)
म्हणे (慣) 〜だそうだ (22)
म्हातारा (男) 老人 (形) 年老いた (13-2)
म्हातारी (女) 老婆 (練8)
म्हैस (女) メスの水牛 (2-1)

य

यंत्रणा (女) 行政機構 (24-2)
यश (中) 成功 (16)
या, यात (準動) ऊ 分詞と共に用いて勧誘表現を作る (6-2)
याचा, यांचा (代) これの、この人の、3人称 (近称詞) の属格 (5-1)

— 344 —

語彙集

यादी (女) リスト	(18)		(9-2)
युद्ध (中) 戦争	(16)	राजकीय [j] (形) 政治的な	
येणे (自) 来る	(6-1)	~ दृष्ट्या 政治的な観点から	
येवढा (形) これほどの	(13-1)		(練9)
योग्य (形) 適切な	(13-1)	राजकुमारी [j] (女) 王女	(22)
योजना [j] (女) 計画	(練15)	राजा [j] (男) 王 (複 राजे [z])	
			(2-1)

र

		राजीनामा [j] (男) 辞表	(24-2)
रक्कम (女) 金額、お金	(21)	राज्य [j] (中) 州	(練20)
रक्त (中) 血	(10)	राज्यपाल [j] (男) 州知事	(練10)
रखवालदार (男) 番人	(8-3)	रात्र (女) 夜	(練7)
रंग (男) 色	(練13)	राबणे (自) 骨折り働く	(練19)
रगड्न (副) しっかりと	(15-2)	रामकुंड (中) ナーシクにある聖池	
रडणे (自) 泣く	(13-2)		(練11)
रडू (中) 泣くこと ~कोसळणे わっと泣く	(15-1)	राव (男) さん、君（男性への敬称語）	(3-1)
रद्द (形) 中止の	(練21)	राष्ट्रीय (形) 国の	(5-1)
रबर (中) 消しゴム	(練1)	राष्ट्रीय सभा (女) 国民会議派	
रशिया (男) ロシア	(5-3)	(= काँग्रेस)	(練9)
रस (男) ジュース	(17)	राहणे (自) いる、暮らす、残る	
रस्ता (男) 道	(1-3)		(6-1)
रॉकेट (中) ロケット	(練7)	रिंगण (中) 土俵	(24-2)
राखी (形) 灰色の	(2-2)	रीत (女) しきたり	(5-1)
राग (男) 怒り	(20-2)	रुग्ण (男) 病人	(練10)
रागावणे (自) 腹を立てる、怒る		रुग्णालय (中) 病院	(練1)

— 345 —

基礎マラーティー語

रुचणे [ts] (自) 気に入る (24-1)
रुची [c] (女) 興味、趣味 (練15)
रुंद (形) 広い (1-3)
रुपया (男) ルピー (4-1)
रुपं (中) 銀 (2-1)
रुमाल (男) ハンカチ (練1)
रे (間) 主に男性への丁寧でない呼び掛け語 (6-2)
रेंगाळणे (自) のろのろする (23-1)
रेडा (男) オスの水牛 (2-1)
रेशमी (形) 絹の (練5)
रोखणे (他) 止める (練24)
रोगराई (女) 病気、疫病 (21)
रोज [z] (副) 毎日 (男) 日 (8-1)

ल

लक्ष (中) 注意。०त ठेवणे 心に留め置く (6-2)
लग्न (中) 結婚 …शी~ करणे …と結婚する (練7)
लग्नसमारंभ (男) 結婚式 (練8)
लढणे (自) 戦う (16)
लढाई (女) 戦争 (10)
लपवणे (他) 隠す (練10)
लष्करी (形) 軍の (19-1)

लहान (形) 小さい (練1)
लहानपण (中) 少年 (少女) 期 (7-1)
लाकूड (中) 材木 (17)
लाख (数) 十万、十万の (14-1)
लागणे (自) つく (時間が) かかる (練8) 感じられる、必要となる (12-2) (開始、義務表現) (17)
लागवड (女) 植付け、栽培 (21)
लाजणे [z] (自) 恥ずかしがる、遠慮する (6-2)
लांब (形) 長い (練4)
लॉरी (女) トラック (練4)
लाल (形) 赤い (練8)
लालभडक (形) 真っ赤な (12-2)
लावणे (他) つける、〜させる (使役) (17)
लिपी (女) 文字 (12-2)
लिंबू (中) レモン (2-1)
लिहिणे (他) 書く (6-1)
लेक (男) 息子、少年 (女) 娘、少女 (2-1)
लेखक (男) 作家、著者 (練3)
लेखिका (女) 女性作家、著者 (練3)
लेखी (形) 書状の (練21)

語 彙 集

लोक（男）人々（複数のみ）(4-1)
लोकप्रतिनिधी（男）人々の代表、
　議員　(24-2)
लोकशाही（女）民主主義　(練13)
लोकसंख्या（女）人口　(練13)
लोकसभा（女）下院議会　(24-2)
लोणी（中）バター　(2-1)

व

व（接）そして　(練8)
वकील（男）弁護士　(練3)
वकीलीण（女）女性弁護士、弁護
　士の妻　(練3)
वक्तृत्व（中）弁論、演説　(練15)
वजा [z]（形）(算数) 引いた (19-2)
वडील（男）父、目上の人（複数形
　のみ）　(4-1)
वतीने（後）〜を代表して　(24-2)
वधू（女）嫁　(2-1)
वय（中）年齢　(練16)
वर（後）〜の上に（副）上に (練2)
वरती（副）上に　(練2)
वर्ग（男）教室、授業　(練1)
वर्गमित्र（男）級友　(練18)
वर्तमानपत्र（中）新聞　(練4)

वर्ष（中）年　(7-1)
वस्ती（女）居住区　(練24)
वस्तुस्थिती（女）現実　(練13)
वस्तू（女）もの　(2-1)
वही（女）ノート　(1-1)
वा（接）あるいは　(22)
वाईट（形）悪い　(8-3)
वाक्य（中）文　(6-1)
वागणूक（女）振舞い　(12-2)
वागणे（自）振舞う　(8-3)
वांगं（中）茄子　(練2)
वाचणे [ts]（他）読む　(6-1)
वाचणे [ts]（自）助かる　(練18)
वाजणे [z]（自）鳴る（時報が鳴
　る）　(13-2)
वाजंत्री [z]（男）演奏者　(13-2)
वाजवणे [z]（他）鳴らす、弾く
　　(練10)
वाट（女）道　(8-3)
　~ बघणे　待つ　(15-2)
वाटणे（自）感じられる　(12-2)
वाढ（女）増加　(練24)
वाढणे（自）増える、成長する (練9)
वाणी（男）商人　(練10)
वाद（男）議論　(10)

— 347 —

वादळ (中) 嵐	(22)	विदेशी (形) 外国の	(12-2)
वाद्य (中) 楽器	(13-2)	विद्यमान (形) 現存の、現在の	(24-2)
वापरणे (他) 使う	(13-2)	विद्यापीठ (中) 大学	(練1)
वायदा (男) 約束	(練23)	विद्यार्थी (男) 学生	(3-1)
वार (男) 曜日	(19-2)	विधवा (女) 寡婦	(練9)
वारकरी (男) ワールカリー派ヒンドゥー教徒	(練20)	विधानसभा (女) 州議会	(24-2)
		विपक्ष (男) 野党	(練14)
वारंवार (副) 何度も	(練6)	विरुद्ध (後) 〜に反して	(練13)
वारा (男) 風	(21)	विरोध (男) 反対、反抗	(練14)
वाला (接尾辞・変) (〜に関わる) 人	(6-2)	विरोधी (形) 反対の、野党の	(20-1)
		विशेष (形) 特別な	(23-1)
वावगा (形) 的外れの、突拍子もない	(練24)	विश्रांती (女) 休息 ~घेणे 休息する	(6-2)
वासरू (中) 子牛	(2-1)	विश्वचषक फुटबॉल स्पर्धा [c] (女) ワールドカップ・サッカー・選手権大会	(練7)
वाहणे (自) 流れる、吹く	(8-3)		
वाहणे (他) 供える	(練8)		
वाहन (中) 乗り物	(13-2)	विषय (男) テーマ	(7-1)
विकत घेणे (他) 買う	(練10)	विषारी (形) 有毒の	(14-2)
विकास (男) 発展	(16)	विसरणे (変則自) 忘れる	(10)
विक्री (女) 販売	(24-2)	विसावा (形) 20番目の	(20-1)
विचार [c] (男) 考え	(練14)	विहीर (女) 井戸	(4-1)
विचारणे [c] (他) 尋ねる	(6-1)	वीस (数) 20、20の	(20-1)
विंचू [ts] (男) さそり	(2-1)	वृद्ध (形・男) 老いた、老人	(24-2)
विणे (変則自) (動物が) 子を生む	(9-2)	वेग (男) 速度	(19-1)
		वेगवेगळा (形) 異なる	(15-2)

語彙集

वेगळा (形) 異なる (18)
वेचणे [ts] (他) 摘む (15-2)
वेडा (形) ばかな、狂った (20-2)
वेडावणे (他) ばかにする (20-2)
वेळ (女) 時、時点、回数 (練6)
वेळ (男) 時間（の経過）
　वेळापासून 先ほどから (練11)
व्यक्ती (女) 人、個人 (2-1)
व्यवसाय (男) 職業、商売 (練17)
व्यवस्थापक (男) 社長、経営者 (練15)
व्यसन (中) 悪癖 (練17)
व्यस्त (形) 忙しい (18)
व्यायाम (男) 運動 (練15)

श

शकणे (助動) できる (15-1)
शंका (女) 疑惑 (練24)
शक्य (形) 可能な (23-1)
शक्यता (女) 可能性 (21)
शताब्दी एक्सप्रेस (女) シャターブディー特急 (練8)
शब्द (男) 単語 (21)
शब्दकोश (男) 辞書 (練1)
शंभर (数) 100、100の (5-1)
शहर (中) 都市、町 (5-3)
शालेय (形) 学校の (練13)
शाळा (女) 学校 (2-1)
शिकणे (変則自他) 学ぶ (練6)
शिकवणे (他) 教える (8-1)
शिक्षक (男) 教師 (練3)
शिक्षण (中) 教育 (練13)
शिक्षा (女) 罰 (21)
शिंग (中) つの (12-1)
शिपाई (男) 警官、兵士 (20-1)
शिरणे (自) 入りこむ (練21)
शिवाय (後) ～以外に (練13)
शिष्यवृत्ती (女) 奨学金 (練20)
शिळा (形) 新鮮でない (2-2)
शीव (女) 境界線 (5-1)
शे (数) 100 (19-2)
शेजारी [z] (後、副) ～の隣に、隣に (練2)
शेत (中) 畑 (2-2)
शेतकरी (男) 農民 (8-3)
शेपूट (中・女) 尻尾 (18)
शेवटी (副) 結局 (15-2)
शेळी (女) 山羊 (練21)
शोधणे (他) 探す (12-2)
शोभणे (自) 似合う (12-2)

— 349 —

श्रीलंका (女) スリランカ (5-3)
श्रोता (男) 聴衆 (練10)

ष

स

सकाळ (女) 朝　सकाळी 朝に (7-1)
संकेत (男) 暗示、示唆 (21)
सक्ती (女) 強制的な力 (練15)
संख्या (女) 数 (練14)
संगत (女) 交友 (練16)
सगळा (形) すべての (5-3)
सतरा (数) 17、17 の (17)
सतरावा (形) 17番目の (17)
सत्तर (数) 70、70 の (8-3)
सत्ता (女) 支配、政権 (練15)
सत्ताधारी पक्ष (男) 与党 (練10)
संत्रं (中) みかん (練2)
संदर्भ (男) 関連 (24-2)
सदस्य (男) 構成員 (24-2)
सदैव (副) 常に (練16)
सध्या (副) 現在　-चा 現在の (練13)
संध्याकाळ (女) 夕方 (18)
संध्याकाळी (副) 夕方に (練6)
सन्मान (男) 尊敬 (20-1)
संप (男) ストライキ (20-2)
संपणे (自) 終わる (9-2)
संपर्क (男) 接触、付き合い、連絡 (練13)
संपवणे (他) 終わらせる (12-3)
सफरचंद [c] (中) 林檎 (1-3)
सफाई (女) 掃除 (練11)
संबंध (男) 関係 (7-1)
संबंधित (形) 関係した (20-1)
सभा (女) 会議 (24-1)
समजणे [z] (変則自) 思う、分かる (10)
समजवणे, समजावणे [z] (他) 分からせる (20-2)
संमत (形) 同意した　~ करणे 同意する (24-2)
संमती (女) 同意　~ देणे 同意する (21)
समस्या (女) 問題 (5-2)
समाजशास्त्र [j] (女) 社会学
समाजशास्त्रीय 社会学的な (練13)
समारंभ (男) 式典 (13-2)

語 彙 集

समोर（後）〜の正面に　（副）正面に　（練2)

संयुक्त राष्ट्रसंघ（男）国連　(24-2)

सर（男）先生 (sir)　(3-1)

सरकणे（自）すべる、ずれる　(18)

सरकवणे（他）すべらす、ずらす　(20-2)

सरकार（中）政府　(練9)

सरळ（形・副）まっすぐな、まっすぐに　(練22)

सर्व（形）すべての　(8-3)

सर्वसमावेशक（形）包括的な (24-2)

सर्वसाधारण सभा（女）総会 (24-2)

सर्वसामान्य（形）普通の、一般的な　(練13)

सर्वाधिक（形）最多の　(練20)

सल्ला（男）忠告　(練15)

सवड（女）暇　(12-1)

सवय（女）習慣　(13-1)

सवर्ण（形）ヴァルナを有する、上位カーストの　(練24)

संवाद（男）会話、話し合い(練17)

संवेदनशील（形）敏感な　(練17)

सव्वा（数）＋1/4の　(14-1)

ससा（男）うさぎ　(4-1)

संस्था（女）協会、団体　(24-2)

सहजासहजी [z, j]（副）容易に　(練13)

सहल（女）ピクニック　(6-2)

सहा（数）6、6つの　(練2)

सहावा（形）6番目の　(6-1)

सही（女）署名　(24-2)

सा（助・変）〜のような（量・質の近似）　(12-3)

साखर（女）砂糖　(12-3)

सांगणे（他）言う、話をする　(6-2)

सांज [j]（女）夕方　(13-2)

साठा（男）蓄積　(24-2)

साठी（後）〜のために　(13-2)

साडी（女）サリー　(1-3)

साडे（数）＋1/2の　(19-2)

सात（数）7、7つの　(練2)

सातवा（形）7番目の　(7-1)

साधणे（他）達成する　(練17)

साधारणपणे（副）普通、通常 (練8)

साधू（男）修行僧　(4-1)

साप（男）蛇　(2-1)

सापडणे（自）見付かる、見当たる　(12-2)

साफ（形）清潔な　〜करणे 掃除す

る	(練6)	सुचणे [ts] (自) 思い浮かぶ	
सामना (男) 試合	(練10)		(練19)
सामान (中) 荷物	(練4)	सुटणे (自) 放たれる (複合動詞)	
सामान्य (形) 普通の	(練24)	突発的行為を表す	(13-2)
सामान्यतः (副) 普通	(12-1)	सुट्टी (女) 休暇	(練21)
सायकल (女) 自転車	(2-1)	सुती (形) 綿の	(練5)
सारखा (形) 同様の、相応しい		सुंदर (形) 美しい	(練1)
（後置詞のようにも使われ		सुद्धा (助) 〜も、〜さえ	(5-2)
る）	(13-1)	सुधारणा (女) 改革	(練13)
(副・変) つねに	(15-1)	सुधारणे (自・他) 改善される、改善	
सारणे (他) 差し込む	(18)	する	(練7)
सारा (形) すべての	(13-2)	सुरकुती (女) しわ	(14-2)
सासर (中) 嫁ぎ先、舅の家	(17)	सुरुवात (女) 始まり ○ला 当初は	
सासू (女) 姑	(2-1)		(練9)
साहित्य (中) 文学	(5-2)	सुरू (形) 始まった、続いた	(14-2)
साहित्यिक (男) 文学者	(3-1)	सून (女) 嫁	(17)
साहेब (男) さん、様（目上の男性、		सूर्य (男) 太陽	(練8)
時に女性への敬称語)	(3-1)	सोडणे (他) 解き放つ、捨て去る	
सिगारेट (女) たばこ 〜ओढणे 煙			(練13)
草を吸う	(練13)	सोडवणे (他) 放させる	(20-2)
सिनेमा (男) 映画	(17)	सोनं (中) 金	(2-1)
सुई (女) 針	(21)	सोपवणे (他) 預ける	(練13)
सुख (中) 幸せ सुखात 幸せに		सोपा (形) 易しい	(5-3)
	(練11)	सोमवार (男) 月曜日	(練7)
सुखरूप (副) 無事に	(練19)	सोय (女) 便宜	(18)

語 彙 集

सोसणे (他) 耐える	(練16)	
सोळा (数) 16、16の	(9-1)	
सोळावा (形) 16番目の	(16)	
स्टँड (男) 停留所	(練18)	
स्टेनो (女・男) 速記者	(2-1)	
स्टेशन (中) 駅	(練15)	
स्त्री (女) 女	(2-1)	
स्थिती (女) 状態	(練7)	
स्नान (中) 沐浴	(練11)	
स्पर्धा (女) 競争、競技会	(練15)	
स्पष्ट, स्पष्टपणे (副) はっきりと	(練6)	
स्वच्छ (形) 清潔な、澄んだ	(練23)	
स्वतः (代・副) 自ら	(5-1)	
स्वतःचा (代) 自らの	(5-1)	
स्वतंत्र (形) 独立した	(24-2)	
स्वभाव (男) 性格	(8-3)	
स्वयंपाक (男) 料理、調理	(練8)	
स्वर्ग (男) 天国	(14-1)	
स्वस्त (形) 安い	(練1)	
स्वस्तात देणे 安くする	(練6)	
स्वागत (中) 歓迎 …चं ~ करणे …を歓迎する	(練10)	
स्वास्थ्य (中) 健康	(練20)	

ह

स्वीकारणे (他) 受け入れる	(24-2)
हजार [z] (数) 千、千の	(練7)
हटवणे (他) 退ける	(19-1)
हट्ट (男) 意地 ०स पेटणे 意地を張る	(22)
हत्ती (男) 象	(2-1)
हरणे (変則自) 負ける	(10)
हरवणे (他) 負かす	(20-2)
हरिण (中) 鹿	(練12)
हलका (形) 軽い	(練6)
हलणे (自) 移動する	(14-1)
हल्ला (男) 攻撃	(練23)
हवा (女) 天候	(9-1)
हवा (準動・変) 必要である	(12-3)
हसणे (自) 笑う	(13-2)
हसवणे (自) 笑わせる	(20-2)
हस्ते (後) …च्या ~ …の手により	(20-1)
हळू (副) 小さい声で	(練6)
हळूहळू (副) ゆっくり	(練6)
हा, हे, ही (代) これ	(1-1)
複数形は हे, ही, ह्या	(2-1)
हां (間) そう、ほら ~ ~ म्हणता あっ

— 353 —

という間に	(13-2)	हिंसाचार [c]（男）暴力行為	
（副）〜ね	(練23)		(練24)
हाइवे（男）幹線道路	(23-1)	ही（助）〜も（〜の部分の語につけて書く）	(2-2)
हाक（女）呼び声	(練21)		
हाकणे（他）（家畜を）追う、歩かせる	(7-1)	हुशार（形）賢い	(5-3)
		हून（後）〜よりも、〜から	(5-3)
हॉटेल（中）ホテル	(練13)	हैराण（形）困っている	(8-3)
हात（男）手	(8-3)	हो（副）はい	(1-2)
हिंडणे（自）さまよう	(練22)	हो（間）男性・女性への丁寧な呼び掛け語	(6-2)
हिंदी（女）ヒンディー語	(5-3)		
हिंदू（男）ヒンドゥー教徒	(練9)	होणे（自）生じる、〜になる	(6-1)
हिंमत（女）勇気	(練23)	होय = हो（はい）	(5-2)
हिरवा（形）緑色の	(1-3)	ह्याचा / याचा, हिचा, ह्यांचा / यांचा（代）3人称（近称詞）の属格	(5-1)
हिरवागार（形）濃い緑色の、青々とした	(2-2)		
हिवाळा（男）冬	(20-2)		

著者紹介

石田英明［いしだ・ひであき］大東文化大学助教授（インド語学）

目録進呈　落丁本・乱丁本はお取替えいたします。

平成16年2月20日　　　Ⓒ 第1版発行

基礎マラーティー語	著　者　石　田　英　明
	発行者　佐　藤　政　人
	発　行　所
	株式会社　**大学書林**
	東京都文京区小石川4丁目7番4号
	振替口座　00120-8-43740
	電話 (03) 3812-6281～3番
	郵便番号 112-0002

ISBN4-475-01052-7　　ロガータ・横山印刷・牧製本

大学書林 — 語学参考書

石田英明 著	実用マラーティー語会話	B6判 344頁
石田英明 訳注	マラーティー短編選集（Ｉ）	B6判 256頁
石田英明 訳注	マラーティー短編選集（Ⅱ）	B6判 208頁
土井久弥 編	ヒンディー語小辞典	A5判 470頁
古賀勝郎 著	基礎ヒンディー語	B6判 512頁
土井久弥 編	ヒンディー語会話練習帳	新書判 136頁
石田英明 著	実用ヒンディー語会話	B6判 302頁
土井久弥 訳注	プレームチャンド短篇選集	B6判 200頁
坂田貞二 訳注	ヒンディー語民話集	B6判 214頁
鈴木　斌／麻田　豊 編	日本語ウルドゥー語小辞典	新書判 828頁
鈴木　斌 著	基礎ウルドゥー語	B6判 272頁
鈴木　斌 著	基礎ウルドゥー語読本	B6判 232頁
鈴木　斌 著	ウルドゥー語文法の要点	B6判 278頁
鈴木　斌 編	ウルドゥー語基礎1500語	新書判 128頁
鈴木　斌／麻田　豊 編	ウルドゥー語常用6000語	B小型 416頁
鈴木　斌／ムハンマド・ライース 著	実用ウルドゥー語会話	B6判 304頁
鈴木　斌 編	ウルドゥー語会話練習帳	新書判 208頁
麻田　豊 訳注	ウルドゥー文学名作選	B6判 256頁
萩田　博 著	基礎パンジャービー語	B6判 172頁
萩田　博 編著	基礎パンジャービー語読本	B6判 144頁

― 目録進呈 ―